Wann beginnt der Strafrechtsschutz gegen kriminelle Vereinigungen (§ 129 StGB)?

Schriften zum Strafrecht und Strafprozeßrecht

Herausgegeben von Manfred Maiwald

Band 30

PETER LANG
Frankfurt am Main · Berlin · Bern · New York · Paris · Wien

Bernd Scheiff

Wann beginnt der Strafrechtsschutz gegen kriminelle Vereinigungen (§ 129 StGB)?

PETER LANG
Europäischer Verlag der Wissenschaften

Die Deutsche Bibliothek - CIP-Einheitsaufnahme

Scheiff, Bernd:

Wann beginnt der Strafrechtsschutz gegen kriminelle Vereinigungen (§ 129 StGB)? / Bernd Scheiff. - Frankfurt am Main ; Berlin ; Bern ; New York ; Paris ; Wien : Lang, 1997
(Schriften zum Strafrecht und Strafprozeßrecht ; Bd. 30)
Zugl.: Bonn, Univ., Diss., 1996
ISBN 3-631-31494-9

D 5
ISSN 0938-6181
ISBN 3-631-31494-9

Meinen Eltern Bernhard und Anna Scheiff
und meiner Tante May

Vorwort

Die vorliegende Arbeit wurde im Sommersemester 1996 unter dem Titel "Wann beginnt der Strafrechtsschutz gegen kriminelle Vereinigungen (§ 129 StGB)?" von der Rechts- und Staatswissenschaftlichen Fakultät der Rheinischen Friedrich-Wilhelms-Universität Bonn als Dissertation angenommen.

Die Anregung zu dieser Arbeit verdanke ich Herrn Professor Dr. Hans-Ulrich Paeffgen aus Bonn. Er hat durch seine Diskussionsbereitschaft und konstruktive Kritik diese Untersuchung wesentlich gefördert.

Herrn Professor Dr. Urs Kindhäuser danke ich für die Anfertigung des Zweitgutachtens.

Die Veröffentlichung verdanke ich der freundlichen Aufnahme der Arbeit durch Herrn Professor Dr. Manfred Maiwald in die von ihm herausgegebene Reihe "Schriften zum Strafrecht und Strafprozeßrecht".

Bonn, den 1. Juni 1997

Bernd Scheiff

Inhaltsverzeichnis

2. Kapitel

4. Teil

- Schluß -

Literaturverzeichnis

Alternativkommentar	Kommentar zum Strafgesetzbuch, Reihe Alternativkommentare, Hrsg. Wassermann, Band 3 (§§ 80 - 145 d), 1986 (zitiert: Bearbeiter in AK).
Alwart, Heiner	Der praktische Fall, Strafrecht: Die Geschichte von dem Zimmermann Schliebe, dem Gymnasiasten Ernst Harnisch, dem Holzhändler Rosahl und von dem Arbeiter namens Rose, JuS 1979, 351 ff.
ders.	Strafwürdiges Versuchen - Eine Analyse zum Begriff der Strafwürdigkeit und zur Struktur des Versuchsdelikts, Berlin 1982 (zitiert: Alwart, Strafwürdiges Versuchen).
Arzt, Gunter	Bedingter Entschluß und Vorbereitungshandlung, JZ 1969, 54 ff.
Arzt, Gunter Weber, Ulrich	Strafrecht, Besonderer Teil, Lehrheft 5, Delikte gegen Staat, Amtsträger und durch Amtsträger, Bielefeld 1982 (zitiert: Arzt/Weber, LH 5).
Bauer, Wolfram	Die Abgrenzung des dolus eventualis - ein Problem der Versuchsdogmatik, wistra 1991, 168 ff.
Becher, Klaus-Martin	Zur Abgrenzung von Vorbereitung und Versuch gemäß § 22 des 2. StrRG, Münster 1973 (zitiert: Becher, Abgrenzung).

Beck, Wolfgang — Unrechtsbegründung und Vorfeldkriminalisierung, Berlin 1992 (zitiert: Beck, Vorfeldkriminalisierung).

Berz, Ulrich — Grundlagen des Versuchsbeginns, Jura 1984, 511 ff.

ders. — Formelle Tatbestandsverwirklichung und materialer Rechtsgüterschutz, München 1986 (zitiert: Berz, Formelle Tatbestandsverwirklichung).

Bloy, René — Die Beteiligungsform als Zurechnungstypus im Strafrecht, Berlin 1985 (zitiert: Bloy, Die Beteiligungsform).

Bockelmann, Paul — Zur Abgrenzung der Vorbereitung vom Versuch, JZ 1954, 468 ff.

ders. — Die jüngste Rechtsprechung des Bundesgerichtshofs zur Abgrenzung der Vorbereitung vom Versuch, JZ 1955, 193 ff.

Boettcher, Otto — Definition und Entwicklung des organisierten Verbrechens in der Bundesrepublik - Konsequenzen für die Bekämpfung, in: Organisiertes Verbrechen, Wiesbaden 1975 (zitiert: Boettcher, Definition und Entwicklung des organisierten Verbrechens).

Bohnert, Joachim — Der praktische Fall - Strafrecht: Eine politische Flugzeugentführung, JuS 1983, 942 ff.

Bottke, Wilfried — Anmerkung zu BGHSt 32, 243, JR 1985, 122 ff.

Bruns, Hans-Jürgen — Anmerkung zu BGHSt 33, 16 ff., NStZ 1985, 22 ff.

Burkhardt, Björn — Vorspiegelung falscher Tatsachen als Vorbereitungshandlung zum Betrug - OLG Karlsruhe, NJW 1982, 59; JuS 1983, 426 ff.

Carl, Dieter
Klos, Joachim — Regelungen zur Bekämpfung der Geldwäsche und ihre Anwendung in der Praxis, Bielefeld 1994 (zitiert: Carl/ Klos, Geldwäsche).

Class, Wilhelm — Die Kausalität der Beihilfe, in: Festschrift für Ulrich Stock, S. 115 ff., Würzburg 1966 (zitiert: Class, Festschrift für Stock).

Cobler, Sebastian — Plädoyer für die Streichung der §§ 129, 129 a StGB, Zur Revision der "Anti-Terrorismus-Gesetze", KJ 1984, 407 ff.

Copic, Hans — Grundgesetz und politisches Strafrecht neuerer Art, Tübingen 1967 (zitiert: Copic, Grundgesetz und politisches Strafrecht).

Cording, Sebastian — Der Strafklageverbrauch bei Dauer- und Organisationsdelikten, Tübingen 1993 (zitiert: Cording, Strafklageverbrauch).

Corves, Erich — Die ab 1. April 1970 geltenden Änderungen des Besonderen Teils des Strafgesetzbuches, JZ 1970, 156 ff.

Dahs, Hans — Das "Anti-Terroristen-Gesetz" - eine Niederlage des Rechtsstaats, NJW 1976, 2145 ff.

Dencker, Friedrich — Das "Gesetz zur Bekämpfung des Terrorismus", Strafverteidiger 1987, 117 ff.

Dörmann, Uwe
Koch, Karl-Friedrich
Risch, Hedwig
Vahlenkamp, Werner — Organisierte Kriminalität - wie groß ist die Gefahr? Expertenbefragung zur Entwicklung der Organisierten Kriminalität- in der Bundesrepublik Deutschland vor vor dem Hintergrund des zusammenwachsenden Europa, Wiesbaden 1990 (zitiert: Dörmann/Koch/Risch/Vahlenkamp, Organisierte Kriminalität).

Dreher, Eduard — Anmerkung zu BGH, NJW 1970, 1279, in: NJW 1970, 1802 ff.

ders. — Kausalität der Beihilfe, MDR 1972, 553 ff.

Duden — Das große Wörterbuch der deutschen Sprache, 2. Aufl., Mannheim/Leipzig/ Wien/Zürich 1995, (zitiert: Duden, Wörterbuch).

Ebert, Udo — Tendenzwende in der Straf- und Strafprozeßgesetzgebung?, JR 1978, 136 ff.

Eisenberg, Ulrich — Straf(verfahrens-)rechtliche Maßnahmen gegenüber "Organisiertem Verbrechen", NJW 1993, 1033 ff.

Fleischer, Wolfgang — Die strafrechtliche Beurteilung provozierter Autounfälle, NJW 1976, 878 ff.

ders. — Verhältnis von Dauerdelikt und Einzelstraftaten, NJW 1979, 1337 ff.

Forthauser, Roman — Geldwäscherei de lege lata et ferenda, München 1992 (zitiert: Forthauser, Geldwäsche).

Frankfurter Arbeitskreis Strafrecht — Organisierte Kriminalität, Strafverteidiger 1994, 693 f.

Freiberg, Konrad
Thamm, Berndt Georg — Das Mafia-Syndrom: Organisierte Kriminalität: Geschichte-Verbrechen-Bekämpfung, Hilden 1992 (zitiert: Freiberg/Thamm, Das Mafia-Syndrom).

Fürst, Martin — Grundlagen und Grenzen der §§ 129, 129 a StGB, Frankfurt a. M. 1989 (zitiert: Fürst, Grundlagen und Grenzen).

Giehring, Heinz — Politische Meinungsäußerung und die Tatmodalitäten des Werbens und der Unterstützung in den §§ 129, 129 a StGB, Strafverteidiger 1983, 296 ff.

Gössel, Karl Heinz — Zur Strafbarkeit des Versuchs nach dem 2. Strafrechtsreformgesetz, GA 1971, 225 ff.

ders. — Anmerkung zu BGHSt 26, 201, JR 1976, 249 ff.

ders. — Anmerkung zu BVerfGE 56, 22, JR 1982, 111 ff.

ders. — Anmerkung zu BGHSt 31, 16, JR 1983, 118 ff.

Gräßle-Münscher, Josef — Der Tatbestand der kriminellen Vereinigung aus historischer und systematischer Sicht, München 1982 (zitiert: Gräßle-

Münscher, Der Tatbestand der kriminellen Vereinigung).

ders. — Kriminelle Vereinigung: Von den Burschenschaften bis zur RAF, Hamburg 1991 (zitiert: Gräßle-Münscher, Kriminelle Vereinigung).

Günther, Hans-Ludwig — Der "Versuch" des räuberischen Angriffs auf Kraftfahrer, JZ 1987, 16 ff.

Gusy, Christoph — Beobachtung Organisierter Kriminalität durch den Verfassungsschutz, Strafverteidiger 1995, 320 ff.

Haberstumpf, Helmut — Konkurrenzprobleme bei der Anwendung der §§ 129, 129 a StGB, MDR 1979, 977 ff.

Hassemer, Winfried — Anmerkung zu BGH, NJW 1975, 985 f., JuS 1975, 596 f.

ders. — Innere Sicherheit im Rechtsstaat, Strafverteidiger 1993, 664 ff.

Herzberg, Rolf Dietrich — Anstiftung und Beihilfe als Straftatbestände, GA 1971, 1 ff.

Hetzer, Wolfgang — Bekämpfung der Organisierten Kriminalität durch Unterbindung der Geldwäsche, wistra 1993, 286 ff.

Heyer, Frank — Die Entwicklung des politischen Strafrechts seit Inkrafttreten des Reichsstrafgesetzbuches, Münster 1971 (zitiert: Heyer, Die Entwicklung des politischen Strafrechts).

Hill, Werner — Recht und Terrorismus, Vorgänge Nr. 20, 1976, S. 30 ff.

Hohmann, Olaf — Zur eingeschränkten Anwendbarkeit von § 129 StGB auf Wirtschaftsdelikte, wistra 1992, 85 ff.

Hruschka, Joachim — Alternativfeststellung zwischen Anstiftung und sog. psychischer Beihilfe, JR 1983, 177 ff.

Jakobs, Günther — Kriminalisierung im Vorfeld einer Rechtsgutsverletzung, ZStW 97 (1985), 751 ff.

ders. — Strafrecht, Allgemeiner Teil: die Grundlagen und die Zurechnungslehre, 2.Aufl., Berlin/New York 1993 (zitiert: Jakobs, Strafrecht AT).

Jescheck, Hans-Heinrich — Lehrbuch des Strafrechts, Allgemeiner Teil, 4. Aufl., Berlin 1988 (zitiert: Jescheck, Strafrecht AT).

Kern, Christine — Geldwäsche und organisierte Kriminalität, Regensburg 1993 (zitiert: Kern, Geldwäsche).

Klughardt, Werner — Die Gesetzgebung zur Bekämpfung des Terrorismus aus strafrechtlich-soziologischer Sicht, München 1984 (zitiert: Klughardt, Die Gesetzgebung zur Bekämpfung des Terrorismus).

Koch, Martin — Überwachung der Organisierten Kriminalität durch den bayerischen Verfassungsschutz, ZRP 1995, 24 ff.

Körner, Harald Hans | Betäubungsmittelgesetz,

3. Aufl., München 1990

4. Aufl., München 1994 (zitiert: Körner, Betäubungsmittelgesetz).

ders. | Die Strafrechtspraxis im Labyrinth neuer Betäubungsmittelrechtsbestimmungen, NJW 1993, 233 ff.

Kratzsch, Dietrich | Die Bemühungen um Präzisierung der Ansatzformel (§ 22 StGB) - ein absolut untauglicher Versuch?, JA 1983, 420 ff., 578 ff.

ders. | Verhaltenssteuerung und Organisation im Strafrecht: Ansätze zur Reform des strafrechtlichen Unrechtsbegriffs und der Regeln der Gesetzesanwendung, Berlin 1985 (zitiert: Kratzsch, Verhaltenssteuerung und Organisation).

Krehl, Christoph | § 129 StGB als Auffangtatbestand bei der Strafverfolgung der sogenannten Regierungskriminalität in der früheren DDR?, DtZ 1992, 113 ff.

Kühl, Kristian | Grundfälle zu Vorbereitung, Versuch, Vollendung und Beendigung, JuS 1979, 718 ff., 874 ff., JuS 1980, 120 ff., 273 ff., 506 ff., JuS 1981, 196 ff., JuS 1982, 110 ff., 189 ff.

ders. | Neue Gesetze gegen terroristische Straftaten, NJW 1987, 737 ff.

Küper, Wilfried — Versuchs- und Rücktrittsprobleme bei mehreren Tatbeteiligten, JZ 1979, 775 ff.

ders. — "Teilverwirklichung" des Tatbestandes: ein Kriterium des Versuchs?, JZ 1992, 338 ff.

Lackner, Karl — Strafgesetzbuch, Kommentar, 20. Aufl., München 1993 (zitiert: Lackner).

Lampe, Ernst-Joachim — Systemunrecht und Unrechtssysteme, ZStW 106 (1994), 683 ff.

Langer-Stein, Rose — Legitimation und Interpretation der strafrechtlichen Verbote krimineller und terroristischer Vereinigungen (§§ 129, 129 a StGB), München 1987 (zitiert: Langer-Stein, Legitimation und Interpretation).

Leipziger Kommentar — Strafgesetzbuch,

§§ 125 - 131, 10. Aufl. (Lieferung Oktober 1978), Hrsg. Jeschek, Ruß, Willms, Berlin/ New York 1978 bis 1985,

§§ 80 - 92 b, 11. Aufl. (4. Lieferung, Juni 1992), Hrsg. Jähnke, Laufhütte, Odersky, Berlin/New York 1992,

(zitiert: Bearbeiter in LK).

Lenckner, Theodor — Probleme beim Rücktritt des Beteiligten, in: Festschrift für Wilhelm Gallas, S. 281 ff., Berlin/New York 1973 (zitiert: Lenckner, Festschrift für Gallas).

Lisken, Hans	Vorfeldeingriffe im Bereich der "Organisierten Kriminalität" - Gemeinsame Aufgabe von Verfassungsschutz und Polizei?, ZRP 1994, 264 ff.
Lüttger, Hans	Internationale Rechtshilfe in Staatsschutzverfahren, GA 1960, 33 ff.
Marxsen, Dorothea	Strafbarkeitseinschränkung bei abstrakten Gefährdungsdelikten, Münster/Hamburg 1991 (zitiert: Marxsen, Abstrakte Gefährdungsdelikte).
Maurach, Reinhart,	Deutsches Strafrecht, Besonderer Teil, 5. Aufl., Karlsruhe 1969 (zitiert: Maurach, Strafrecht BT).
Maurach, Reinhart Schroeder, Friedrich-Christian	Strafrecht, Besonderer Teil, Band 1, 6. Aufl., Heidelberg/Karlsruhe 1977 (zitiert: Maurach/Schroeder, Strafrecht BT 1).
Maurach, Reinhart Schroeder, Friedrich-Christian	Strafrecht, Besonderer Teil, Band 2, 5. Aufl., Heidelberg/Karlsruhe 1981 (zitiert: Maurach/Schroeder, Strafrecht BT 2).
Maurach, Reinhart Gössel, Karl Heinz Zipf, Heinz	Strafrecht, Allgemeiner Teil, Teilband 2, Erscheinungsformen des Verbrechens und Rechtsfolgen der Tat, 7. Aufl., Heidelberg 1989 (zitiert: Maurach/ Gössel/Zipf, Strafrecht AT).
Maurach, Reinhart Schroeder, Friedrich-Christian Maiwald, Manfred	Strafrecht, Besonderer Teil, Band 2, 7. Aufl., Heidelberg 1991 (zitiert: Maurach/Schroeder/Maiwald, Strafrecht BT 2).

Meyer, Dieter — Abgrenzung der Vorbereitung vom Versuch einer Straftat - BGHSt 26, 201, JuS 1977, 19 ff.

Meyer, Jürgen — Kritik an der Neuregelung der Versuchsstrafbarkeit, ZStW 87 (1975), 598 ff.

Meyer-Arndt, Lüder — Beihilfe durch neutrale Handlungen, wistra 1985, 281 ff.

Müssig, Bernd — Schutz abstrakter Rechtsgüter und abstrakter Rechtsgüterschutz: zu den materiellen Konstitutionskriterien sog. Universalrechtsgüter und deren normentheoretischem Fundament - am Beispiel der Rechtsgutbestimmung für die §§ 129, 129 a und 324 StGB, Frankfurt a. M/ Berlin/Bern/New York/Paris/Wien 1994 (zitiert: Müssig, Schutz abstrakter Rechtsgüter).

Ostendorf, Heribert — Verteidigung am Scheideweg, Anmerkung zum Groenewold-Urteil, JZ 1979, 252 ff.

ders. — Entwicklungen in der Rechtsprechung zur "Bildung krimineller bzw. terroristischer Vereinigungen", §§ 129, 129 a StGB, JA 1980, 499 ff.

ders. — Forum: Strafbarkeit und Strafwürdigkeit von Hausbesetzungen, JuS 1981, 640 ff.

ders. — Grundzüge des konkreten Gefährdungsdelikts, JuS 1982, 426 ff.

ders. — Das Recht zum Hungerstreik, Frankfurt 1983 (zitiert: Ostendorf, Recht zum Hungerstreik).

ders. — Organisierte Kriminalität - eine Herausforderung für die Justiz, JZ 1991, 62 ff.

Otto, Harro — Anmerkung zu BGH 1 StR 264/75 vom 16. September 1975, NJW 1976, 578 f.

ders. — Versuch und Rücktritt bei mehreren Tatbeteiligten, JA 1980, 641 ff., 707 ff.

ders. — Anstiftung und Beihilfe, JuS 1982, 557 ff.

ders. — Grundkurs Strafrecht, Die einzelnen Delikte, 2. Aufl., Berlin/New York 1984 (zitiert: Otto, Strafrecht BT).

Papageorgiou-Gonatas, Stylianos — Wo liegt die Grenze zwischen Vorbereitungshandlungen und Versuch?, München 1988 (zitiert: Papageorgiou-Gonatas, Grenze zwischen Vorbereitungshandlungen und Versuch).

Pitschas, Rainer — Innere Sicherheit und internationale Verbrechensbekämpfung als Verantwortung des demokratischen Verfassungsstaats, JZ 1993, 857 ff.

Puppe, Ingeborg — Idealkonkurrenz und Einzelverbrechen, Berlin 1979 (zitiert: Puppe, Idealkonkurrenz).

dies. — Zurechnung und Wahrscheinlichkeit, ZStW 95 (1983), 287 ff.

dies. Der halbherzige Rücktritt, NStZ 1984, 488 ff.

dies. Der objektive Tatbestand der Anstiftung, GA 1984, 101 ff.

Rebmann, Kurt Terrorismus und Rechtsordnung, DRiZ 1979, 363 ff.

ders. Inhalt und Grenzen des Straftatbestands "Werben für eine terroristische Vereinigung" nach § 129 a StGB, NStZ 1981, 457 ff.

ders. Die Zuständigkeit des Generalbundesanwalts zur Verfolgung terroristischer Straftaten, NStZ 1986, 289 ff.

ders. Strafverfolgung im Bereich terroristischer Publikationen, NStZ 1989, 97 ff.

Roxin, Claus Tatentschluß und Anfang der Ausführung beim Versuch, JuS 1979, 1 ff.

Rudolphi, Hans-Joachim Zur Abgrenzung zwischen Vorbereitung und Versuch - OLG Celle, NJW 1972, 1823; JuS 1973, 20 ff.

ders. Die Gesetzgebung zur Bekämpfung des Terrorismus, JA 1979, 1 ff.

ders. Anmerkung zu BGHSt 28, 26, JR 1979, 33 ff.

ders. Notwendigkeit und Grenzen einer Vorverlagerung des Strafrechtsschutzes im Kampf gegen den Terrorismus, ZRP 1979, 214 ff.

ders. Verteidigerhandeln als Unterstützung einer kriminellen oder terroristischen Vereinigung i. S. der §§ 129, 129 a StGB, in: Festschrift für Hans-Jürgen Bruns, S. 315 ff., Köln/Berlin/Bonn/München 1980 (zitiert: Rudolphi, Festschrift für Bruns).

ders. Anmerkung zu BGH 2 StR 201/82 vom 17. Mai 1982 und 3 StR 398/81 vom 10. Februar 1982, Strafverteidiger 1982, 518 ff.

ders. Anmerkung zu BGHSt 30, 328, NStZ 1982, 198 ff.

ders. Anmerkung zu BGHSt 31, 239, JR 1984, 32 ff.

Salamon, Jochen Vollendete und versuchte Beihilfe, Göttingen 1968 (zitiert: Salamon, Beihilfe).

Samson, Erich Hypothetische Kausalverläufe im Strafrecht, Frankfurt a. M. 1972 (zitiert: Samson, Hypothetische Kausalverläufe).

ders. Die Kausalität der Beihilfe, in: Festschrift für Karl Peters, S. 121 ff., Tübingen 1974 (zitiert: Samson, Festschrift für Peters).

Schaefer, Christoph — Polizeiarbeit auf schwankendem Grund - Ist organisierte Kriminalität mit dem geltenden Recht wirksam zu bekämpfen?, Kriminalistik 1987, 230 ff.

ders. — Organisierte Kriminalität - eine kaum hilfreiche Diskussion, NJW 1994, 774 f.

Schaffstein, Friedrich — Die Risikoerhöhung als objektives Zurechnungsprinzip im Strafrecht, insbesondere bei der Beihilfe, in: Festschrift für Richard M. Honig, S. 169 ff., Göttingen 1970 (zitiert: Schaffstein, Festschrift für Honig).

Schafheutle, Josef — Das Strafrechtsänderungsgesetz, JZ 1951, 609 ff.

Scherer, Martin — Die Formen der Verbrechensbegehung bei den Rotten- und Bandendelikten im Verhältnis zu den Formen der Verbrechensbegehung des Allgemeinen Teils des Strafgesetzbuches, Mainz 1966 (zitiert: Scherer, Die Formen der Verbrechensbegehung).

Schild, Wolfgang — Der strafrechtsdogmatische Begriff der Bande, GA 1982, 55 ff.

ders. — Die Bande des § 30 BtMG als Organisation, NStZ 1983, 69 ff.

Schilling, Georg — Der Verbrechensversuch des Mittäters und des mittelbaren Täters, Köln/Berlin/Bonn/München 1975 (zitiert: Schilling, Verbrechensversuch).

Schittenhelm, Ulrike — Anmerkung zu BGH, NStZ 1995, 340, NStZ 1995, 343 f.

Schlothauer, Reinhold
Tscherch, Michael — Anmerkung zu BGHSt 29, 258, Strafverteidiger 1981, 22 f.

Schmid, Werner — "Bedingter Handlungswille" beim Versuch und im Bereich der strafbaren Vorbereitungshandlungen, ZStW 74 (1962), 48 ff.

Schmidhäuser, Eberhard — Gesinnungsethik und Gesinnungsstrafrecht, in: Festschrift für Wilhelm Gallas, S. 81 ff., Berlin/New York 1973 (zitiert: Schmidhäuser, Festschrift für Gallas).

ders. — Einführung in das Strafrecht, 2. Aufl., Opladen 1984 (zitiert: Schmidhäuser, Einführung in das Strafrecht).

ders. — Strafrecht Allgemeiner Teil, 2. Aufl., Tübingen 1984 (zitiert: Schmidhäuser, Studienbuch).

ders. — Strafrecht, Besonderer Teil, Grundriß, 2. Aufl., Tübingen 1983 (zitiert: Schmidhäuser, Strafrecht BT).

Schmitt, Rudolf — Täterschaft und Teilnahme am Beispiel des § 281 StGB, NJW 1977, 1811 f.

Schnarr, Karl Heinz — Irritationen um § 120 II S. 1 Nr. 2 GVG, MDR 1988, 89 ff.

Schneider, Hans Joachim — Das organisierte Verbrechen, Jura 1984, 169 ff.

Schönke, Adolf
Schröder, Horst
Strafgesetzbuch, Kommentar, bearbeitet von Lenckner, Eser, Cramer, Stree, 25. Aufl., München 1997 (zitiert: Bearbeiter in Schönke/Schröder).

Schröder, Horst
Abstrakt-konkrete Gefährdungsdelikte?, JZ 1967, 522 ff.

Schroeder, Friedrich-Christian
Die Straftaten gegen das Strafrecht, Berlin/New York 1985 (zitiert: Schroeder, Die Straftaten gegen das Strafrecht).

Schünemann, Bernd
Raub und Erpressung (2. Teil), JA 1980, 393 ff.

ders.
Die deutschsprachige Strafrechtswissenschaft nach der Strafrechtsreform im Spiegel des Leipziger Kommentars und des Wiener Kommentars, GA 1986, 293 ff.

Seebald, Rudolf
Nachweis der modifizierenden Kausalität des pflichtwidrigen Verhaltens, GA 1969, 193 ff.

Seier, Jürgen
Prozeßbetrug durch Rechts- und ungenügende Tatsachenbehauptungen, ZStW 102 (1990), 563 ff.

Sieber, Ulrich
Bögel, Marion
Logistik der Organisierten Kriminalität, Wiesbaden 1993 (zitiert: Sieber/Bögel, Logistik).

Sommer, Ulrich
Verselbständigte Beihilfehandlung und Straflosigkeit des Gehilfen, JR 1981, 490 ff.

Sonnen, Bernd-Rüdeger; Hansen-Siedler, Thomas — Die Abgrenzung des Versuchs von Vorbereitung und Vollendung, JA 1988, 17 ff.

Spendel, Günter — Beihilfe und Kausalität, in: Festschrift für Eduard Dreher, S. 167 ff., Berlin/New York 1977 (zitiert: Spendel, Festschrift für Dreher).

Steinke, Wolfgang — Wirtschaftskriminalität 1992, NStZ 1994, 168 ff.

Stoffers, Kristian — Mittäterschaft und Versuchsbeginn, MDR 1989, 208 ff.

Streng, Franz — Rücktritt und dolus eventualis, JZ 1990, 212 ff.

Systematischer Kommentar — zum Strafgesetzbuch, Hrsg: Rudolphi, Horn, Samson,

Band 1, Allgemeiner Teil, 6. Aufl. (Stand Juli 1994),

Band 2, Besonderer Teil, 5. Aufl. (Stand August 1994),

Neuwied/Kriftel/Berlin (zitiert: Bearbeiter in SK).

Tröndle, Herbert — Die Rechtsprechung des Bundesgerichtshofs in Strafsachen - Materielles Recht, GA 1973, 321 ff.

ders. — Strafgesetzbuch und Nebengesetze, Kommentar, 48. Aufl., München 1997 (zitiert: Tröndle).

Uesseler, Rolf — Herausforderung Mafia - Strategien gegen Organisierte Kriminalität, Bonn 1993 (zitiert: Uesseler, Herausforderung Mafia).

Valdágua, Maria da Conceicao — Versuchsbeginn des Mittäters bei den Herrschaftsdelikten, ZStW 98 (1986), 839 ff.

Vehling, Karl-Heinz — Die Abgrenzung von Vorbereitung und Versuch, Frankfurt a. M./Bern/New York/Paris 1991 (zitiert: Vehling, Abgrenzung von Vorbereitung und Versuch).

Vogler, Theo — Zur Frage der Ursächlichkeit der Beihilfe für die Haupttat, in: Festschrift für Ernst Heinitz, S. 295 ff., Berlin 1972 (zitiert: Vogler, Festschrift für Heinitz).

Volk, Klaus — Anmerkung zu BGHSt 28, 147, JR 1979, 426 ff.

Wagner, Walter — Zur Reform der Organisationsdelikte (I - IV), MDR 1966, 18 ff., 97 ff., 185 ff., 287 ff.

Wahrig, Gerhard — Deutsches Wörterbuch, Wiesbaden 1984, (zitiert: Wahrig, Deutsches Wörterbuch).

Weber, Ulrich — Die Vorverlegung des Strafrechtsschutzes durch Gefährdungs- und Unternehmensdelikte, in: Beiheft zur ZStW 1987, 1 ff.

Werle, Gerhard	Die Beteiligung an kriminellen Vereinigungen und das Problem der Klammerwirkung, JR 1979, 93 ff.
ders.	Die Konkurrenz bei Dauerdelikt, Fortsetzungstat und zeitlich gestreckter Gesetzesverletzung, Strafrechtliche Abhandlungen, Band 42, Berlin 1981 (zitiert: Werle, Die Konkurrenz).
Werthebach, Eckart Droste-Lehnen, Bernadette	Organisierte Kriminalität, ZRP 1994, 57 ff.
Wessels, Johannes	Strafrecht Allgemeiner Teil, 24. Aufl., Heidelberg 1994 (zitiert: Wessels, Strafrecht AT).
Woesner, Horst	Das neue Staatsschutzstrafrecht, NJW 1968, 2129 ff.
Zaczyk, Rainer	Das Unrecht der versuchten Tat, Berlin 1989 (zitiert: Zaczyk, Unrecht).

1. Teil

- Einleitung -

A. Eingrenzung der behandelten Fragestellungen

§ 129 StGB begründet im Hinblick auf die besondere Gefährlichkeit von organisierten Straftätern eine Strafbarkeit bereits weit im Vorfeld der Vorbereitung von Straftaten [1]. Die Anwendung der Bestimmung kommt sowohl hinsichtlich politisch-krimineller Untergrundorganisationen, soweit sie nicht auf Taten nach § 129 a Abs. 1 Nr. 1 bis 3 angelegt sind, als auch hinsichtlich rein krimineller Vereinigungen in Betracht [2]. Die Untersuchung des Strafrechtsschutzes, den § 129 StGB im Hinblick auf letztere bieten kann, soll im folgenden im Vordergrund stehen. Beispielhaft für rein kriminelle Vereinigungen sind Zusammenschlüsse zu nennen, deren Hauptzweck und Tätigkeit in Drogenhandel, illegalem Waffenhandel, Menschenhandel und Prostitution, Wirtschaftsdelikten, Schutzgelderpressung, illegalem Glücksspiel, Fälschungsdelikten, Kfz-Verschiebung ins Ausland und illegaler Einschleusung von Ausländern besteht [3]. Die Bestimmung zielt darauf ab, Gründung und Fortbestand von Vereinigungen, deren Zwecke und Tätigkeit auf die Begehung von Straftaten gerichtet sind, zu verhindern [4]. Mit der Strafbarkeit der Bildung einer kriminellen Vereinigung wird zugleich der strafrechtlich relevante Bereich über die Form der Beteiligung an einzelnen Straftaten hinaus in das Vorfeld vorbereitender krimineller Aktivitäten erstreckt [5] und damit eine Vorverlagerung des Strafrechtsschutzes bewirkt. Diese soll ihre kriminalpolitische Rechtfertigung in der besonderen Gefährlichkeit krimineller Vereinigungen finden, die nicht nur auf der gemeinschaftlichen Begehungsweise der von

---

1 BGHSt 28, 110 (116); 28, 147 (148); **v. Bubnoff** in LK, § 129 Rn. 1; **Gräßle-Münscher**, Der Tatbestand der kriminellen Vereinigung, S. 137; **Rudolphi** in SK, § 129 Rn. 3.

2 **v. Bubnoff** in LK, § 129 Rn. 2; **Copic**, Grundgesetz und politisches Strafrecht, S. 189; **Heyer**, Die Entwicklung des politischen Strafrechts, S. 113; **Lackner**, § 129 Rn. 2; **Lenckner** in Schönke/Schröder, § 129 Rn. 1; **Ostendorf** in AK, § 129 Rn. 8; **Rudolphi** in SK, § 129 Rn. 12; **Tröndle**, § 129 Rn. 3. Siehe dazu unten S. 8 ff.

3 Vgl. Beschlußempfehlung und Bericht des Rechtsausschusses des Deutschen Bundestags vom 4. Juni 1992, BT-Drucksache 12/ Nr. 2720; Große Anfrage der Fraktion der SPD vom 12. Mai 1993, BT-Drucksache 12/ Nr. 4948.

4 BGHSt 30, 328, (329 ff.); **v. Bubnoff** in LK, § 129 Rn. 1.

5 BGHSt 28, 110 (116); 28, 147 (150).

ihren Mitgliedern drohenden Straftaten, sondern vor allem auch darauf beruht, daß die Vereinigungen regelmäßig eine auf die Begehung der beabsichtigten Taten hindrängende Eigendynamik entfalten, die das persönliche Verantwortungsgefühl der einzelnen Mitglieder beeinträchtigt oder ausschließt [6]. Der Tatbestand hat mithin eine präventive Funktion [7]. In diesem Zusammenhang wird die Auffassung vertreten, daß wegen der massiven Bedrohung der Allgemeinheit speziell durch die organisierte Kriminalität bereits die in der bloßen Existenz krimineller Vereinigungen liegende Beeinträchtigung des allgemeinen Sicherheitsgefühls und damit des öffentlichen Friedens eine andere Qualität bekommen soll als bei deliktischen Einzelaktionen [8]. Die Vorverlagerung des Strafrechtsschutzes in das Vorfeld vorbereitender krimineller Aktivitäten wird anhand der Tathandlungen Gründen, Beteiligung als Mitglied, Werben und Unterstützen deutlich. Bei allen Tathandlungen ist nicht erforderlich, daß es tatsächlich zur Begehung von Straftaten kommt. Einen Erfolg verlangt nur die Gründung in Gestalt eines Zustandekommens der kriminellen Vereinigung [9]. Dementsprechend sieht § 129 Abs. 3 StGB die Strafbarkeit des Versuchs nur bei der Gründung vor. Die Vorverlagerung des Strafrechtsschutzes ist unter rechtsstaatlichen Gesichtspunkten nicht unbedenklich. Insbesondere muß sich § 129 StGB am Bestimmtheitsgrundsatz und am Grundsatz der Verhältnismäßigkeit messen lassen. In diesem Zusammenhang ist auch die Bedeutung der Bestimmung als Katalogtat für besondere strafprozessuale Maßnahmen (§§ 98 a Abs. 1 Nr. 2, 110 a Abs. 1 Nr. 2 StPO i. V. m. §§ 74 a, 120 GVG; § 100 a Abs. 1 Nr. 1 c StPO) zu berücksichtigen [10]. Ferner führt die Vorverlegung der Strafbarkeit in einen Bereich grundsätzlich erlaubter

6 BGHSt 31, 202 (207); BGH, Strafverteidiger 1992, 14 (15); **v. Bubnoff** in LK, § 129 Rn. 1; **Lenckner** in Schönke/Schröder, § 129 Rn. 1; **Ostendorf** in AK, § 129 Rn. 5; **Rudolphi** in SK, § 129 Rn. 3; **ders.**, Festschrift für Bruns, S. 315 (317); **ders.**, NStZ 1982, 198 (199).

7 **v. Bubnoff** in LK, § 129 Rn. 1; **Rudolphi** in SK, § 129 Rn. 2; **Schroeder**, Die Straftaten gegen das Strafrecht, S. 29; **Tröndle**, § 129 Rn. 3. Vgl. auch **Beck**, Vorfeldkriminalisierung, S. 27, 209, der ausführt, eine Kriminalisierung im Vorfeld der manifesten Rechtsgutsbeeinträchtigung diene vornehmlich präventiven, auf die Abwehr von Gefahren für das Schutzobjekt ausgerichteten Zwecken. **Müssig**, Schutz abstrakter Rechtsgüter, S. 219, 241, führt aus, §§ 129, 129 a StGB bildeten das Einfallstor für eine präventiv-polizeirechtlich orientierte Aushöhlung der Subjektstellung im Strafrecht.

8 **Lenckner** in Schönke/Schröder, § 129 Rn. 1.

9 Der Begriff "kriminelle Vereinigung" wird nicht im Tatbestand, sondern lediglich in der Überschrift des § 129 StGB genannt.

10 BGH, NStZ 1995, 340 (341).

Verhaltensweisen zu Kollisionen mit Grundrechten [11]. Insbesondere kommen neben der Vereinigungsfreiheit als betroffene Grundrechte auch das Recht der freien Meinungsäußerung und die Versammlungsfreiheit in Betracht.

Diese Arbeit soll hinsichtlich der Tathandlung des Gründens einer kriminellen Vereinigung prüfen, wie weit sich der Strafrechtsschutz in das Vorbereitungsstadium erstrecken kann. Zu diesem Zweck sind folgende Fragen zu beantworten:

1. Unter welchen Voraussetzungen ist ein Zusammenschluß eine kriminelle Vereinigung?

2. Welche Anforderungen sind an die Tathandlung des Gründens einer kriminellen Vereinigung zu stellen?

3. Ist eine Teilnahme am Gründen einer kriminellen Vereinigung möglich und gegebenenfalls unter welchen Voraussetzungen?

4. Wann liegt ein Versuch vor, eine kriminelle Vereinigung zu gründen?

Als Grundlage für die Beantwortung dieser Fragen soll zunächst untersucht werden, welches Rechtsgut § 129 StGB schützt. Da die Tathandlung des Gründens sich gedanklich nicht von dem Tatbestandsmerkmal der Vereinigung, deren Zwecke oder deren Tätigkeit darauf gerichtet sind, Straftaten zu begehen, trennen läßt, ist im Anschluß daran zunächst dieses Tatbestandsmerkmal im einzelnen zu untersuchen. Sodann soll auf die Tathandlung des Gründens einer kriminellen Vereinigung und die Teilnahme (Anstiftung und Beihilfe zum Gründen) eingegangen werden. Daran anschließend sollen die Anforderungen an eine Strafbarkeit wegen des Versuchs, eine kriminelle Vereinigung zu gründen (§ 129 Abs. 3 StGB), untersucht werden.

---

11 Vgl. **Ebert**, JR 1978, 136 (137); **Fürst**, Grundlagen und Grenzen, S. 4; **Ostendorf** in AK, § 129 Rn. 1 f. **Cobler**, KJ 1984, 407 (410), verlangt die Streichung der §§ 129, 129 a StGB, da diese Vorschriften mit dem Bestimmtheitsgebot (Art. 103 Abs. 2 GG), dem Schuld- und Tatstrafrecht (Art. 2 Abs. 1 GG) und der Meinungs- und Pressefreiheit (Art. 5 Abs. 1 GG) kollidieren würden.

B. Entstehungsgeschichte des § 129 StGB

§ 129 StGB in der heutigen Fassung [12] beruht im wesentlichen auf dem 1. Strafrechtsänderungsgesetz (StÄG) vom 30. August 1951 [13]. Vor dem 1. StÄG war in § 129 Reichsstrafgesetzbuch (RStGB) [14] die Beteiligung als Mitglied, Stifter oder Vorsteher an einer Verbindung unter Strafe gestellt, die sich gegen Maßnahmen der Verwaltung oder den Vollzug von Gesetzen richtete [15]. § 129 StGB hat durch das Vereinsgesetz vom 15. August 1964 [16] nicht unerhebliche Änderungen erfahren, auf die im folgenden noch eingegangen werden soll. Weitere Änderungen der Bestimmung erfolgten mit dem 8. StÄG vom 25. Juni 1968 [17], dem 1. Gesetz zur Reform des Strafrechts (StRG) vom 25. Juni 1969 [18] und dem Einführungsgesetz zum StGB vom 2. März 1974 [19].

§ 129 a StGB, der einen gegenüber § 129 StGB qualifizierten Tatbestand enthält, ist durch das Gesetz zur Änderung des StGB, der StPO, des GVG, der BRAO und des StVollzugsG vom 18. August 1976 [20] eingefügt worden. Auf die Entstehungsgeschichte des § 129 a StGB soll im folgenden nur eingegangen werden, so-

---

12 Hier soll nur insoweit auf die Entstehungsgeschichte des § 129 StGB eingegangen werden, als es für die Analyse des Tatbestandsmerkmals des Gründens einer kriminellen Vereinigung sowie für die sich im Rahmen der Untersuchung der Teilnahme und des Versuchs stellenden Probleme von Bedeutung sein kann. Die Entwicklung bis zum 1. StÄG vom 30. August 1951 soll daher nicht dargestellt werden. Zur geschichtlichen Entwicklung vgl. **Fürst**, Grundlagen und Grenzen, S. 16 ff.; **Gräßle-Münscher**, Der Tatbestand der kriminellen Vereinigung, S. 3 ff.

13 BGBl. I, S. 739 (744).

14 Reichsstrafgesetzbuch vom 5. Juni 1871, RGBl. 1871, 127 (152).

15 § 129 RStGB: Die Theilnahme an einer Verbindung, zu deren Zwecken oder Beschäftigungen gehört, die Maßregeln der Verwaltung oder die Vollziehung von Gesetzen durch ungesetzliche Mittel zu verhindern oder zu entkräften, ist an Mitgliedern mit Gefängnis bis zu einem Jahre, an den Stiftern und Vorstehern der Verbindung mit Gefängnis von drei Monaten bis zwei Jahren zu bestrafen.

16 BGBl. I, S. 593.

17 BGBl. I, S. 741 (742).

18 BGBl. I, S. 645.

19 BGBl. I, S. 469 (481).

20 BGBl. I, S. 2181.

weit sie Bedeutung für die Untersuchung der Tathandlung des Gründens einer kriminellen Vereinigung, der Teilnahme und des Versuchs haben kann.

I. Das 1. Strafrechtsänderungsgesetz vom 30. August 1951

Nach § 129 Abs. 1 StGB in der Fassung des 1. StÄG vom 30. August 1951 [21] sollte strafbar sein die Gründung einer Vereinigung, deren Zwecke oder deren Tätigkeit darauf gerichtet waren, strafbare Handlungen zu begehen, die Beteiligung als Mitglied an einer solchen Vereinigung, das Unterstützen und das Auffordern zur Gründung. Im Vergleich zu § 129 RStGB ergeben sich damit mehrere Änderungen. In § 129 StGB wurde der Begriff der Verbindung durch den Begriff der Vereinigung ersetzt. Der Zweck oder die Tätigkeit der Vereinigung sollte in der Begehung strafbarer Handlungen bestehen, nicht mehr in dem Verhindern oder Entkräften von Maßregeln der Verwaltung oder der Vollziehung von Gesetzen. Eine erhebliche Erweiterung des Tatbestands erfolgte durch die Aufnahme des - täterschaftlich ausgestalteten - Merkmals des Unterstützens der Vereinigung.

Die Kritik an § 129 StGB richtete sich in erster Linie gegen die weite Vorverlegung der Strafbarkeit in den Bereich von Vorbereitungshandlungen [22]. Ferner wurde beanstandet, der Tatbestand sei zu unklar und zu unbestimmt gefaßt [23].

II. Das Vereinsgesetz vom 15. August 1964

Mit dem Vereinsgesetz vom 15. August 1964 [24] wurde die Tathandlung des Werbens für eine kriminelle Vereinigung in den Tatbestand aufgenommen. Diese Erweiterung des Tatbestands wurde lediglich mit einer Angleichung des § 129 StGB an die neuen Tatbestände der §§ 90 a, 90 b (a. F.) StGB begründet [25], die unter anderem das Werben für verbotene Parteien oder verfassungsfeindliche Vereinigungen unter Strafe stellten. Die Aufnahme des Merkmals des Werbens in

---

21 BGBl. I, S. 739 (744).

22 Vgl. **Müller-Emmert**, NJW 1968, 2134 (2135).

23 **Heinemann/Posser**, NJW 1959, 121 (127).

24 BGBl. I, S. 741 (742).

25 Vgl. Bericht des Ausschusses für Inneres zum Regierungsentwurf eines Vereinsgesetzes, BT-Drucksache 4/Nr. 2145 (neu), S. 8.

§§ 90 a, 90 b (a. F.) StGB erfolgte, um auch Handlungen ohne jeden Förderungseffekt unter Strafe stellen zu können [26]. Strafbar sollten mithin auch die versuchte Anstiftung und die erfolglose öffentliche Aufforderung sein [27].

Ferner wurde mit dem Vereinsgesetz vom 15. August 1964 der Versuch des Gründens einer kriminellen Vereinigung für strafbar erklärt (§ 129 Abs. 3 StGB). Diese Erweiterung des Tatbestands wurde ebenfalls lediglich mit einer Angleichung der Bestimmung an §§ 90 a, 90 b (a. F.) StGB begründet [28], die die Strafbarkeit des Versuchs der Fortführung einer verbotenen Organisation bzw. deren Neugründung vorsahen. Die in § 129 Abs. 1 (a. F.) StGB enthaltene Tathandlung des Aufforderns zur Gründung einer kriminellen Vereinigung stelle nur eine besondere Art des in §§ 90 a, 90 b StGB für strafbar erklärten Versuchs der Gründung dar, so daß es sachgemäß sei, in § 129 StGB die gleiche Regelung zu treffen.

Eine Einschränkung des Geltungsbereichs der Vorschrift erfolgte mit der Einführung des § 129 Abs. 2 StGB. Nachdem das Bundesverfassungsgericht [29] entschieden hatte, daß politische Parteien keine Vereinigungen im Sinne der Vorschrift seien, wurde durch § 129 Abs. 2 Nr. 1 StGB angeordnet, daß § 129 Abs. 1 StGB auf politische Parteien - soweit sie das Bundesverfassungsgericht nicht für verfassungswidrig erklärt hat - nicht anzuwenden ist. Durch § 129 Abs. 2 Nr. 2 StGB sollte die Anwendung der Vorschrift auf politische Vereinigungen nach Möglichkeit ausgeschlossen werden [30], sofern die Begehung von Straftaten nur ein Zweck oder eine Tätigkeit von untergeordneter Bedeutung war. Diese Begrenzung des Anwendungsbereichs des § 129 Abs. 1 StGB beruhte vor allem auf der Erwägung, daß die Betätigung von und für Vereinigungen mit politischem Charakter nicht unterbunden werden sollte [31]. Dabei wurde an Fallgestaltungen gedacht, bei denen Anhänger solcher Vereinigungen in Verfolgung ihrer Ziele

---

26 Vgl. Deutscher Bundestag, Sonderausschuß für Strafrechtsreform, Prot. 4/11. Sitzung, **Lüttger**, S. 205, 209; **Dreher**, S. 208; **Schafheutle**, S. 209.

27 Siehe dazu auch unten S. 106 f.

28 Vgl. Bericht des Ausschusses für Inneres zum Regierungsentwurf eines Vereinsgesetzes, BT-Drucksache 4/Nr. 2145 (neu), S. 8.

29 BVerfGE 17, 155 (165 ff., 168).

30 **Willms**, JZ 1965, 86 (91).

31 Vgl. Bericht des Ausschusses für Inneres zum Regierungsentwurf eines Vereinsgesetzes, BT-Drucksache 4/Nr. 2145 (neu), S. 8.

häufiger vorkommende strafbare Handlungen von geringer Bedeutung, wie Abreißen von Plakaten, Beschmieren von Hauswänden, zu Körperverletzungen führendes Randalieren in politischen Versammlungen oder Verunglimpfung von politischen Gegnern begehen. Durch § 129 Abs. 2 Nr. 3 StGB stellte der Gesetzgeber ausdrücklich klar, daß Vereinigungen, deren Zwecke oder Tätigkeit die Begehung der sogenannten Organisationsdelikte der §§ 90 a, 90 b, 93, 128 (a. F.) StGB (§§ 84 bis 87 n. F. StGB) betreffen, von § 129 StGB nicht erfaßt werden, da sonst eine Handlung nach zwei Organisationsdelikten bestraft würde.

III. Weitere Änderungen des § 129 StGB

Mit dem 8. StÄG vom 25. Juni 1968 [32] wurden §§ 90 a, 90 b (a. F.) StGB durch die wesentlich enger gefaßten §§ 84, 85 StGB ersetzt, die nur noch die Fortführung und Unterstützung verbotener Parteien bzw. Organisationen unter Strafe stellten. Jedoch wurden in § 129 StGB die Tathandlung des Werbens und die Strafbarkeit des Versuchs des Gründens einer kriminellen Vereinigung nicht verändert, obwohl sie mit einer Angleichung an §§ 90 a, 90 b (a. F.) StGB begründet worden waren.

Mit dem Einführungsgesetz zum StGB vom 2. März 1974 [33] wurde § 129 StGB an den neuen Allgemeinen Teil des StGB angeglichen. Inhaltliche Änderungen erfolgten jedoch in den im Rahmen dieser Arbeit zu untersuchenden Bereichen nicht. In der heute geltenden Fassung sieht § 129 Abs. 1 StGB für alle Tathandlungen Freiheitsstrafe bis zu 5 Jahren oder Geldstrafe vor.

IV. Einführung und Änderungen des § 129 a StGB

§ 129 a StGB ist durch das Gesetz zur Änderung des StGB, der StPO, des GVG, der BRAO und des StVollzugsG vom 18. August 1976 [34] neu geschaffen worden. Die Vorschrift normiert einen gegenüber dem Grundtatbestand des § 129 StGB qualifizierten Tatbestand für die Bildung terroristischer Vereinigungen [35] und lehnt sich eng an diese Bestimmung an. Die Tathandlungen des § 129 Abs. 1 StGB wurden auch in § 129 a Abs. 1 StGB aufgenommen. Ebenso wie in § 129

---

32 BGBl. I, S. 741 (742).

33 BGBl. I, S. 469 (481).

34 BGBl. I, S. 2181.

35 **Rudolphi** in SK, § 129 a Rn. 1.

Abs. 3 StGB wurde in § 129 a Abs. 3 StGB der Versuch des Gründens der Vereinigung für strafbar erklärt.

Durch das Gesetz zur Bekämpfung des Terrorismus vom 19. Dezember 1986 [36] wurden neben der Erweiterung des Katalogs der Straftaten in § 129 a StGB die Tathandlungen des Gründens und der mitgliedschaftlichen Beteiligung in einer terroristischen Vereinigung als Verbrechen mit einem Strafrahmen von einem Jahr bis zu zehn Jahren eingestuft. Die Einstufung als Verbrechen wurde damit begründet, daß sie im Hinblick auf die Gefährlichkeit terroristischer Vereinigungen erforderlich und angemessen sei [37]. Zur Abgrenzung der unterschiedlichen Strafrahmen wurden die unverändert gebliebenen Tathandlungen des Werbens und des Unterstützens statt wie bisher in § 129 a Abs. 1 StGB in Abs. 3 der Bestimmung aufgeführt. Die in § 129 a Abs. 3 (a. F.) StGB enthaltene Erklärung, daß der Versuch des Gründens einer terroristischen Vereinigung strafbar ist, wurde infolge der Einstufung der Tathandlung des Gründens als Verbrechen überflüssig. Der Gesetzgeber hat ferner die in § 129 a Abs. 4 a. F. StGB vorgesehene Möglichkeit des Absehens von Strafe für den Versuch des Gründens einer terroristischen Vereinigung entfallen lassen.

C. Anwendungsbereich des § 129 StGB

I. Politisch motivierte kriminelle Vereinigungen

Die Entstehungsgeschichte des § 129 StGB - insbesondere das Hervorgehen aus § 129 RStGB - zeigt, daß die Bestimmung politische Vereinigungen erfassen sollte, die sich strafbarer Mittel bedienen [38]. Die Anwendbarkeit des § 129 StGB auf politisch motivierte kriminelle Vereinigungen wird auch durch die in § 129 Abs. 2 Nr. 2 StGB enthaltene Regelung deutlich, die eine Anwendung der Bestimmung auf politische Vereinigungen lediglich in den Fällen ausschließt, in denen die Begehung von Straftaten nur ein Zweck oder eine Tätigkeit von untergeordneter Bedeutung ist. In der Rechtsprechung des BGH zu § 129 StGB stand die Auseinandersetzung mit politisch motivierten Vereinigungen im Vordergrund, während Vereinigungen ohne politischen Hintergrund verhältnismäßig selten An-

---

36 BGBl. I, S. 2566.

37 Entwurf des Gesetzes zur Bekämpfung des Terrorismus, BT-Drucksache 10/Nr. 6286, S. 7.

38 **Fürst**, Grundlagen und Grenzen, S. 36 ff.; **Hohmann**, wistra 1992, 85 (86); **Lackner**, § 129 Rn. 2.

laß für Entscheidungen boten [39]. Der BGH [40] hatte sich zunächst mit der KPD und dieser nahestehenden Gruppierungen auseinanderzusetzen. Sodann waren die Rote Armee Fraktion [41], politisch motivierte Gruppen von Hausbesetzern [42] und ethnisch motivierte Zusammenschlüsse [43] Gegenstand einschlägiger Entscheidungen. In jüngster Zeit hat sich der BGH [44] mit der Einstufung einer rechtsextremistischen Gruppierung als kriminelle Vereinigung befaßt.

II. Rein kriminelle Vereinigungen

1. Anwendbarkeit des § 129 StGB auf rein kriminelle Vereinigungen

In der Rechtsprechung ist die Anwendbarkeit des § 129 StGB auch auf kriminelle Vereinigungen ohne politischen Hintergrund bejaht worden. Das Bundesverfassungsgericht [45] hat bereits in einer im Jahre 1963 ergangenen Entscheidung ausgeführt, § 129 RStGB habe auch politische Organisationen umfaßt. Die Bestimmung habe durch die Neufassung im Jahre 1951 einen Sinnwandel erfahren. Heute treffe § 129 StGB vor allem Verbrechervereine. Der BGH [46] hat einen Zusammenschluß, dessen Tätigkeit der organisierte Handel mit Betäubungsmitteln war, als kriminelle Vereinigung angesehen. Auch die herrschende Auffassung im Schrifttum [47] hält § 129 StGB auf rein kriminelle Vereinigungen für anwendbar.

---

39 BGH, NStZ 1981, 303 (Organisiertes Handeltreiben mit Betäubungsmitteln); NStZ 1982, 68 f. (Urkundenfälschungs- und Betrugsdelikte); BGHSt 31, 202 ff. (Illegale Vermittlung von Arbeitskräften); BGH, Strafverteidiger 1992, 14 f. (Organisiertes Glücksspiel).

40 BGHSt 7, 6 ff.; 10, 16 ff.; zu § 90 a a. F. StGB: BGHSt 7, 222 ff.; 16, 298 ff.; 19, 109 ff.; 20, 45 ff.; 20, 89 ff.

41 BGHSt 28, 26 ff.; 29, 288 ff.; 31, 16 ff.; 32, 243 ff.; BGHR StGB, § 129 a Abs. 1 Mitgliedschaft 1.

42 BGH, NJW 1975, 985 f.; BGHSt 31, 239 ff.

43 BGHSt 27, 325 ff.; BGH, NJW 1966, 310 ff.

44 BGH, NStZ 1995, 340 ff.; siehe auch OLG Düsseldorf, NJW 1994, 398 ff.

45 BVerfGE 17, 155 (165).

46 BGH, NStZ 1981, 303.

47 **Boettcher**, Definition und Entwicklung des organisierten Verbrechens, S. 191; **v. Bubnoff** in LK, § 129 Rn. 2; **Copic**, Grundgesetz und politisches Strafrecht, S. 189; **Heyer**, Die Entwicklung des politischen Strafrechts, S. 113; **Lackner**, § 129 Rn. 2;

Dagegen ist **Hohmann** [48] unter Hinweis auf die Entstehungsgeschichte, das Rechtsgut und den systematischen Standort des § 129 StGB der Auffassung, die Vorschrift beschränke sich auf politische oder politisch motivierte Vereinigungen. Diese Auffassung findet jedoch im Wortlaut des § 129 StGB keine Stütze. Der Bestimmung sind keine Anhaltspunkte dafür zu entnehmen, daß kriminelle Vereinigungen ohne politischen Hintergrund nicht erfaßt werden sollen. Zudem spricht gegen eine solche Beschränkung insbesondere der durch das Gesetz zur Bekämpfung des illegalen Rauschgifthandels und anderer Erscheinungsformen der organisierten Kriminalität (OrgKG) vom 15. Juli 1992 [49] eingeführte § 30 b BtMG. Diese Bestimmung sieht für den Bereich der Betäubungsmittelkriminalität eine Ausdehnung des Anwendungsbereichs des § 129 StGB auf kriminelle Vereinigungen mit Sitz im Ausland vor. Der Gesetzgeber legt mithin zugrunde, daß § 129 StGB auch hinsichtlich krimineller Vereinigungen ohne politischen Hintergrund Anwendung findet. Dies wird auch durch die in § 261 StGB zur Bekämpfung der Geldwäsche getroffene Regelung deutlich. Nach § 261 Abs. 1 Satz 2 Nr. 4 StGB sind in den Katalog der Straftaten auch die "von einem Mitglied einer kriminellen Vereinigung (§ 129) begangenen Vergehen" einbezogen. Im folgenden soll daher mit der herrschenden Meinung davon ausgegangen werden, daß § 129 StGB rein kriminelle Vereinigungen erfaßt.

2. Kriminelle Vereinigungen und "Organisierte Kriminalität"

Der Begriff und die Strukturmerkmale der "Organisierten Kriminalität" sind bislang nicht abschließend geklärt [50]. Beklagt wird nicht nur der Mangel einer konsensfähigen, klaren und wissenschaftlich befriedigenden Definition [51], sondern auch das Fehlen einer zuverlässigen Lagebeurteilung "Organisierter Kriminalität" in der Bundesrepublik Deutschland [52]. Die Justiz- und Innenminister der Länder

---

Lenckner in Schönke/Schröder, § 129 Rn. 1; **Ostendorf** in AK, § 129 Rn. 8; **Rudolphi** in SK, § 129 Rn. 12; **Schnarr**, MDR 1988, 89 (93); **Tröndle**, § 129 Rn. 3.

48 **Hohmann**, wistra 1992, 85 (89).

49 BGBl. I, S. 1302.

50 **Carl/Klos**, Geldwäsche, S. 26 f.

51 **Eisenberg**, NJW 1993, 1033; vgl. auch **Ostendorf**, JZ 1991, 62 (62 f.); **Schaefer**, NJW 1994, 774.

52 **Dörmann/Koch/Risch/Vahlenkamp**, Organisierte Kriminalität - wie groß ist die Gefahr, S. 21, 23; **Eisenberg**, NJW 1993, 1033 (1034); **Ostendorf**, JZ 1991, 62 (64); **Uesseler**, Herausforderung Mafia, S. 19.

haben sich im Jahre 1990 im Rahmen gemeinsamer Richtlinien über die Zusammenarbeit von Staatsanwaltschaft und Polizei bei der Verfolgung der Organisierten Kriminalität [53] auf folgende Definition geeinigt:

> Organisierte Kriminalität ist die vom Gewinn- oder Machtstreben bestimmte planmäßige Begehung von Straftaten, die einzeln oder in ihrer Gesamtheit von erheblicher Bedeutung sind, wenn mehr als zwei Beteiligte auf längere oder unbestimmte Dauer arbeitsteilig
>
> a) unter Verwendung gewerblicher oder geschäftsähnlicher Strukturen,
>
> b) unter Anwendung von Gewalt oder anderer zur Einschüchterung geeigneter Mittel oder
>
> c) unter Einflußnahme auf Politik, Medien, öffentliche Verwaltung, Justiz oder Wirtschaft
>
> zusammenwirken. Der Begriff umfaßt nicht Straftaten des Terrorismus.

Diese Definition ist so weit gefaßt [54], daß sich nicht nur die bandenmäßige Begehung, sondern auch die Begehung von Straftaten durch eine kriminelle Vereinigung der "Organisierten Kriminalität" zurechnen lassen [55]. Es darf jedoch nicht übersehen werden, daß der Begriff der "Organisierten Kriminalität" nicht zur Darlegung eines konkreten strafbaren Verhaltens, sondern zur Beschreibung des Phänomens des organisierten Verbrechens dient. Die oben wiedergegebene Definition berücksichtigt daher neben strafrechtlichen auch sozialpsychologische und politische Aspekte [56]. Die unscharfen Konturen organisierter Begehungsweise erlauben zudem kaum eine den Anforderungen des Bestimmtheitsgrundsatzes ge-

---

53 Gemeinsame Richtlinien der Justizminister/-senatoren und der Innenminister/-senatoren der Länder über die Zusammenarbeit bei der Verfolgung der Organisierten Kriminalität vom 13. November 1990, JMBl. NW, S. 267; Ziffer 2.1.

54 **Koch**, ZRP 1995, 24 (26), hält die Definition für derart weitgehend, daß er von einem unklaren Rechtsbegriff spricht. Vgl. auch **Ostendorf**, JZ 1991, 62 (63), der ausführt, es gebe im Strafrecht keinen unbestimmteren Begriff als "Organisierte Kriminalität". Vgl. ferner **Hassemer**, Strafverteidiger 1993, 664 (665).

55 Vgl. **Körner**, Betäubungsmittelgesetz, § 30 b Rn. 7 f.

56 Vgl. **Freiberg/Thamm**, Das Mafia-Syndrom, S. 111.

nügende Beschreibung im Sinne eines strafgesetzlichen Tatbestandsmerkmals [57]. Der Definition lassen sich daher nur Anhaltspunkte entnehmen, mit deren Hilfe möglicherweise Feststellungen über das Vorliegen verdächtiger Strukturen getroffen werden können [58]. Über diesen praktischen Gesichtspunkt hinaus bietet jedoch der Begriff der "Organisierten Kriminalität" keine Grundlage für die im folgenden vorzunehmende Analyse des Tatbestandsmerkmals "Vereinigung, deren Zwecke oder deren Tätigkeit darauf gerichtet sind, Straftaten zu begehen" in § 129 Abs. 1 StGB.

3. Schwierigkeiten in der Praxis bei der Verfolgung "Organisierter Kriminalität" mit Hilfe von § 129 StGB

Aus Sicht der Praxis bestehen bei der Verfolgung "Organisierter Kriminalität" mit Hilfe von § 129 StGB Defizite. **Schaefer** [59] führt aus, § 129 StGB sei im Kampf gegen die organisierte Kriminalität keine besonders geeignete Waffe. Die Bestimmung spiele zu Beginn von Ermittlungsverfahren eine relativ häufige Rolle, weil auf sie strafprozessuale Maßnahmen wie Haftbefehl und vor allem die Telefonüberwachung gestützt würden [60]. Dagegen spiele § 129 StGB am Ende eines Strafverfahrens eine eher untergeordnete Rolle, da es selten zu einer Verurteilung wegen dieser Vorschrift komme [61]. Dies wird zum einen darauf zurückgeführt, daß der Tatbestand mit seinen relativ hohen Anforderungen an die Nachweisbarkeit der Organisationsstruktur der kriminellen Vereinigung schwer erfüllbar sei [62]. Ein Nachweis von außen sei fast nie möglich. Die Organisationsstruktur

---

57 **Hetzer**, wistra 1993, 286 (288). Vgl. auch **Gusy**, Strafverteidiger 1995, 320 (321); **Lisken**, ZRP 1994, 264 (265).

58 **Hetzer**, wistra 1993, 286 (288 f.).

59 **Schaefer**, Kriminalistik 1987, 230 (234).

60 Vgl. auch **Weber**, Beiheft zur ZStW 1987, 1 (31), der ausführt, gäbe es die §§ 129, 129 a StGB nicht, so wäre ein effektives polizeiliches Vorgehen gegen solche Organisationen und ihre Mitglieder auch im Hinblick auf drohende Straftaten nicht möglich. Erst dadurch, daß die Bildung dieser Organisationen als solche unter Strafe gestellt werde, würden Verhaftungen, Durchsuchungen und Beschlagnahmen im gewünschten Umfang möglich, und zwar im Gewande repressiver strafprozessualer Zwangsmittel.

61 Vgl. auch **Sieber/Bögel**, Logistik, S. 358 f.

62 **Schaefer**, Kriminalistik 1987, 230 (235); vgl. auch **Boettcher**, Definition und Entwicklung des organisierten Verbrechens, S. 191; **Forthauser**, Geldwäsche, S. 28; **Kern**,

einer kriminellen Vereinigung sei daher nur dann beweisbar, wenn einer der Täter sein Wissen offenbare [63]. In diesem Zusammenhang wird zum anderen darauf hingewiesen, daß § 129 StGB angesichts der vergleichsweise milden Strafdrohung auch unter dem Gesichtspunkt der Strafzumessung nicht attraktiv sei [64].

Ferner wird aus Sicht der Praxis eine Ausdehnung des § 129 StGB auf ausländische kriminelle Organisationen gefordert [65]. In der Bundesrepublik Deutschland würden zunehmend auch kriminelle Organisationen mit Sitz im Ausland operieren [66]. Durch eine Zerteilung logistischer Aufgaben auf mehrere Länder könnten die Straftäter Delikte in Deutschland begehen, ohne daß hier eine - von dem BGH [67] für eine Strafbarkeit nach § 129 StGB verlangte - Teilorganisation der Gruppe nachweisbar sei [68]. Begünstigt werde dieses System durch den Wegfall der Grenzkontrollen innerhalb der Europäischen Gemeinschaft.

Geldwäsche, S. 56 f.; **Sieber/Bögel**, Logistik, S. 358 f.; **Schneider**, Jura 1984, 169 (181). Vgl. ferner **Gräßle-Münscher**, Kriminelle Vereinigung, S. 170, zum Hell's Angels-Verfahren vor dem LG Hamburg.

63 **Schaefer**, Kriminalistik 1987, 230 (235).

64 **Gräßle-Münscher**, Kriminelle Vereinigung, S. 170; **Schaefer**, Kriminalistik 1987, 230 (235). **Sieber/Bögel**, Logistik, S. 361, lehnen eine Verschärfung der Strafdrohung ab, weil - neben grundsätzlichen Zweifeln an den Wirkungen einer Anhebung von Strafsanktionen auf potentielle Straftäter - im Bereich der "Organisierten Kriminalität" spezielle Zweifel am Nutzen einer allgemeinen Anhebung des Strafrahmens bestehen würden. Organisierte Straftätergruppen fällten ihre Entscheidungen vor allem unter den Gesichtspunkten der Gewinnmaximierung und der Absicherung vor Entdeckung. Die mit dem höchsten Entdeckungsrisiko behafteten Mittäter seien jedoch oftmals nur vorübergehende Mitglieder der kriminellen Organisation oder stünden auf den unteren Hierarchiestufen. Vgl. auch **Frankfurter Arbeitskreis Strafrecht**, Strafverteidiger 1994, 693 (694); **Ostendorf**, JZ 1991, 62 (67).

65 **Schaefer**, Kriminalistik 1987, 230 (235); **Sieber/Bögel**, Logistik, S. 360.

66 Vgl. auch die Einschätzung von **Dörmann/Koch/Risch/Vahlenkamp**, Organisierte Kriminalität, S. 38 f., die Bedeutung der ausländischen Straftäter auf den Aktionsfeldern des organisierten Verbrechens werde bis zum Jahre 2000 deutlich zunehmen.

67 BGHSt 30, 328 (329 ff.).

68 **Sieber/Bögel**, Logistik, S. 360.

2. Teil

Die Problematik des Rechtsguts des § 129 StGB

Hinsichtlich der Frage, welche Rechtsgüter § 129 StGB schützen soll, besteht Streit [69]. Eine Analyse des Tatbestandsmerkmals des Gründens einer kriminellen Vereinigung würde ohne vorherige Untersuchung des Schutzguts der Norm nicht vollständig sein. Dies gilt in besonderem Maße für die Frage, wo die Grenze zwischen Vorbereitung und strafbarem Versuch des Gründens einer kriminellen Vereinigung zu ziehen ist [70]. Die Kontroverse behandelt entgegen der Ansicht von **Arzt** [71] nicht lediglich ein Scheinproblem [72]. Im Hinblick darauf, daß § 129 StGB Rechtsgüter bereits im Vorbereitungsstadium schützt und damit eine engere Eingrenzung von Freiheitssphären bewirkt [73], ist es unabdingbar, zunächst die spezifische Schutzaufgabe der Bestimmung möglichst exakt herauszuarbeiten und die einzelnen Merkmale des Tatbestands durch eine daran ausgerichtete Auslegung zu bestimmen. Dies ist nicht nur erforderlich, um die Gefahr einer Überdehnung der Strafbarkeit auszuschließen, sondern auch, um dem Vorwurf der mangelnden Bestimmtheit des Tatbestands zu entgehen [74]. Im Rahmen der Analyse des Tatbestandsmerkmals des Gründens einer kriminellen Vereinigung wird dementsprechend nicht selten auf das Schutzgut der Norm zurückzugreifen sein. Die Auswirkungen der Kontroverse werden insbesondere auch im Rahmen der Untersuchung zu erörtern sein, ob § 129 StGB Vereinigungen mit Sitz im Ausland erfaßt [75].

Eng mit der Frage nach dem Schutzgut der Norm ist die Frage verbunden, welche Art von Delikt - ein abstraktes oder ein konkretes Gefährdungsdelikt - § 129 StGB darstellt. Die Deliktsnatur des § 129 StGB kann ebenfalls unmittelbare

---

69 Vgl. dazu auch die Darstellungen bei **Fürst**, Grundlagen und Grenzen, S. 55 ff. und **Langer-Stein**, Legitimation und Interpretation, S. 24 ff.

70 Siehe dazu unten S. 194 ff., 196.

71 **Arzt/Weber**, LH 5 Rn. 48.

72 Vgl. **Fürst**, Grundlagen und Grenzen, S. 55; **Giehring**, Strafverteidiger 1983, 296 (302).

73 Vgl. **Ostendorf** in AK, § 129 Rn. 1.

74 **Rudolphi**, ZRP 1979, 214 (215); **ders.** in SK, § 129 Rn. 4.

75 Siehe unten S. 52 ff., 55 ff.

Auswirkungen auf die Bestimmung des Schutzguts und auf die Analyse des Tatbestandsmerkmals des Gründens einer kriminellen Vereinigung haben. Im folgenden soll daher zunächst die systematische Einordnung der Bestimmung untersucht werden.

A. Systematische Einordnung des § 129 StGB

§§ 129, 129 a StGB werden im Hinblick auf ihre präventive Funktion ganz überwiegend den abstrakten Gefährdungsdelikten zugeordnet [76]. Dagegen sind nach Auffassung von **Langer-Stein** [77] §§ 129, 129 a StGB sowohl als abstrakte als auch als konkrete Gefährdungsdelikte interpretierbar. Je nach dem, ob man die Herrschaftsstruktur in der Gruppe und den Hemmungsabbau unterstelle oder konkret prüfe, sei die Bildung einer kriminellen Vereinigung ein abstraktes oder konkretes Gefährdungsdelikt.

Die Einordnung des § 129 StGB als konkretes Gefährdungsdelikt findet jedoch bereits im Wortlaut der Bestimmung keine Stütze. Während bei den abstrakten Gefährdungsdelikten die Indizien der Gefährlichkeit vom Gesetz selbst bestimmt werden, ist bei den konkreten Gefährdungsdelikten der Eintritt einer Gefahr Tatbestandsmerkmal und muß daher im Einzelfall festgestellt werden [78]. § 129 StGB setzt den Eintritt einer konkreten Gefahr für bestimmte Rechtsgüter aber gerade nicht voraus. Selbst wenn man mit **Langer-Stein** [79] davon ausginge, daß die konkrete Gefahr durch das Tatbestandsmerkmal "Vereinigung" erfaßt werden könne, rechtfertigt dies nicht die Zuordnung der Bestimmung zu den konkreten Gefährdungsdelikten. Denn der von **Langer-Stein** angeführte Hemmungsabbau innerhalb der Gruppe stellt nicht notwendig bereits eine konkrete Gefahr für be-

---

76 **Fürst**, Grundlagen und Grenzen, S. 64; **Dencker**, Strafverteidiger 1987, 117 (121); **Gössel**, JR 1983, 118 (119); **Hohmann**, wistra 1992, 85 (86); **Lenckner** in Schönke/Schröder, § 129 Rn. 1; **Marxsen**, Abstrakte Gefährdungsdelikte, S. 10 f.; **Ostendorf** in AK, § 129 Rn. 5; **ders.**, JZ 1979, 252 (253); **Rebmann**, NStZ 1981, 457 (458); **Werle**, Die Konkurrenz, S. 186.

77 **Langer-Stein**, Legitimation und Interpretation, S. 210, 213.

78 Vgl. **Jakobs**, Strafrecht AT, S. 172 (Rn. 86); **Ostendorf**, JuS 1982, 426; **Schröder**, JZ 1967, 522.

79 **Langer-Stein**, Legitimation und Interpretation, S. 213.

stimmte Rechtsgüter dar [80], sondern zeigt lediglich die potentielle Gefährlichkeit der Vereinigung für den Rechtsgüterbestand. Die von einer kriminellen Vereinigung ausgehende Bedrohung von Rechtsgütern ist allein mit dem Hemmungsabbau innerhalb der Gruppe nicht zwangsläufig in ein Stadium der konkret-greifbaren Gefährdung [81] getreten. Zudem gehen von einer kriminellen Vereinigung Gefahren für eine Vielzahl von Rechtsgütern aus [82], so daß der Hemmungsabbau unbestimmte Gefahren für noch unbestimmte Rechtsgüter hervorrufen kann [83]. Die von § 129 StGB erfaßten Handlungen bedeuten mithin eine abstrakte Gefährdung von Rechtsgütern. Abgesehen von diesen Erwägungen vermag die Einordnung des § 129 StGB als konkretes Gefährdungsdelikt auch aus praktischen Gesichtspunkten nicht zu überzeugen. **Langer-Stein** [84] weist selbst auf die Schwierigkeit hin, mit Hilfe einer im Nachhinein wohl nur schwer durchführbaren Gruppenanalyse festzustellen, ob die Gruppe tatsächlich einen Hemmungsabbau herbeigeführt hat, weil eine entsprechende Gruppenstruktur gegeben war.

Im folgenden soll daher davon ausgegangen werden, daß § 129 StGB den abstrakten Gefährdungsdelikten zuzuordnen ist.

B. Das Schutzgut des § 129 StGB

I. Darstellung der Kontroverse

1. Die Position der Rechtsprechung

Der BGH [85] hat in einer älteren Entscheidung § 129 StGB als Vergehen wider die öffentliche Ordnung bezeichnet. Die Vorschrift gehe auf Art. 9 GG zurück, der Vereinigungen verbiete, deren Zwecke oder Tätigkeiten den Strafgesetzen zuwiderliefen. In der Entscheidung, in der er die Bildung einer kriminellen Verei-

---

80 Diese Schlußfolgerung zieht auch nicht **Marxsen**, Abstrakte Gefährdungsdelikte, S. 134 f., obwohl sie ausführt, der Tatbestand sei so gefaßt, daß der Täter mit seiner Handlung das durch die Norm geschützte Rechtsgut beeinträchtigen wollte.

81 Vgl. **Ostendorf** in AK, § 129 Rn. 5.

82 **Werle**, Die Konkurrenz, S. 186.

83 Vgl. **Puppe**, Idealkonkurrenz, S. 215.

84 **Langer-Stein**, Legitimation und Interpretation, S. 210.

85 BGH, NJW 1966, 310 (312).

nigung durch Hausbesetzer bejaht hat, führte der BGH [86] aus, die Strafwürdigkeit eines auf die Begehung künftiger Straftaten gerichteten Zusammenschlusses folge aus der offenen Rechtsfeindschaft der die Vereinsfreiheit mißbrauchenden Mitglieder und Helfer der Vereinigung, die sich in kollektiver Form über Ordnungsnormen des Strafrechts hinwegsetzen würden. In einer Entscheidung zu der Frage, ob ein Zusammenschluß von nur zwei Personen eine Vereinigung im Sinne des § 129 StGB sein kann, hat der BGH [87] darauf abgestellt, daß die Bestimmung im Hinblick auf die besondere Gefährlichkeit, welche von einem organisierten Verband von Personen ausgehe, die sich zur Begehung von Straftaten zusammengeschlossen hätten, eine Strafbarkeit bereits weit im Vorfeld der Vorbereitung konkreter strafbarer Handlungen begründe. In diesem Zusammenhang hat der BGH ausdrücklich auf die spezifische Gefährlichkeit eines organisierten Zusammenschlusses im Hinblick auf dessen typische Eigendynamik hingewiesen, die geeignet sei, dem einzelnen Beteiligten die Begehung von Straftaten zu erleichtern und bei ihm das Gefühl persönlicher Verantwortung zurückzudrängen. In einer Entscheidung zu der Frage, ob § 129 a StGB auf eine Vereinigung mit Sitz im Ausland Anwendung finden kann, hat der BGH [88] den Schutzzweck der §§ 129, 129 a StGB nicht in der bereits in das Vorbereitungsstadium verlegten Bekämpfung der Straftaten gesehen, die von kriminellen oder terroristischen Vereinigungen ausgehen können. Vielmehr hat er ausdrücklich die innere Sicherheit und Ordnung als Rechtsgut dieser Bestimmungen bezeichnet [89]. In einer späteren Entscheidung hat der BGH [90] ausgeführt, § 129 StGB solle die erhöhte kriminelle Intensität erfassen, die in der Gründung oder Fortführung einer festgefügten Organisation ihren Ausdruck finde, die kraft der ihr innewohnenden Eigendynamik eine erhöhte Gefährlichkeit für wichtige Rechtsgüter der Gemeinschaft mit sich bringe. Daher unterscheide sich die kriminelle Vereinigung im Grad der Gefährdung von für die öffentliche Sicherheit wesentlichen Rechtsgütern deutlich von der Bande. Auf diese Argumentation hat der BGH [91] auch eine Entscheidung in jüngerer Zeit gestützt, die sich mit den Anforderungen an den Gruppenwillen im Rahmen des § 129 StGB befaßte. In einer Entscheidung zu der Frage, ob im Verbreiten von Texten ein Unterstützen oder Werben im Sinne des § 129 a StGB ge-

---

86 BGH, NJW 1975, 985.

87 BGHSt 28, 147 (148 f.); ebenso BGHSt 28, 110 (116) zu § 129 a StGB.

88 BGHSt 30, 328 (329).

89 BGHSt 30, 328 (331).

90 BGHSt 31, 202 (207).

91 BGH, Strafverteidiger 1992, 14 (15).

sehen werden kann, hat der BGH [92] ausgeführt, die Vorschrift wende sich gegen organisierte Vereinigungen, die im Hinblick auf ihre Ziele für die öffentliche Sicherheit und die staatliche Ordnung gefährlich seien und deren Existenz sie daher schon im Vorfeld sonstiger strafbarer Handlungen mit strafrechtlichen Mitteln bekämpfe. In einer in jüngster Zeit ergangenen Entscheidung zu der Frage, ob Mitglieder einer rechtsextremistischen Vereinigung, die Plakatierungs- und Sprühaktionen mit ausländer- und fremdenfeindlichen Parolen planten und ausführten, eine kriminelle Vereinigung bilden, hat der BGH [93] den Schutzzweck des § 129 StGB darin gesehen, im Sinne einer Vorverlagerung des Rechtsgüterschutzes erhöhten Gefahren zu begegnen, die im Falle der Planung und Begehung von Straftaten von festgefügten Organisationen aufgrund der ihnen innewohnenden Eigendynamik für die öffentliche Sicherheit ausgehen können. Das OLG Düsseldorf [94] hat seine Entscheidung in diesem Fall auf zwei Umschreibungen des Rechtsguts des § 129 StGB gestützt. Die durch die Bestimmung geschützten Rechtsgüter seien der öffentliche Frieden, der bereits durch die bloße Existenz krimineller Vereinigungen und die diesen innewohnende Eigendynamik gefährdet sei, sowie die innere öffentliche Sicherheit.

Der BGH hat mithin nur einmal - nämlich in der Entscheidung BGHSt 30, 328 (331) - eine konkrete Aussage zum Rechtsgut der §§ 129, 129 a StGB gemacht, indem er die innere Sicherheit und Ordnung als Rechtsgut dieser Bestimmungen bezeichnet hat. Im übrigen hat er sich darauf beschränkt, Hinweise auf die Strafwürdigkeit und Strafbedürftigkeit der Gründung oder Fortführung krimineller oder terroristischer Vereinigungen zu geben [95]. Diesen Hinweisen läßt sich eine von dem BGH in ständiger Rechtsprechung vertretene Definition des Rechtguts der §§ 129, 129 a StGB nicht entnehmen. Entscheidungen des BGH sind von verschiedenen Seiten in der Literatur als Bestätigung ihrer jeweiligen Auffassungen hinsichtlich des Rechtsguts der §§ 129, 129 a StGB gewertet worden [96].

---

92 BGHSt 33, 16 (17).

93 BGH, NStZ 1995, 340 (341).

94 OLG Düsseldorf, NJW 1994, 398 (399).

95 Vgl. dazu auch **Langer-Stein**, Legitimation und Interpretation, S. 27; **Ostendorf** in AK, § 129 Rn. 4.

96 Vgl. **v. Bubnoff** in LK, § 129 Rn. 1 unter Bezugnahme auf BGH, NJW 1966, 310 (312) und BGH, NJW 1975, 985; **Rudolphi** in SK, § 129 Rn. 2 unter Bezugnahme auf BGHSt 28, 110 (116) und 147 (148 f.).

2. Die Auffassung der herrschenden Meinung

Nach der wohl überwiegenden Meinung in der Literatur weisen §§ 129, 129 a StGB ein gesondertes, eigenständiges Rechtsgut auf. Das Rechtsgut dieser Bestimmungen wird allerdings begrifflich nicht einheitlich bezeichnet. Zum Teil wird als Schutzgut die öffentliche Sicherheit und (staatliche) Ordnung genannt [97]. Teilweise wird als geschütztes Rechtsgut die innere öffentliche Sicherheit [98], teilweise auch der innere oder öffentliche Friede [99] bezeichnet. Ferner wird als Schutzgut auch die staatliche Zwangsgewalt genannt, die durch eine auf Straftaten ausgerichtete Vereinigung gefährdet sei [100].

Ein wesentlicher Unterschied zwischen diesen begrifflichen Differenzierungen besteht jedoch nicht [101]. Schutzgut der §§ 129, 129 a StGB ist danach stets die - terminologisch unterschiedlich umschriebene - innere Sicherheit [102]. Es ist davon auszugehen, daß die herrschende Meinung - obwohl sich ihre Vertreter damit überwiegend nicht auseinandersetzen [103] - den Schutz individueller Rechtsgüter nicht als Zweck dieser Bestimmungen ansieht [104]. Unterschiede innerhalb der herrschenden Meinung lassen sich lediglich hinsichtlich der im Rahmen der Bezeichnung des Rechtsguts gesetzten Akzente erkennen. **Maurach** [105] stellt den Staat bzw. die Staatsautorität in den Vordergrund, indem er ausführt, Strafgrund

---

97 **Arzt/Weber**, LH 5, Rn. 48; **Lackner**, § 129 Rn. 1; **Rebmann**, NStZ 1981, 457 (458); **Tröndle**, § 129 Rn. 1 b.

98 **v. Bubnoff** in LK, § 129 Rn. 1; **Gössel**, JR 1983, 118 (119).

99 **Krehl**, DtZ 1992, 113 (114); **Lenckner** in Schönke/ Schröder, § 129 Rn. 1; **Lüttger**, GA 1960, 33 (54); vgl. auch **Lackner**, § 129 Rn. 1.

100 **Gössel**, JR 1982, 111 (112); **Maurach**, Strafrecht BT, S. 670; **Otto**, Strafrecht BT, S. 437.

101 **Lenckner** in Schönke/Schröder, § 129 Rn. 1.

102 Vgl. **Müssig**, Schutz abstrakter Rechtsgüter, S. 211.

103 Vgl. aber **Lenckner** in Schönke/Schröder, § 129 Rn. 1, der ausführt, die erhöhte Gefährdung konkreter Rechtsgüter bereits im Vorbereitungsstadium möge zwar auch ein Aspekt des § 129 StGB sein. Jedoch sei es zu eng, den Sinn der Bestimmung auf die Funktion eines Vorfeldtatbestandes zum Schutz der Rechtsgüter des Besonderen Teils zu verkürzen.

104 **Fürst**, Grundlagen und Grenzen, S. 56.

105 **Maurach**, Strafrecht BT, S. 670.

sei nicht die auch noch so entfernte Beziehung zum Erfolg der geplanten Straftaten, sondern das der Staatsautorität abträgliche Verhalten der an der kriminellen Vereinigung Beteiligten. **Lenckner** [106] stellt zur Konkretisierung des von ihm verwendeten Begriffs des öffentlichen Friedens auf ein allgemeines Sicherheitsgefühl ab und führt dazu aus, daß wegen der massierten Bedrohung der Allgemeinheit speziell durch die organisierte Kriminalität auch die in der bloßen Existenz krimineller Vereinigungen liegende Beeinträchtigung des allgemeinen Sicherheitsgefühls und damit des öffentlichen Friedens eine andere Qualität bekomme als bei deliktischen Einzelaktionen. In die gleiche Richtung geht der Hinweis von **Lackner** [107], Schutzzweck sei die von einer kriminellen Vereinigung ausgehende Bedrohung der Allgemeinheit. Dagegen heben **v. Bubnoff** [108] und **Haberstumpf** [109] mehr den objektiven Rechtsfrieden hervor, indem sie ausführen, die Strafwürdigkeit eines kriminellen Zusammenschlusses folge aus der sich in der Zielsetzung manifestierenden Rechtsfeindschaft der Mitglieder und Helfer der Vereinigung, die sich unter Mißbrauch der grundsätzlichen Vereinsfreiheit in kollektiver Form über die Ordnungsnormen des Strafrechts hinwegzusetzen planen. In diese Richtung gehen auch die Ausführungen von **Schmidhäuser** [110], Rechtsgutsträger sei weder der einzelne noch der Staat, sondern die Gesellschaft unmittelbar, die nur unter der Voraussetzung existieren könne, daß ein Mindestmaß an innerem Frieden herrsche.

3. Die Auffassung der Minderheitsmeinung

Eine maßgeblich von **Rudolphi** [111] geprägte Ansicht im Schrifttum sieht als Schutzgut der §§ 129, 129 a StGB die im Besonderen Teil des Strafrechts geschützten Rechtsgüter an [112]. Durch diese Bestimmungen finde eine über

---

106 **Lenckner** in Schönke/Schröder, § 129 Rn 1. Ihm zustimmend **Lampe**, ZStW 106 (1994), 683 (706).

107 **Lackner**, § 129 Rn. 1.

108 **v. Bubnoff** in LK, § 129 Rn. 1.

109 **Haberstumpf**, MDR 1979, 977 (978).

110 **Schmidhäuser**, Strafrecht BT, S. 146, 153.

111 **Rudolphi**, Festschrift für Bruns, S. 315 (317); **ders.** in SK, § 129 Rn. 2; **ders.**, ZRP 1979, 214 (216); **ders.**, JA 1979, 1 (3); **ders.**, JR 1979, 33 (35 f.); **ders.**, NStZ 1982, 198 (199); **ders.**, JR 1984, 32 (33).

112 **Bottke**, JR 1985, 122 (123); **Forthauser**, Geldwäsche, S. 31; **Fürst**, Grundlagen und Grenzen, S. 55 (68 f.); **Giehring**, Strafverteidiger 1983, 296 (302 f.); **Hohmann**,

§ 30 StGB hinausgehende Vorverlagerung des Strafschutzes der im Besonderen Teil des Strafrechts unmittelbar geschützten Rechtsgüter in das Vorbereitungsstadium hinein statt [113]. Insoweit bestehe eine gewisse Verwandtschaft mit § 30 StGB [114]. Strafgrund der §§ 129, 129 a StGB sei die besondere Gefährlichkeit krimineller und terroristischer Vereinigungen, die nicht nur auf der gemeinschaftlichen Begehungsweise, sondern vor allem auch darauf beruhe, daß die Vereinigungen regelmäßig eine auf die Begehung der beabsichtigten Taten hindrängende Eigendynamik entfalteten, die das persönliche Verantwortungsgefühl der einzelnen Mitglieder beeinträchtige oder ausschließe [115]. Aufgrund der sich in der Vereinigung entwickelnden gruppendynamischen Prozesse würden bei den Mitgliedern individuelle Hemmungsfaktoren abgebaut und nicht selten zusätzliche Motive für die Begehung von Straftaten gesetzt; ferner würden derartige Vereinigungen sowohl durch ihre inneren, zweckrational auf die Begehung von Straftaten ausgerichteten organisatorischen Strukturen als auch durch das in ihnen zur Planung und Ausführung der beabsichtigten Straftaten vorhandene Potential ihren Mitgliedern die Begehung der beabsichtigten Straftaten auch im übrigen außerordentlich erleichtern [116]. Diesem Gefährdungspotential hätten die §§ 129, 129 a StGB entgegenzuwirken; die Bestimmungen besäßen damit eine präventive Zielsetzung [117]. Ihnen falle die Aufgabe zu, bereits die Entstehung und den Fortbe-

---

wistra 1992, 85 (86); **Klughardt**, Die Gesetzgebung zur Bekämpfung des Terrorismus, S. 184; **Langer-Stein**, Legitimation und Interpretation, S. 134 f., 150 ff.; **Maurach/Schroeder**, Strafrecht BT 2, S. 299; **Maurach/Schroeder/Maiwald**, Strafrecht BT 2, S. 369 (Rn. 3); **Ostendorf**, JZ 1979, 252 (253); **ders.**, JA 1980, 499 (500); **ders.**, JuS 1981, 641 (642); **ders.**, in AK, § 129 Rn. 4 f.; **Schroeder**, Die Straftaten gegen das Strafrecht, S. 11, 14; **Sommer**, JR 1981, 490 (495); **Werle**, Die Konkurrenz, S. 185 f. Vgl. auch **Müssig**, Schutz abstrakter Rechtsgüter, S. 217, 221.

113 **Bottke**, JR 1985, 122 (123); **Giehring**, Strafverteidiger 1983, 296 (302 f.); **Ostendorf** in AK, § 129 Rn. 5; **Rudolphi**, Festschrift für Bruns, S. 315 (317). So im Ergebnis auch **Gräßle-Münscher**, Der Tatbestand der kriminellen Vereinigung, S. 137, der § 129 StGB als tatbestandlich vertypte Zurechnungsnorm bezeichnet.

114 **Rudolphi** in SK, § 129 Rn. 2; **ders.**, ZRP 1979, 214 (215).

115 **Bottke**, JR 1985, 122 (123); **Ostendorf** in AK, § 129 Rn. 5; **Rudolphi**, Festschrift für Bruns, S. 315 (317); **ders.**, NStZ 1982, 198 (199); **ders.** in SK, § 129 Rn. 3; auf diesen Strafgrund verweisen auch die Vertreter der herrschenden Meinung, vgl. **v. Bubnoff** in LK, § 129 Rn. 1; **Lenckner** in Schönke/Schröder, § 129 Rn 1.

116 **Rudolphi**, Festschrift für Bruns, S. 315 (317); **ders.**, ZRP 1979, 214 (216); vgl. ferner **Langer-Stein**, Legitimation und Interpretation, S. 153 ff.; **Ostendorf** in AK, § 129 Rn. 5; **ders.**, JZ 1979, 252 (253).

117 **Rudolphi**, Festschrift für Bruns, S. 315 (317).

stand krimineller und terroristischer Vereinigungen als solcher zu verhindern, um nach Möglichkeit schon von vornherein diese Vereinigungen als Gefahrenquelle für die Rechtsgüter des Staates und seiner Bürger auszuschalten [118].

Folgte man dieser Ansicht wiesen §§ 129, 129 a StGB - ebenso wie § 30 - kein eigenständiges Rechtsgut auf [119]. Neben dem Hinweis auf den Wortlaut der Bestimmungen stützt sich diese Ansicht hauptsächlich auf systematische und rechtsstaatlich ausgerichtete Argumente. Die Auffassung, Strafgrund sei die Beeinträchtigung des allgemeinen Sicherheitsgefühls, des öffentlichen Friedens oder der öffentlichen Ordnung, finde in dem Wortlaut der §§ 129, 129 a StGB, der auf alle - bzw. auf bestimmte - Straftaten abstelle, keine Stütze [120]. Die systematische Stellung der Bestimmungen in dem 7. Abschnitt des StGB, der die Überschrift "Straftaten gegen die öffentliche Ordnung" trage, sei für die Frage des geschützten Rechtsguts nicht aussagekräftig, weil in diesem Abschnitt Tatbestände mit zum Teil völlig unterschiedlichen Rechtsgütern zusammengefaßt seien [121]. Der abstrakte Oberbegriff des 7. Abschnitts des StGB müsse dahingehend konkretisiert werden, daß die ansonsten unmittelbar geschützten Rechtsgüter das eigentliche Schutzgut der §§ 129, 129 a StGB seien [122]. **Bottke** [123] führt aus, Sicherheit oder Ordnung seien eher polizeirechtliche Leitbegriffe als Rechtsgüter strafrechtlicher Deliktsnormen. Mittelbar dienten alle Straftatbestände des Besonderen Teils der öffentlichen Sicherheit und Ordnung, ohne daß deshalb auf eine normspezifische Konkretisierung verzichtet werden könne [124]. Daher sei die Tatsache, daß kriminelle oder terroristische Vereinigungen auch den inneren Frieden oder die öffentliche Sicherheit und Ordnung tangieren würden, für die

---

118 **Rudolphi**, Festschrift für Bruns, S. 315 (317); **ders.**, JR 1979, 33 (35); **ders.**, NStZ 1982, 198 (199).

119 **Langer-Stein**, Legitimation und Interpretation, S. 31; **Müssig**, Schutz abstrakter Rechtsgüter, S. 13, 15.

120 **Bottke**, JR 1985, 122 (123).

121 **Giehring**, Strafverteidiger 1983, 296 (303); vgl. auch **Bottke**, JR 1985, 122, (123), der geltend macht, dieser Standort hindere die Rechtsprechung nicht, etwa das durch § 123 StGB geschützte Rechtsgut zu präzisieren.

122 **Ostendorf** in AK, § 129 Rn. 5.

123 **Bottke**, JR 1985, 122 (123).

124 **Bottke**, JR 1985, 122 (123); **Langer-Stein**, Legitimation und Interpretation, S. 134; **Ostendorf**, JZ 1979, 252 (253); **ders.**, JA 1980, 499 (500).

Bestimmung des Rechtsguts der §§ 129, 129 a StGB nicht aussagekräftig [125]. Die Auffassung der herrschenden Meinung berge zudem die Gefahr einer Verflüchtigung des Rechtsguts zu einem allgemeinen Sicherheitsinteresse [126] und einer Überdehnung [127] des Strafschutzes. **Rudolphi** [128] weist darauf hin, die Heranziehung der öffentlichen Sicherheit oder Ordnung als Maßstab bedinge eine extensive Auslegung der einzelnen Merkmale der §§ 129, 129 a StGB. So lasse sich unter Berufung auf eine Störung der öffentlichen Sicherheit oder Ordnung eine Strafbarkeit auch schon hinsichtlich Zusammenschlüssen bejahen, denen der Charakter einer besonderen Gefahrenquelle für die Rechtsgüter der Bürger und des Staates gerade noch abzusprechen sei. **Giehring** [129] führt in diesem Zusammenhang aus, die Bedeutung der von der herrschenden Meinung genannten Rechtsgüter öffentliche Sicherheit und Ordnung, öffentlicher Friede und staatliche Zwangsgewalt für die Zielstruktur der §§ 129, 129 a StGB bleibe undeutlich. Die Richtung zeige jedoch die Einschätzung von **Lenckner** [130], die Beschränkung der Bestimmungen auf die Funktion von Vorfeldtatbeständen zum Schutz der Rechtsgüter des Besonderen Teils sei deshalb zu eng, weil durch die Existenz krimineller Organisationen auch das allgemeine Rechtssicherheitsgefühl beeinträchtigt werde. Bezugspunkt für die Beurteilung der Strafwürdigkeit sei damit nicht mehr allein die objektive Wirkung der Handlung für die Gefährlichkeit der Organisation, sondern daneben würden die Emotionen, die die Handlung in der Öffentlichkeit auslöse oder auslösen könne von Bedeutung. Die Existenz derartiger kollektiver Zustände und ihre negative Beeinflussung entziehe sich weitgehend einem Nachweis, der eine Strafbarkeit legitimieren könne. Ferner werde das Strafrecht - konsequent zu Ende gedacht - zum Vollstrecker kollektiver Ordnungs-, Konformitäts- und Aggressionsbedürfnisse, ohne daß eine rationale Kontrolle durch die Frage nach der tatsächlichen Sozialschädlichkeit der inkriminierten Handlungen stattfinde [131]. In die gleiche Richtung geht der Hinweis von

---

125 **Fürst**, Grundlagen und Grenzen, S. 68; **Ostendorf**, Recht zum Hungerstreik, S. 220.

126 **Giehring**, Strafverteidiger 1983, 296 (302); **Langer-Stein**, Legitimation und Interpretation, S. 88; vgl. auch **Ebert**, JR 1978, 136 (137) im Hinblick auf §§ 88 a a. F., 125 StGB.

127 **Rudolphi**, ZRP 1979, 214 (216).

128 **Rudolphi**, ZRP 1979, 214 (216).

129 **Giehring**, Strafverteidiger 1983, 296 (302).

130 **Lenckner** in Schönke/Schröder, § 129 Rn. 1.

131 **Giehring**, Strafverteidiger 1983, 296 (302); vgl. auch **Langer-Stein**, Legitimation und Interpretation, S. 128.

Fürst [132] auf die Schwierigkeiten, derartige abstrakte Zustände hinreichend zu präzisieren und eine Beeinträchtigung gegebenenfalls nachweisen zu können. Andererseits habe - wie **Rudolphi** [133] ausführt - die herrschende Meinung eine nicht mehr erträgliche Verkürzung des Strafschutzes zur Folge. Denn nach ihr wäre mit der Begründung, daß es noch an einer Störung der öffentlichen Sicherheit oder Ordnung fehle, eine Strafbarkeit solange abzulehnen, wie die Gründung und Existenz der Vereinigung noch geheim sei.

II. Stellungnahme

Die Besonderheit des § 129 StGB besteht darin, daß bereits die Bildung der kriminellen Vereinigung unter Strafe gestellt ist und nicht etwa - wie bei der Bande - die besonders gefährliche Begehung der Tat [134]. Die Vorschrift verlegt mithin die Strafbarkeitsgrenze in das Vorbereitungsstadium, soweit Delikte von einer kriminellen Vereinigung geplant oder begangen werden [135]. Die Vorverlagerung der Strafbarkeit bewirkt eine engere Eingrenzung grundrechtlich geschützter Freiheitssphären; insbesondere können auch politisch-demokratische Grundfreiheiten betroffen sein [136]. Da Rechtsgüter schon weit im Vorfeld der Begehung von Straftaten geschützt werden, weist § 129 StGB zudem keine konkreten Beschreibungen von Erfolgen, Angriffsobjekten und Angriffsarten auf [137]. In diesem Zusammenhang ist ferner bereits unter praktischen Gesichtspunkten zu berücksichtigen, daß vorbereitende Tätigkeiten in ihrer Zielrichtung auf die Verletzung von Rechtsgütern nicht leicht durchschaubar sind [138]. Das Schutzgut des § 129 StGB muß daher eine Basis für die Rechtfertigung der Vorverlagerung der Strafbarkeit in das Vorbereitungsstadium bieten können. Ferner muß es so präzise umschrieben sein, daß es die Grundlage für eine rechtsstaatlichen Anforderungen an die Bestimmtheit genügende Auslegung des Tatbestands bilden kann.

---

132 **Fürst**, Grundlagen und Grenzen, S. 68; vgl. auch **Klughardt**, Die Gesetzgebung zur Bekämpfung des Terrorismus, S. 147; **Langer-Stein**, Legitimation und Interpretation, S. 128.

133 **Rudolphi**, Festschrift für Bruns, S. 315 (318); **ders.**, ZRP 1979, 214 (216).

134 **Gräßle-Münscher**, Der Tatbestand der kriminellen Vereinigung, S. 137.

135 **Puppe**, Idealkonkurrenz, S. 212, 214.

136 **Ostendorf** in AK, § 129 Rn. 1.

137 **Puppe**, Idealkonkurrenz, S. 212.

138 **Ostendorf** in AK, § 129 Rn. 1.

Diesen Anforderungen genügen der in der Überschrift des 7. Abschnitts des StGB verwendete Begriff "öffentliche Ordnung" und der Begriff "innere Sicherheit" nicht. Die unzureichende Bestimmtheit dieser Umschreibungen wird bereits anhand der oben [139] dargestellten Vielzahl der von Vertretern der herrschenden Meinung hergeleiteten begrifflichen Differenzierungen und anhand der bislang nicht erfolgten klaren begrifflichen Festlegung der Rechtsprechung [140] deutlich. Die Vertreter der Minderheitsmeinung weisen zudem zu Recht auf die Schwierigkeiten hin, die abstrakten Zustände der öffentlichen Ordnung und der inneren Sicherheit hinreichend präzisieren zu können [141]. Diese Schwierigkeiten werden besonders deutlich, wenn man berücksichtigt, daß auf dieser Grundlage teilweise auf die offene Rechtsfeindschaft der die Vereinsfreiheit mißbrauchenden Mitglieder und Helfer der Vereinigung [142] und das allgemeine Rechtssicherheitsgefühl [143] abgestellt wird. Diese Gesichtspunkte können - wenn überhaupt [144] - nur eine sehr unsichere Grundlage für eine Strafbarkeit sein [145]. Um der Gefahr einer Verflüchtigung des Rechtsguts zu einem allgemeinen Sicherheitsinteresse [146] zu begegnen, bedarf der Begriff der öffentlichen Ordnung daher einer Konkretisierung unter Einbeziehung des Strafgrunds des § 129 StGB [147]. Der Strafgrund des

---

139 Siehe oben S. 20.

140 Siehe oben S. 17 ff., 19.

141 Vgl. **Fürst**, Grundlagen und Grenzen, S. 68; **Klughardt**, Die Gesetzgebung zur Bekämpfung des Terrorismus, S. 147; **Langer-Stein**, Legitimation und Interpretation, S. 128. Vgl. auch **Beck**, Vorfeldkriminalisierung, S. 96.

142 BGH, NJW 1975, 985.

143 **Lenckner** in Schönke/Schröder, § 129 Rn. 1.

144 **Müssig**, Schutz abstrakter Rechtsgüter, S. 212, führt in diesem Zusammenhang aus, daß in der Tat eine hinreichend präzise und empirisch fruchtbare Definition des Gefühls bisher nicht in Sicht sei. Strafrecht diene nicht primär der Stabilisierung individueller Bewußtseinszustände, sondern garantiere die kommunikativ vermittelte Gestalt der Gesellschaft, die dann erst mittelbar eine psychologisch zu deutende individuelle Orientierungssicherheit begründen könne.

145 Vgl. **Langer-Stein**, Legitimation und Interpretation, S. 128, die ausführt, daß Gefühle für den objektiven Beobachter in der Regel kaum wahrnehmbar seien, so daß der Verletzungserfolg nicht feststellbar sei. Zu Recht weist sie ferner darauf hin, daß gegenüber dem Aussagewert demoskopischer Umfragen, die den Grad der Beunruhigung der Bevölkerung ausmachen sollen, Skepsis angebracht sei.

146 Vgl. **Ebert**, JR 1978, 136 (137); **Fürst**, Grundlagen und Grenzen, S. 68 f.; **Giehring**, Strafverteidiger 1983, 296 (302).

§ 129 StGB ist sowohl nach der herrschenden Meinung [148] als auch nach der Mindermeinung [149] die besondere Gefährlichkeit krimineller Vereinigungen für alle strafrechtlich geschützten Rechtsgüter. Die Vorverlagerung des Strafrechtsschutzes ist mithin nur dann gerechtfertigt, wenn kriminelle Vereinigungen besondere Gefahrenquellen für den Rechtsgüterbestand darstellen [150]. Der Charakter einer besonderen Gefahrenquelle für die Rechtsgüter der Bürger und des Staates kann aber nicht bereits aufgrund einer Störung der inneren Sicherheit oder der öffentlichen Ordnung, sondern nur aufgrund des organisierten Zusammenschlüssen mit krimineller Zielsetzung eigentümlichen Gefährdungspotentials bejaht werden [151]. Eine Vereinigung, die ein solches Gefährdungspotential aufweist, beeinträchtigt zwar auch die öffentliche Sicherheit und Ordnung. In diesem Zusammenhang ist jedoch das Argument nicht von der Hand zu weisen, daß alle Straftatbestände des Besonderen Teils mittelbar der öffentlichen Sicherheit und Ordnung dienen, ohne daß deshalb auf eine normspezifische Konkretisierung verzichtet werden kann [152].

Für die herrschende Meinung spricht auch nicht die Einordnung des § 129 StGB als abstraktes Gefährdungsdelikt [153]. Die Charakterisierung der Bestimmung als abstraktes Gefährdungsdelikt läßt nicht darauf schließen, daß das Schutzgut der ebenfalls abstrakte Zustand der öffentlichen Ordnung oder der inneren Sicherheit ist [154]. Abstrakte Gefährdungsdelikte bewirken durch das Anknüpfen an die generelle Gefährlichkeit einer Handlung eine erhebliche Vorverlagerung der Straf-

---

147 **Ostendorf** in AK, § 129 Rn. 5.

148 BGHSt 28, 110 (116); 31, 202 (207); **Arzt/Weber**, LH 5 Rn. 48, 51; **v. Bubnoff** in LK, § 129 Rn. 1; **Gössel**, JR 1983, 118 (119); **Lenckner** in Schönke/Schröder, § 129 Rn. 1.

149 **Bottke**, JR 1985, 122 (123); **Ostendorf** in AK, § 129 Rn. 5; **Rudolphi**, Festschrift für Bruns, S. 315 (317); **ders.**, NStZ 1982, 198 (199); **ders.** in SK, § 129 Rn. 3.

150 **Fürst**, Grundlagen und Grenzen, S. 68 f.; **Hohmann**, wistra 1992, 85 (86); **Rudolphi**, ZRP 1979, 214 (216). Vgl. auch BVerfGE 17, 155 (165), wonach § 129 StGB die besonderen Gefahren bekämpfen soll, die im planmäßigen Organisieren strafbarer Handlungen liegen.

151 **Fürst**, Grundlagen und Grenzen, S. 68; **Rudolphi**, ZRP 1979, 214 (216).

152 Vgl. **Bottke**, JR 1985, 122 (123); **Langer-Stein**, Legitimation und Interpretation, S. 134; **Ostendorf**, JZ 1979, 252 (253); **ders.**, JA 1980, 499 (500).

153 Siehe oben S. 17.

154 **Fürst**, Grundlagen und Grenzen, S. 66.

barkeit und haben nicht selten eine größere Unschärfe und Unbestimmtheit des Tatbestands zur Folge [155]. **Jakobs** [156] hält daher zu Recht abstrakte Gefährdungsdelikte nur dann für mit dem Tatprinzip vereinbar, wenn entweder davon auszugehen ist, das tatbestandsmäßige Verhalten sei per se unbeherrschbar gefährlich, oder bei der Gefahr zukünftiger, ihrerseits noch beherrschbarer Schädigungen auf die generelle Gefahr des Verhaltens abgestellt wird, nicht aber auf die Gefahr des speziellen Planungszusammenhangs, in dem das Verhalten steht. Das Unrecht muß mithin in der abstrakten Gefährlichkeit des externen Verhaltens liegen und darf nicht erst durch den Bezug auf Planungen des Täters begründet werden. Ausgehend davon läßt sich die Strafbarkeit der Bildung krimineller Vereinigungen nur durch deren generelle Gefährlichkeit für den Rechtsgüterbestand, nicht jedoch durch eine Beeinträchtigung der öffentlichen Sicherheit und Ordnung rechtfertigen [157]. **Jakobs** [158] weist in diesem Zusammenhang zudem zutreffend darauf hin, daß - soweit nicht der Bruch einer flankierenden Norm durch die Androhung eines kommenden Normbruchs vorliege - ein Angriff auf den "öffentlichen" oder "inneren" oder sonstigen Frieden nur festgestellt werden könne, wenn man unter Verletzung des Tatprinzips den Privatbereich des Täters mißachte und ihn für erst zukünftig externes Verhalten strafe, das heißt, den Täter als Feind definiere. Es können mithin nur solche Handlungen als generell-gefährlich eingestuft werden, die objektiv der Schaffung, Stabilisierung oder Erhöhung des spezifischen Gefährdungspotentials einer kriminellen Vereinigung dienen und damit einen Beitrag zur Gefährdung des Rechtsgüterbestandes leisten. Diese Gefahr wird nicht schon in jedem störenden, lediglich mittelbar oder potentiell gefährlichen Verhalten virulent, sondern nur in solchen Verhaltensweisen, die die kriminelle Schlagkraft der Vereinigung und damit die Gefährdung der Bevölkerung gezielt erhöhen [159].

Insgesamt sprechen mithin die besseren Gründe für den Standpunkt der Minderheitsmeinung. Im folgenden soll daher davon ausgegangen werden, daß Schutzgut des § 129 StGB die im Besonderen Teil des Strafrechts geschützten Rechtsgüter sind. Der Strafgrund dieser Bestimmung ist die besondere Gefährlichkeit krimineller Vereinigungen für die im Besonderen Teil des Strafrechts geschützten

155 **Berz**, Formelle Tatbestandsverwirklichung, S. 100 f.; **Ostendorf**, JuS 1982, 426 (433).

156 **Jakobs**, ZStW 1985, 751 (771 f., 784); vgl. auch **Weber**, Beiheft zur ZStW 1987, 1 (15).

157 So auch **Fürst**, Grundlagen und Grenzen, S. 67.

158 **Jakobs**, ZStW 1985, 751 (778 f., 784).

159 **Fürst**, Grundlagen und Grenzen, S. 66.

Rechtsgüter, die nicht nur auf der gemeinschaftlichen Begehungsweise, sondern vor allem darauf beruht, daß die Vereinigungen regelmäßig eine auf die Begehung der beabsichtigten Taten hindrängende Eigendynamik entfalten.

3. Teil

Analyse des Tatbestandsmerkmals des Gründens einer kriminellen Vereinigung im Hinblick auf die Vorverlagerung des Strafrechtsschutzes

1. Kapitel

- die kriminelle Vereinigung -

Das Tatbestandsmerkmal "Vereinigung, deren Zwecke oder deren Tätigkeit darauf gerichtet sind, Straftaten zu begehen" in § 129 Abs. 1 StGB ist für die Vorverlagerung des Strafrechtsschutzes gegen kriminelle Vereinigungen maßgeblich, da sich die Tathandlungen Gründen, Beteiligen als Mitglied, Werben und Unterstützen auf dieses Tatbestandsmerkmal beziehen. Die Weite dieses Tatbestandsmerkmals ist daher auch für die Weite der Tathandlung des Gründens und für den Versuch des Gründens entscheidend. Im Hinblick auf die Abgrenzung zwischen versuchtem und vollendetem Gründen einer kriminellen Vereinigung stellt sich dabei insbesondere die Frage, wann eine kriminelle Vereinigung zustandegekommen ist. Im folgenden soll daher zunächst aufgezeigt werden, welchen Umfang und welche Grenzen dieses Tatbestandsmerkmal hat.

A. Quantität der Personen - Qualität der Vereinigung

Unter einer Vereinigung im Sinne des § 129 StGB ist der auf eine gewisse Dauer berechnete organisatorische Zusammenschluß einer Anzahl von Personen zu verstehen, die bei Unterordnung des Willens des einzelnen unter den Willen der Gesamtheit gemeinsame Zwecke verfolgen und unter sich derart in Beziehung stehen, daß sie sich untereinander als einheitlicher Verband fühlen [160]. Von dieser an die Rechtsprechung des Reichsgerichts [161] zur Verbindung [162] anknüpfenden

---

160 BGHSt 10, 16 (18 f.); 16, 298; 28, 147 (148 f.); 29, 288 (294); 30, 328 (329); 31, 202 (204 f.); 31, 239, (240); BGH, NJW 1975, 985; NJW 1978, 433; BGH, Strafverteidiger 1992, 14 (15); OLG Köln, NStE Nr. 2 zu § 129 StGB; **v. Bubnoff** in LK, § 129 Rn. 4; **Lackner**, § 129 Rn. 2; **Lenckner** in Schönke/Schröder, § 129 Rn. 4; **Maurach/Schroeder**, Strafrecht BT 2, S. 299; **Maurach/Schroeder/Maiwald**, Strafrecht BT 2, S. 369 (Rn. 4); **Rudolphi** in SK, § 129 Rn 6; **Rudolphi** in Festschrift für Bruns, S. 315 (319 f.); **Tröndle**, § 129, Rn. 3.

161 RGSt 13, 273 (277); RG, JW 1931, 3667.

Definition geht der BGH [163] bis heute in ständiger Rechtsprechung aus. Dabei ist für die im folgenden durchzuführende Untersuchung allerdings zu beachten, daß die Frage, ob eine kriminelle Vereinigung vorlag, in der Rechtsprechung überwiegend im Zusammenhang mit den Tathandlungen Beteiligen als Mitglied, Werben und Unterstützen geprüft worden ist [164]. Nur in wenigen Fällen hat sich die Rechtsprechung mit dieser Frage im Zusammenhang mit der Tathandlung des Gründens befaßt [165]. Kennzeichnend für eine Vereinigung sind ausgehend von der oben wiedergegebenen Definition vier Einzelmerkmale. Es muß *erstens* ein Zusammenschluß mehrerer Personen zur Erreichung eines bestimmten Zwecks vorliegen. Die Mitglieder müssen sich *zweitens* einer organisierten Willensbildung unterwerfen. Die von den Mitgliedern zur Erreichung des vereinbarten Zwecks zu erbringenden Leistungen müssen *drittens* koordiniert sein. Schließlich muß *viertens* der Zusammenschluß auf eine gewisse Dauer und nicht nur kurzfristig zur Erreichung eines einmaligen Zwecks erfolgt sein [166]. Diesen vier Einzelmerkmalen sind Anforderungen an die Quantität der Personen und an die Qualität der von ihnen gebildeten Verbindung zu entnehmen, auf die im folgenden eingegangen werden soll. In diesem Zusammenhang ist außerdem zu untersuchen, ob Vereinigungen mit Sitz im Ausland und Vereinigungen, die zwar ihren Sitz im Inland haben, jedoch Straftaten im Ausland begehen sollen, unter § 129 StGB fallen können. Ferner soll auf die Abgrenzung der kriminellen Vereinigung von andersartigen Zusammenschlüssen - Bande, Mittäter und Täter nach § 30 Abs. 2 StGB - eingegangen werden.

---

162 Der Begriff der Vereinigung ist erst durch das StrÄndG von 1951 in das StGB eingeführt worden; dieses kannte bis dahin nur die Verbindung. Ein sachlicher Unterschied zwischen Vereinigung und Verbindung besteht jedoch nicht, vgl. BGHSt 10, 16 (18 f.); 20, 45 (60); BGH NJW 1966, 310 (311); **v. Bubnoff** in LK, § 129 Rn. 3.

163 BGHSt 10, 16 (18 f.); 16, 298; 28, 147 (148 f.); 29, 288 (294); 30, 328 (329); 31, 202 (204 f.); 31, 239 (240); BGH, NJW 1975, 985; NJW 1978, 433; NJW 1988, 1474; BGH, NStZ 1982, 68; BGH Strafverteidiger 1992, 14 (15).

164 Vgl. BGHSt 18, 296 ff.; 20, 89 f.; 28, 26 ff.; 29, 99 ff., 114 ff., 288 ff.; 30, 328 ff.; 31, 16 ff.; 32, 243 ff.; 33, 16 ff.; 36, 363 ff.; BGH, NJW 1975, 985 f.; BGH, Strafverteidiger 1992, 14 f.; OLG Frankfurt, StV 1983, 285 f.; OLG Schleswig, NJW 1988, 352 f.; Kammergericht, StV 1990, 210 f.; OLG Karlsruhe, NJW 1977, 2222 f.; LG Berlin, NStZ 1982, 203.

165 Vgl. BGH, NJW 1954, 1254; BGHSt 27, 325 ff.; 28, 147 ff.; 31, 202 ff.; 31, 239 ff.; BGH NStZ 1982, 68 f.; BGH, NStZ 1995, 340 ff.; OLG Köln, NStE Nr. 2 zu § 129 StGB.

166 **Rudolphi** in SK, § 129 Rn. 6; vgl. ferner **Lenckner** in Schönke/Schröder, § 129 Rn. 4, und **Fürst**, Grundlagen und Grenzen, S. 70-73, die zwar teilweise in der Formulierung, nicht jedoch in der Sache von den oben dargestellten Einzelmerkmalen abweichen.

I. Anzahl der Mitglieder

1. Mindestzahl der Mitglieder

Die Mindestzahl der Mitglieder einer kriminellen Vereinigung muß nach allgemeiner Ansicht [167] mehr als zwei Personen betragen. Der BGH [168] hat dies - abgesehen von dem Hinweis auf den allgemeinen Sprachgebrauch, der auf einen Zusammenschluß von zwei Personen den Begriff der "Vereinigung" nicht anwende - damit begründet, daß die spezifische Gefährlichkeit eines organisierten Personenzusammenschlusses einer Verabredung von nur zwei Personen regelmäßig noch nicht eigen sei. In der Verbindung zweier Personen entwickele sich noch nicht die für größere Personenzusammenschlüsse typische Eigendynamik, die geeignet sei, dem einzelnen Beteiligten die Begehung von Straftaten zu erleichtern und bei ihm das Gefühl persönlicher Verantwortung zurückzudrängen. Der BGH hat ferner ausgeführt, daß bei einem Zusammenschluß von nur zwei Personen eine Unterordnung des einzelnen unter den Willen der Gesamtheit nicht möglich sei, da hier der einzelne nur dem Willen eines anderen Individuums, nicht jedoch einem von der individuellen Einzelmeinung losgelösten Gruppenwillen gegenüberstehe [169]. **Rudolphi** [170] hat in diesem Zusammenhang darauf hingewiesen, daß eine Verbindung von nur drei oder auch vier Personen wohl höchst selten jene Eigendynamik entfalten werde, die die Begehung der geplanten Straftaten durch ihre Mitglieder in einer besonderen Weise begünstige und fördere. Dies komme allenfalls dann in Betracht, wenn diese wenigen Personen sich besonders eng und intensiv zusammengeschlossen und einer sehr straffen Organisation unterworfen hätten. Voraussetzung für die Annahme einer kriminellen Vereinigung seien daher auf längere Dauer erfolgende Zusammenschlüsse von mindestens drei, in der Regel aber mehr als nur drei oder vier Personen. Die Kritik

---

167 BGHSt 28, 147, (148 f.); 31, 202 (205); BGH, NStZ 1982, 68; **Arzt/Weber**, LH 5 Rn. 51; **v. Bubnoff** in LK, § 129 Rn. 4; **Lackner**, § 129 Rn. 2; **Lenckner** in Schönke/Schröder, § 129 Rn. 4; **Ostendorf** in AK, § 129 Rn. 11; **ders.**, JA 1980, 499 (500 f.); **Tröndle**, § 129 Rn. 3.

168 BGHSt 28, 147 (148 f.). In dem von dem BGH entschiedenen Fall hatte das Landgericht die Angeklagten wegen gemeinschaftlich versuchter Herbeiführung einer Sprengstoffexplosion in Tateinheit mit Sachbeschädigung sowie wegen anderer Straftaten verurteilt. Eine Verurteilung wegen Gründung einer kriminellen Vereinigung oder wegen Beteiligung als Mitglied an einer solchen Vereinigung hatte es abgelehnt, weil ein Zusammenschluß von wenigstens drei Personen sich nicht feststellen ließ.

169 BGHSt 28, 147 (149).

170 **Rudolphi**, Festschrift für Bruns, S. 315 (320).

von **Rudolphi** richtet sich demnach nicht gegen das einschränkende Kriterium einer Personenzahl von mindestens drei Personen, sondern bezieht sich auf die Anforderungen, die bei einer geringen Anzahl von Personen an die organisierte Willensbildung und die Dauerhaftigkeit eines Zusammenschlusses zu stellen sind, damit das Vorhandensein einer kriminellen Vereinigung bejaht werden kann. Der BGH [171] hat diese besonderen Anforderungen in einer Entscheidung zu der Frage, ob ein aus drei Personen bestehender Zusammenschluß als kriminelle Vereinigung anzusehen war, ebenfalls gestellt und die Feststellungen des Landgerichts zur persönlichen Beziehung der Angeklagten zueinander und zu ihrer über die bloße Begehung von Straftaten hinausgehende Zielsetzung nicht als ausreichend angesehen.

2. Anforderungen an den Nachweis der Mindestzahl der Mitglieder

Eine kriminelle Vereinigung kann ferner nur dann angenommen werden, wenn der Zusammenschluß von einer klar bestimmten Mehrzahl von Personen gebildet wird [172]. Das ist bei einer personell fluktuierenden Gruppe - wie sie etwa von Hausbesetzern gebildet werden kann - nicht der Fall [173]. Der BGH [174] hat bei militanten Hausbesetzern eine kriminelle Vereinigung im Sinne des § 129 Abs. 1 StGB bejaht, wobei er von einer langfristig existierenden, stabilen Kerngruppe unter den Hausbesetzern ausgegangen ist. Auf die Schwierigkeit, eine kriminelle Vereinigung anzunehmen, ohne die Mitgliedschaft einer einzigen bekannten Person festzustellen [175], ist der BGH in der Entscheidung nicht eingegangen. Vielmehr hat er ausgeführt, entscheidend sei das Vorhandensein einer organisatorisch verselbständigten Einheit, die zur Erreichung des beabsichtigten Zwecks erforderlich und ausreichend gewesen sei. Die Mitglieder dieser Organisation brauch-

---

171 BGH, NStZ 1982, 68 (69); vgl. zu dieser Entscheidung auch die Ausführungen unten S. 37 f.

172 **Fürst**, Grundlagen und Grenzen, S. 70 f; **Rudolphi**, JR 1984, 32 (33).

173 **Fürst**, Grundlagen und Grenzen, S. 70 f.; **Lenckner** in Schönke/Schröder, § 129 Rn. 4; **Ostendorf**, JuS 1981, 641, (642); **Rudolphi**, JR 1984, 32 (34).

174 BGH, NJW 1975, 985. Der BGH führt in der Entscheidung aus, das Bestehen der Kerngruppe sei in der Bildung eines Häuserrats oder Komitees, der Abfassung von Flugblättern, der Einrichtung einer Informationszentrale und in den zur Verteidigung des Hauses getroffenen Maßnahmen zum Ausdruck gekommen.

175 Vgl. **Gräßle-Münscher**, Der Tatbestand der kriminellen Vereinigung, S. 126.

ten jedenfalls den Helfern [176] nicht persönlich bekannt gewesen zu sein [177]. Dagegen hat der BGH in einer späteren, ebenfalls die Frage der Bildung einer kriminellen Vereinigung durch Hausbesetzer betreffenden Entscheidung [178] ausgeführt, eine personelle Fluktuation stehe der Annahme, es habe sich ein einheitlicher Verband mit übergeordneter und für die einzelnen Mitglieder verbindlicher Willensbildung konstituiert, entgegen. Die mit einer organisierten Willensbildung, einer Koordinierung der von den Mitgliedern zu erbringenden Leistungen und einem Zusammenschluß auf gewisse Dauer verbundene besondere Gefährlichkeit einer Vereinigung kann nur bei einer festen Zugehörigkeit der daran Beteiligten bejaht werden [179]. Ohne eine feste Zugehörigkeit der Beteiligten kann ein Zusammenschluß nicht eine auf die Begehung der beabsichtigten Taten hindrängende Eigendynamik entfalten, die das persönliche Verantwortungsgefühl der einzelnen Mitglieder beeinträchtigt oder ausschließt. Eine Fluktuation der Beteiligten läßt die gruppendynamischen Prozesse nicht entstehen, die zu einem Abbau individueller Hemmungsfaktoren führen. Ferner vermag ein personell fluktuierender Zusammenschluß nicht die inneren, zweckrational auf die Begehung von Straftaten ausgerichteten organisatorischen Strukturen zu entwickeln und das in ihnen zur Planung und Ausführung der beabsichtigten Straftaten vorhandene Potential [180] bereitzustellen, das den Beteiligten die Ausführung der beabsichtigten Straftaten erleichtert und die besondere Gefährlichkeit der kriminellen Vereinigung [181] ausmacht. Die Feststellung mindestens dreier Personen als Mitglieder einer kriminellen Vereinigung setzt daher voraus, daß die Personen als existente - wenn auch anonyme - nachgewiesen werden und daß ihre Funktion im Rahmen der Vereinigung festgestellt wird, damit sie in ihrer Eigenschaft als Mitglieder identifiziert werden können [182].

---

176 Es ging um die Strafbarkeit des Angeklagten wegen Unterstützung einer kriminellen Vereinigung.

177 BGH, NJW 1975, 985.

178 BGHSt 31, 239 (242).

179 **Lenckner** in Schönke/Schröder, § 129 Rn. 4.

180 vgl. **v. Bubnoff** in LK, § 129 Rn. 1; **Rudolphi** in SK, § 129 Rn. 3,; **ders.**, Festschrift für Bruns, S. 315 (317).

181 vgl. BGHSt 28, 147 (148).

182 **Gräßle-Münscher**, Der Tatbestand der kriminellen Vereinigung, S. 112, 126; vgl. auch **Körner**, Betäubungsmittelgesetz, § 30 Rn. 13, der ausführt, zum Nachweis einer bandenmäßigen Verbindung sei nicht erforderlich, daß die Personalien aller Bandenmitglieder feststehen.

II. Organisationsdichte

Die Vorverlagerung der Strafbarkeit in das Vorbereitungsstadium rechtfertigt sich nur dann, wenn die kriminelle Vereinigung ein größeres Gefährdungspotential aufweist als eine Bande, Mittäter und Täter nach § 30 Abs. 2 StGB [183]. Wie oben [184] bereits ausgeführt worden ist, beruht die spezifische Gefährlichkeit krimineller Vereinigungen für die im Besonderen Teil des Strafrechts geschützten Rechtsgüter, nicht nur auf der gemeinschaftlichen Begehungsweise, sondern vor allem darauf, daß die Vereinigungen regelmäßig eine auf die Begehung der beabsichtigten Taten hindrängende Eigendynamik entfalten. Ein Zusammenschluß muß daher eine Organisationsdichte aufweisen, die die Entfaltung einer solchen Eigendynamik ermöglicht und das zur Planung und Ausführung der beabsichtigten Straftaten erforderliche Potential bereitzustellen vermag. Das ist dann der Fall, wenn ein Zusammenschluß über eine organisierte Willensbildung verfügt, die Mitglieder ihre zur Erreichung des gemeinsamen Zwecks zu erbringenden Leistungen koordiniert haben und der Zusammenschluß auf eine gewisse Dauer erfolgt [185]. Diese Einzelmerkmale lassen sich nicht scharf voneinander abgrenzen, sondern gehen ineinander über [186]. Nur wenn Organisation und Koordination innerhalb eines Zusammenschlusses gewährleistet sind, kann eine Gruppe gefährlicher werden als der einzelne Täter [187].

1. Organisierte Willensbildung

Die Vereinigung muß über bestimmte Entscheidungstrukturen verfügen, denen sich die Mitglieder unterwerfen. Erst dann kann sich der einzelne dem Willen einer Gruppe gegenübersehen, dem er seinen Willen unterzuordnen hat [188]. Dabei ist nicht erforderlich, daß die Willensbildung auf dem Prinzip von Befehl und Gehorsam beruht. Der Feststellung der Herrschaft eines einzelnen oder einer Gruppe

---

183 **Langer-Stein**, Legitimation und Interpretation, S. 157.

184 Siehe oben S. 28.

185 **Fürst**, Grundlagen und Grenzen, S. 70-73; **Lenckner** in Schönke/Schröder, § 129 Rn. 4; **Rudolphi** in SK, § 129 Rn. 6; **ders.**, Festschrift für Bruns, S. 315 (320).

186 **Fürst**, Grundlagen und Grenzen, S. 70.

187 **Langer-Stein**, Legitimation und Interpretation, S. 183.

188 BGHSt 10, 16 (17); **v. Bubnoff** in LK, § 129 Rn. 4.

innerhalb eines Zusammenschlusses bedarf es daher nicht [189]. Vielmehr können die Regeln der Vereinigung hinsichtlich der Willensbildung auch demokratischer Natur sein, sofern der gemeinsam gefaßte Wille für die einzelnen Mitglieder verbindlich ist [190]. Der bloße Wille zur gemeinsamen Begehung von Straftaten genügt zur Annahme einer auf Dauer angelegten organisierten Willensbildung nicht [191]. Es ist vielmehr ein Mindestmaß an Organisation erforderlich [192]. Als nicht ausreichend hat der BGH [193] den Umstand angesehen, daß einer der Anführer ist, der die größere Übersicht hat und dem daher im wesentlichen die Planung als Aufgabe zufällt. Aus dem Zusammenwirken mit verteilten Rollen ergebe sich nicht, daß zwischen den drei so handelnden Angeklagten Einigkeit darüber herbeigeführt worden sei, ein vom aktuellen Willen des einen oder anderen unabhängiger organisierter Gesamtwille solle für sie auf Dauer maßgeblich und verbindlich sein [194]. Allerdings hat der BGH es in dieser Entscheidung für möglich gehalten, daß eine über das Ziel bloßer Begehung von Straftaten hinausgehende Zielsetzung eines Personenzusammenschlusses zu einem festeren und ge-

---

189 **Beck**, Vorfeldkriminalisierung, S. 206.

190 BGHSt 31, 239 (240); BGH, NJW 1975, 985; **Rudolphi**, Festschrift für Bruns, S. 315 (320).

191 BGHSt 31, 202 (205); BGH, NStZ 1982, 68; **Lenckner** in Schönke/Schröder, § 129 Rn. 4; **Rudolphi**, JR 1984, 32 (33). Vgl. auch **Hohmann**, wistra 1992, 85 (88), der ausführt, Wirtschaftsstraftäter werde regelmäßig nur der gemeinsame Wille zur Begehung bestimmter Straftaten verbinden. Es sei äußerst zweifelhaft, ob Zusammenschlüsse von Wirtschaftsstraftätern einen ausreichenden Organisationsgrad aufwiesen und der einzelne Täter seinen Willen dem der Gesamtheit unterordne, um Straftaten in deren Interesse zu begehen. Vgl. ferner **Fleischer**, NJW 1976, 878 (879), der es zwar für möglich hält, daß ein Zusammenschluß, der Autounfälle mit dem Ziel herbeiführt, Versicherungsleistungen zu erlangen, in Form einer kriminellen Vereinigung auftritt. Jedoch sei in den wenigsten Fällen eine organisierte Willensbildung nachzuweisen.

192 BGHSt 31, 202 (205).

193 BGH, NStZ 1982, 68. In dem von dem BGH entschiedenen Fall hatten sich drei Täter mit dem Willen zusammengeschlossen, vorübergehend gemeinsam Straftaten wie Diebstähle, Betrügereien oder Urkundenfälschungen zu begehen. Das Landgericht war davon ausgegangen, daß ein enger Kontakt der Angeklagten bestand sowie eine intensive Zusammenarbeit bei der Begehung der Straftaten erfolgte. Schon aufgrund ihrer engen persönlichen Bindung hätten die Angeklagten sich als ein einheitlicher Verband gefühlt, wobei jeder seinen Willen dem der Gesamtheit untergeordnet habe. Den Schluß auf eine solche Unterordnung hatte das Landgericht aufgrund des Umstandes gezogen, daß die Angeklagten das gesteckte Ziel mit verteilten Rollen verfolgten. Vgl. auch BGH bei Holtz, MDR 1977, 282.

194 BGH, NStZ 1982, 68 (69).

schlosseneren Zusammenhang und zu einer dieser Zielsetzung dienenden Organisation führen kann. Dies gelte namentlich dann, wenn eine den Beteiligten gemeinsame ideologische Grundhaltung eine auch organisatorisch wirksame Bindung zur Folge habe [195]. Einen durch die Art der Organisation gewährleisteten Gesamtwillen hat der BGH [196] auch für den Fall verneint, daß sich die Beteiligten - jeder für sich - dem Willen einer Person unterordnen, die individuell und autoritär die für die Gruppe verbindlichen Regeln bestimmt. Zum mitgliedschaftlichen Zusammenwirken gehöre die subjektive Einbindung in die kriminellen Ziele der Organisation und in deren entsprechende Willensbildung. Wenn sich der einzelne nur dem Willen eines anderen Individuums unterordne, repräsentiere der andere immer nur den eigenen Willen, nicht den Willen einer hinter ihm stehenden Mehrheit. Die für eine kriminelle Vereinigung spezifische Gefährlichkeit der einer Gruppe innewohnenden Eigendynamik werde durch die autoritäre Führung unterbunden. Damit will der BGH allerdings nicht das Bestehen einer kriminellen Vereinigung bei Herrschaft eines einzelnen oder einer Gruppe innerhalb eines Zusammenschlusses ausschließen [197]. Er weist vielmehr ausdrücklich darauf hin, daß der Gruppenwille einer kriminellen Vereinigung darauf gerichtet sein kann, einem der Mitglieder die Entscheidungsbefugnisse zuzuweisen, mit der Folge, daß die anderen Mitglieder sich dessen Willen unterordnen [198]. Ein Mindestmaß an Organisation hat der BGH [199] auch bei einem ausschließlich zum Zwecke der

---

195 BGH, NStZ 1982, 68.

196 BGH, Strafverteidiger 1992, 14 (15). Das Landgericht hatte das Bestehen einer kriminellen Vereinigung bejaht, mit der Spielkasinos unterhalten wurden, in denen illegales Glücksspiel veranstaltet wurde und deren Spielerlöse nur zu einem geringen Teil versteuert wurden. Der Vereinigung hätten neben der Person, die die Organisation aufgebaut hatte und betrieb, die zentral von dieser Person eingesetzten Mitarbeiter und die für die Kasinos Verantwortlichen angehört. Sie hätten sich auf Dauer zusammengeschlossen, um Spielkasinos zu beitreiben und fühlten sich der Gruppierung zugehörig, deren Regeln sie für sich als verbindlich akzeptiert hätten. Daß diese Regeln autoritär vom Rädelsführer bestimmt worden seien, stehe der Annahme einer Vereinigung im Sinne von § 129 StGB nicht entgegen, da dies lediglich die Art der Bildung des Gesamtwillens betroffen habe, nicht aber sein Vorhandensein und seine Akzeptanz.

197 Vgl. aber **Sieber/Bögel**, Logistik, S. 358 f., die der Entscheidung entnehmen, daß § 129 StGB auf die zunehmend auftretenden hierarchisch geführten Tätergruppen der Organisierten Kriminalität nicht anwendbar sein soll. Dieses Ergebnis werde der Gefährlichkeit hierarchisch aufgebauter organisierter Straftätergruppen nicht gerecht.

198 BGH, Strafverteidiger 1992, 14 (15).

199 BGHSt 31, 202 (205 f.). In dem von dem BGH entschiedenen Fall war der Angeklagte an mindestens elf Subunternehmen als wirtschaftlicher Inhaber oder Mitinhaber beteiligt. Die Subunternehmer beschäftigten sich ausschließlich mit dem entgeltlichen Verleih von

illegalen Arbeitsvermittlung gegründeten Wirtschaftsunternehmen verneint. Die Gründung einer Einzelfirma oder einer Personen- oder Kapitalgesellschaft zur Beteiligung am Wirtschaftsleben stelle, auch wenn die Mitglieder beim Betrieb eines solchen Unternehmens Straftaten begehen wollten, regelmäßig für sich allein noch nicht die Bildung einer kriminellen Vereinigung dar. Eine solche müsse - über den Zusammenschluß zur Begehung bestimmter Straftaten hinaus - eine gewisse organisatorische Selbständigkeit aufweisen [200]. Der BGH hat in dieser Entscheidung jedoch ausgeführt, daß die für die Bejahung einer kriminellen Vereinigung erforderliche feste Organisation möglicherweise dann hätte angenommen werden können, wenn sich der Angeklagte und seine eingeweihten Mittäter bereits vor der Gründung einzelner Subunternehmen mit dem Ziel zusammengeschlossen hätten, aus dieser Vereinigung heraus - in wechselnder Besetzung - solche Unternehmen zu gründen, um den Staat und die Sozialversicherungsträger durch Hinterziehung von Steuern und betrügerische Nichtentrichtung von Sozialversicherungsbeiträgen systematisch zu schädigen [201]. In seiner zweiten die Frage der Bildung einer kriminellen Vereinigung durch Hausbesetzer betreffenden Entscheidung hat der BGH [202] ausgeführt, daß Anzeichen wie Verteidigungsmaßnahmen, Errichten einer Telefonkette, Flugblattaktion, Straßenfest, Plakataktion und Besprechung weiterer Flugblattaktionen den Schluß auf einen Verband mit einer organisierten Willensbildung nicht zulassen [203]. Diese Anzei-

---

Arbeitskräften, ohne die dafür erforderliche Erlaubnis zu besitzen. Nach dem Plan des Angeklagten sollten die Subunternehmen durch die systematische Einsparung von Umsatz- und Lohnsteuer sowie von Sozialversicherungsbeiträgen möglichst hohe Gewinne erwirtschaften. Bei der Gründung von Subunternehmen mit Strohmännern zog der Angeklagte in sechs Fällen noch eine weitere, mit den strafbaren Praktiken solche Geschäfte vertraute Person hinzu, mit der er sich in die Geschäftsführungstätigkeit und in den Gewinn teilte. In den übrigen Fällen beteiligte er jeweils zwei eingeweihte Tatgenossen. Das Landgericht hatte den Tatbestand der Gründung einer bzw. der Beteiligung an einer kriminellen Vereinigung mit der Begründung als nicht erfüllt angesehen, es habe ein nicht geschlossener Täterkreis vorgelegen, dessen Angehörige sich in den Subunternehmen jeweils lose, ohne die für eine kriminelle Vereinigung erforderliche Organisation, zusammengefunden hätten. Es sei lediglich der gemeinsame Wille zur Verwirklichung des Tatschemas vorhanden gewesen, was rechtlich nicht über die in § 25 Abs. 2 StGB erfaßte Mittäterschaft hinausgehe.

200 BGHSt 31, 202 (206).

201 BGHSt 31, 202 (206).

202 BGHSt 31, 239 (240).

203 Das Landgericht hatte aus dem Vorhandensein dieser Anzeichen den Schluß auf das Vorhandensein eines Verbandes mit einem gemeinschaftlichen Willen gezogen, dem sich die Beteiligten unterordneten und woran sie ihre Aktivitäten ausrichteten.

chen ließen zwar erkennen, daß aus dem Kreis der an der Hausbesetzung Beteiligten bestimmte einzelne Aktionen unternommen worden seien. Daraus ergebe sich jedoch nicht, daß dies aus einem Verband heraus geschehen sei, der sich in der Weise zusammengeschlossen hätte, daß die ihm angehörenden Personen sich einer organisierten Willensbildung unterworfen hätten, hinter der im einzelnen abweichende individuelle Meinungen befehls- oder vereinbarungsgemäß hätten zurückgestellt werden oder die jeweils durch einstimmigen Beschluß hätte erfolgen müssen. Nicht jedes gemeinsame Handeln mehrerer, das sich über einen gewissen Zeitraum erstrecke und einem gemeinsamen Endzweck diene, sei deswegen schon Ausdruck eines verbandsmäßig organisierten Gemeinschaftswillens, dem sich der einzelne "satzungsgemäß" unterworfen habe [204].

Den Ausführungen, mit denen der BGH in diesen Entscheidungen das Vorliegen krimineller Vereinigungen abgelehnt hat, lassen sich mehrere Merkmale entnehmen, die ein Zusammenschluß aufweisen muß, um als Vereinigung im Sinne des § 129 StGB zu gelten. Es müssen zumindest konkrete, für die Mitglieder verbindliche Führungs- und Entscheidungsstrukturen vorliegen, die unter Einbindung der einzelnen Mitglieder gebildet worden sind und die vom Gruppenwillen getragen werden [205]. Diese Strukturen müssen in einem Maße gefestigt sein, daß die Vereinigung die auf die Begehung von Straftaten hindrängende Eigendynamik entfalten kann, die ihre besondere Gefährlichkeit ausmacht [206]. Ferner ist eine organisatorische Selbständigkeit der Vereinigung erforderlich, die die Bildung eines von der individuellen Einzelmeinung losgelösten Gruppenwillens ermöglicht. Dazu bedarf es einer gewissen Abgeschlossenheit eines Zusammenschlusses, innerhalb derer den einzelnen Beteiligten die Begehung von Straftaten erleichtert und bei ihnen das Gefühl persönlicher Verantwortung zurückgedrängt wird [207]. Die Festigkeit der Führungs- und Entscheidungsstrukturen sowie die organisatorische Selbständigkeit einer Vereinigung werden allerdings regelmäßig nur dann festgestellt werden können, wenn ein Zusammenschluß bereits eine gewisse Zeit besteht [208]. Hier wird die Verknüpfung des Einzelmerkmals der organisierten Willensbildung mit dem Einzelmerkmal der Dauerhaftigkeit des Zusammenschlusses deutlich. Allerdings lassen sich zeitliche Mindestanforderungen

---

204 BGHSt 31, 239 (242).

205 BGH, Strafverteidiger 1992, 14 (15); **Rudolphi**, Festschrift für Bruns, S. 315 (320).

206 BGHSt 31, 202 (205); **Rudolphi**, Festschrift für Bruns, S. 315 (321).

207 **Fürst**, Grundlagen und Grenzen, S. 73; vgl. auch **Gräßle-Münscher**, Der Tatbestand der kriminellen Vereinigung, S. 90, 128 f.; **Lampe**, ZStW 106 (1994), 683 (696).

208 Vgl. BGHSt 31, 239 (243); vgl. auch **Langer-Stein**, Legitimation und Interpretation, S. 220.

an die Dauer des Zusammenschlusses nicht allgemeingültig festlegen. Die zeitliche Dauer des Zusammenschlusses ist daher - wie unten noch darzulegen sein wird [209] - im Verhältnis zu dem Kriterium des innerhalb einer Vereinigung bestehenden Willens zum Überdauern mehrerer strafbarer Aktionen erst in zweiter Linie von Bedeutung.

Wesentliches Kriterium für das Vorliegen der organisierten Willensbildung ist die Unterwerfung der Beteiligten unter den Willen der Gruppe. Denn ohne Unterordnung der Mitglieder ist ein Zusammenwirken zu einem gemeinsamen Zweck nicht denkbar [210]. Ohne Unterwerfung unter den Willen der Gruppe können die Beteiligten sich nicht als Mitglieder eines einheitlichen Verbands betrachten. Zudem würde auch die für eine organisierte Vereinigung typische besondere Gefährlichkeit, die gerade in der Bildung eines von der Einzelmeinung losgelösten Gruppenwillens liegt, nicht erreicht [211]. Es muß also festgestellt werden, daß sich die Mitglieder tatsächlich dem Gesamtwillen der Gruppe unterwerfen, um eine kriminelle Vereinigung bejahen zu können. Das setzt voraus, daß die innerhalb der Vereinigung bestehenden Regeln über die Willensbildung tatsächlich praktiziert werden [212]. Ein loser Verband vermag diese Anforderung nicht zu erfüllen [213]. Zwar hat der BGH [214] in seiner ersten die Frage der Bildung einer kriminellen Vereinigung durch Hausbesetzer betreffenden Entscheidung ausgeführt, ein fester organisatorischer Zusammenschluß mit einer Art Über- und Unterordnungsverhältnis sei nicht erforderlich; auch ein lockerer Zusammenschluß könne den Tatbestand des § 129 Abs. 1 StGB erfüllen. In der zweiten Hausbesetzerentscheidung hat der BGH [215] jedoch klargestellt, mit dieser Formulierung habe nicht die für das Bestehen einer Vereinigung wesentliche Voraussetzung aufgegeben werden sollen, daß in ihr der einzelne seinen Willen dem organisierten Willen der Gesamtheit unterordne. Die Unterordnung unter einen Gesamtwillen setzt eine gegenseitige - allerdings nicht notwendig ausdrückliche - Verpflichtung der Mit-

---

209 Siehe unten S. 46 f.

210 **v. Bubnoff** in LK, § 129 Rn. 4.

211 BGH, Strafverteidiger 1992, 14 (15).

212 **Rudolphi**, Festschrift für Bruns, S. 315 (320).

213 So aber **Maurach**, Strafrecht BT, S. 671, der dies dem vom Gesetzgeber in § 129 StGB gewählten Ausdruck "Vereinigung" statt "Verbindung" entnehmen will.

214 BGH, NJW 1975, 985.

215 BGHSt 31, 239 (243).

glieder voraus [216]. Die Feststellung, daß die innerhalb der Vereinigung bestehenden Regeln über die Willensbildung tatsächlich praktiziert werden, setzt wiederum [217] eine gewisse Dauer des Zusammenschlusses voraus. Dies hat der BGH [218] auch in seiner zweiten Entscheidung zur Frage der Bildung einer kriminellen Vereinigung durch Hausbesetzer deutlich gemacht, indem er ausführt, es sei von vornherein weniger wahrscheinlich, daß sich innerhalb einer kurzen Zwischenzeit die Struktur einer übergeordneten Willensbildung herausgeschält habe, die von den als Mitglieder einer Vereinigung in Betracht kommenden Personen als verbindlich anerkannt worden sei, als wenn für ein "Sicheinspielen" einer entsprechenden Organisation ein längerer Zeitraum zur Verfügung gestanden hätte.

In diesem Zusammenhang ist ferner zu berücksichtigen, daß Zusammenschlüsse - bereits bedingt durch die persönlichen Beziehungen der beteiligten Personen - nicht statisch sind [219]. Insbesondere sind ein Wechsel von Personen und ein Wechsel der Führungs- und Entscheidungsstrukturen denkbar. Eine Änderung dieser Umstände hat dann Einfluß auf das Bestehen einer kriminellen Vereinigung, wenn sich die Beteiligten infolgedessen nicht mehr dem Gruppenwillen unterwerfen. Damit eine Vereinigung solche Veränderungen überdauert, muß als verbindendes Element eine organisierte Willensbildung mit für die Beteiligten verbindlichen Gesamtentschlüssen erhalten bleiben. Solche Veränderungen sind auch für die Subsumtion unter das Tatbestandsmerkmal des Gründens einer kriminellen Vereinigung von Bedeutung. Denn die dynamischen Prozesse innerhalb eines Zusammenschlusses erschweren die Feststellung, wann sich ein von individuellen Einzelmeinungen losgelöster dauerhafter Gesamtwille gebildet hat. Bei Veränderungen hinsichtlich Personen und Regeln der Willensbildung innerhalb eines Zusammenschlusses besteht daher Anlaß, das für das Bestehen einer Vereinigung erforderliche Vorliegen einer organisierten Willensbildung besonders sorgfältig zu prüfen. Dies erfordert insbesondere die Feststellung, daß sich die Führungs- und Entscheidungsstrukturen auf Dauer gefestigt haben. Eine solche Feststellung wird ebenfalls [220] nur nach einer gewissen Dauer eines Zusammenschlusses zu treffen sein.

---

216 BGHR StGB, § 129 a Abs. 1 Mitgliedschaft 1, S. 2.

217 Siehe oben Seite 40 f.

218 BGHSt 31, 239 (243).

219 **Gräßle-Münscher**, Der Tatbestand der kriminellen Vereinigung, S. 89.

220 Siehe oben S. 42.

2. Koordiniertes Zusammenwirken

Nach § 129 Abs. 1 StGB müssen die Zwecke oder die Tätigkeit der kriminellen Vereinigung darauf gerichtet sein, Straftaten zu begehen. Daraus folgt, daß sowohl die Organisation der Willensbildung als auch die Ausführung getroffener Entscheidungen zweckrational auf die gemeinschaftliche Planung und Ausführung von Straftaten ausgerichtet sein müssen [221]. Die Mitglieder der Vereinigung müssen als Gruppe und in dem Bewußtsein handeln, einem organisatorisch festgefügten Verband anzugehören [222]. Ist dies nicht der Fall, fehlt es an einem auf die Begehung von Straftaten gerichteten Gesamtwillen der Gruppe, dem sich die einzelnen Mitglieder unterworfen haben. Es bedarf allerdings nicht der Billigung aller Entscheidungen und Handlungen der für die Willensbildung innerhalb eines Zusammenschlusses maßgeblichen Personen durch die einzelnen Mitglieder [223]. Vielmehr genügt es, daß sich die Mitglieder dem Gruppenwillen unterwerfen und die Führungs- und Entscheidungsstrukturen anerkennen [224]. Ohne eine organisatorische Selbständigkeit eines Zusammenschlusses mit interaktionsfähigen Strukturen kann sich die spezifische Eigendynamik einer Vereinigung nicht entfalten [225]. Es muß daher ein Konsens der Mitglieder der Vereinigung bestehen, die beabsichtigten Straftaten gemeinschaftlich, nämlich als solche der kriminellen Vereinigung zu begehen. **Gräßle-Münscher** [226] hat dies mit der Formulierung umschrieben, die Vereinigung müsse "Täter" der von ihr bezweckten bzw. begangenen Straftaten sein. Dazu ist ein koordiniertes, arbeitsteiliges Zusammenwirken der Mitglieder innerhalb des Zusammenschlusses bei der Planung und Ausführung der Straftaten erforderlich. Die Auffassung von **Rudolphi** [227], es bedürfe dafür der Zusage aller Mitglieder, sich an Straftaten der kriminellen Vereinigung als Täter oder Teilnehmer zu beteiligen, schränkt den Anwendungsbereich der Tathandlung der Beteiligung als Mitglied jedoch zu weitgehend ein und ist

---

221 **Rudolphi**, Festschrift für Bruns, S. 315 (321); **ders.** in SK, § 129 Rn. 9.

222 BGHSt 31, 202 (206); **Tröndle**, § 129 Rn. 3.

223 Vgl. BGHSt 7, 222 (225); **v. Bubnoff** in LK, § 129 Rn. 7.

224 Siehe oben S. 40 ff.

225 **Fürst**, Grundlagen und Grenzen, S. 73; **Rudolphi**, Festschrift für Bruns, S. 315 (321).

226 **Gräßle-Münscher**, Der Tatbestand der kriminellen Vereinigung, S. 70; vgl. aber auch a. a. O., S. 136, wo darauf hingewiesen wird, daß die kriminelle Vereinigung selbst kein täterschaftliches Subjekt, sondern ein differenziertes gesellschaftliches Verhältnis darstelle (kriminologische Erscheinung).

227 **Rudolphi**, Festschrift für Bruns, S. 315 (320); **ders.** in SK, § 129 Rn. 9, 16.

mit der überwiegenden Meinung [228] abzulehnen. Denn bereits persönliche Aktivitäten von Mitgliedern, die nicht schon als Beteiligung an den eigentlichen strafbaren Aktionen der Vereinigung anzusehen sind, können die enthemmende und stimulierende Wirkung entfalten, die die besondere Gefährlichkeit krimineller Vereinigungen ausmacht [229]. Als Beispiel für solche nicht schon auf konkrete Straftaten ausgerichtete Aktivitäten lassen sich das Anmieten von Räumen als Unterschlupf, die vorsorgliche Beschaffung von Hilfsmitteln und die Mitwirkung bei der Bestellung der Führer [230] sowie eine Tätigkeit als Verbindungsmann und "Zubringer" [231] nennen. Ferner ist zu berücksichtigen, daß nach dem Wortlaut des § 129 Abs. 1 StGB Zwecke oder Tätigkeit der Vereinigung, nicht jedoch jedes einzelnen Mitglieds darauf gerichtet sein müssen, Straftaten zu begehen. Die Begehung der das Ziel der Vereinigung bildenden Straftaten kann zwar ein Indiz für die Beteiligung als Mitglied sein [232]; sie gehört jedoch nicht zum Tatbestand des § 129 StGB. Es genügt daher, daß einzelne Mitglieder bereit sind, die das Ziel der Vereinigung bildenden Straftaten zu begehen, während andere in der Weise Mitglied sind, daß sie sich in die Organisation eingliedern und deren Ziele fördern [233].

Das koordinierte, arbeitsteilige Zusammenwirken der Mitglieder ist das maßgebliche Kriterium für die Feststellung, daß ein Zusammenschluß auch nach außen als selbständige Einheit in Erscheinung getreten ist. Die auf der spezifischen Ei-

---

228 BVerfGE 56, 22 (33); BGHSt 29, 288 (294); OLG Karlsruhe, NJW 1977, 2222 (2223); **v. Bubnoff** in LK, § 129 Rn. 7, 16; **Fleischer**, NJW 1979, 1337 (1338); **Fürst**, Grundlagen und Grenzen, S. 99; **Lenckner** in Schönke/Schröder, § 129 Rn. 13; **Ostendorf** in AK, § 129 Rn. 18.

229 **Fürst**, Grundlagen und Grenzen, S. 99.

230 Vgl. OLG Karlsruhe, NJW 1977, 2222 (2223).

231 Vgl. BGH, NJW 1966, 310 (312); vgl. auch **v. Bubnoff** in LK, § 129 Rn. 16.

232 Vgl. **Fürst**, Grundlagen und Grenzen, S. 99 (Fußnote 5); **Maurach/Schroeder**, Strafrecht BT 2, S. 300.

233 OLG Karlsruhe, NJW 1977, 2222 (2223). Nach der ganz überwiegenden Auffassung ist für die Tathandlung der Beteiligung als Mitglied ein persönlicher, aktiver Einsatz des Einzelnen erforderlich, vgl. BGHSt 29, 114 (121); **v. Bubnoff** in LK, § 129 Rn. 16; **Dahs**, NJW 1976, 2145 (2148); **Haberstumpf**, MDR 1979, 977 (978); **Lenckner** in Schönke/Schröder, § 129 Rn. 13; **Ostendorf** in AK, § 129 Rn. 18; **Rudolphi** in SK, § 129 Rn. 16; **Werle**, JR 1979, 93 (95). Ein rein passives Verhalten und auch die bloße Zahlung von Mitgliedsbeiträgen - vgl. aber insoweit **Fleischer**, NJW 1979, 1337 (1338); **Haberstumpf**, MDR 1979, 977 (978); **Tröndle**, § 129 Rn. 4 a - genügt dafür nicht.

gendynamik eines Kollektivs beruhende besondere Gefährlichkeit einer kriminellen Vereinigung kann sich nicht entfalten, wenn ein organisatorisch selbständiger, festgefügter Verband nicht besteht [234]. Für einen festeren und geschlosseneren Zusammenhalt eines Zusammenschlusses sprechen beispielsweise eine über die bloße Begehung von Straftaten hinausgehende Zielsetzung, wie etwa eine gemeinsame religiöse oder politische Grundhaltung, die Verpflichtung der Mitglieder, einem organisierten Gesamtwillen auf Dauer Folge zu leisten, die Gründung von Scheinorganisationen, die Wahl von Führungspersonen und die Beauftragung einzelner Mitglieder mit Sonderaufgaben, die Verpflichtung der Mitglieder zu Beiträgen und zur Verschwiegenheit sowie regelmäßige Mitgliederversammlungen [235]. Als Anzeichen für einen festeren Zusammenhalt kommt ferner auch ein besonders hohes Maß organisierter verbrecherischer Aktivitäten in Betracht [236]. Läßt sich nicht feststellen, daß einzelne Mitglieder eines Zusammenschlusses in dem Bewußtsein handeln, einem organisatorisch festgefügten Verband anzugehören, dessen Entscheidungen sie sich zu unterwerfen haben, fehlt es insbesondere an einem Bewußtsein hinsichtlich der kriminellen Zielsetzung des Zusammenschlusses, so ist damit das Bestehen einer kriminellen Vereinigung noch nicht ausgeschlossen. Vielmehr ist dann zu prüfen, ob die übrigen, ein solches Bewußtsein aufweisenden Mitglieder eine kriminelle Vereinigung bilden [237]. Leisten beispielsweise Mitglieder Beiträge zur Förderung einer Organisation, deren kriminelle Zielsetzung ihnen nicht bekannt ist, so kann die kriminelle Vereinigung durch die Mitglieder gebildet werden, die über eine solche Kenntnis verfügen und untereinander einen organisatorisch selbständigen, festgefügten Verband bilden.

Von einem koordinierten, arbeitsteiligen Zusammenwirken der Mitglieder einer kriminellen Vereinigung hinsichtlich der Planung und Ausführung von Straftaten kann hingegen bei bloßem Bereitstellen von Sachmitteln durch die Organisation, die es dem einzelnen ermöglichen, Straftaten zu begehen, nicht ausgegangen wer-

234 Vgl. **Fürst**, Grundlagen und Grenzen, S. 73.

235 Vgl. BGH, NStZ 1982, 68; **Körner**, Betäubungsmittelgesetz, § 30 b Rn. 5.

236 BGH, NStZ 1982, 68 (69)

237 Vgl. **Rudolphi**, Festschrift für Bruns, S. 315 (322 f.), der darauf hinweist, eine kriminelle oder terroristische Vereinigung könne nach Inhaftierung ihrer führenden Mitglieder durch die noch in Freiheit befindlichen Mitglieder in der bisherigen Form und mit den gleichen Zielen fortgeführt werden; in diesem Fall bestünde die Vereinigung allein unter den auf freiem Fuß befindlichen Mitgliedern fort.

den [238]. Ferner genügt es nicht, wenn nur einzelne Mitglieder der Vereinigung die Begehung von Straftaten ins Auge gefaßt oder Straftaten begangen haben [239]. Dies muß konsequenterweise selbst dann gelten, wenn sich zwar alle Mitglieder einer Vereinigung zur Begehung von Straftaten verpflichten, diese jedoch jeweils völlig selbständig und ohne Mitwirkung der anderen Mitglieder planen und ausführen sollen [240]. Ein Mindestmaß an Organisation fehlt daher auch bei "autonomen Gruppen" oder sonstigen Kleinstgruppen oder Einzeltätern, die sich der größeren Beweglichkeit und Schlagkraft wegen von Fall zu Fall zur Begehung einer Aktion zusammenfinden und dann wieder auseinandergehen [241]. In die gleiche Richtung geht eine Entscheidung des OLG Köln [242], das ein Mindestmaß an Organisation nicht für gegeben hält, wenn Familien, die ihre strafunmündigen Kinder zum Begehen von Einbruchsdiebstählen anhalten, Absprachen über die Organisation von Fahrten zu den Einbruchsorten und hinsichtlich des Verkaufs des Diebesguts treffen.

3. Dauerhaftigkeit des Zusammenschlusses

Wie oben [243] bereits ausgeführt worden ist, können die Festigkeit der Führungs- und Entscheidungsstrukturen, die organisatorische Selbständigkeit einer Vereinigung sowie die tatsächliche Unterwerfung der Mitglieder unter den Gesamtwillen

---

238 **Fürst**, Grundlagen und Grenzen, S. 74; **Gräßle-Münscher**, Der Tatbestand der kriminellen Vereinigung, S. 70.

239 **v. Bubnoff** in LK, § 129 Rn. 7; **Lenckner** in Schönke/Schröder, § 129 Rn. 7; **Rudolphi**, Festschrift für Bruns, S. 315 (320); **ders.** in SK, § 129 Rn. 9.

240 **Rudolphi**, Festschrift für Bruns, S. 315 (320 f.).

241 **Rebmann**, NStZ 1986, 289 (291 f.).

242 OLG Köln, NStE Nr. 2 zu § 129 StGB. In dem von dem OLG Köln entschiedenen Fall arbeitete jede Familie für sich. Es wurden zwischen den Familien Absprachen hinsichtlich der Organisation von Diebesfahrten getroffen. Es wurden Fahrer gesucht, welche die Kinder zu den Einbruchsorten fahren sollten. Die Eltern bestimmten, welche Kinder stehlen gehen sollten, und sprachen sich ab, wenn die Kinder aus zwei Familien kamen. Am Einsatzort war der Fahrer der Chef, der Anweisungen hinsichtlich der Häuser gab, in die eingebrochen werden sollte, an einem vereinbarten Treffpunkt auf die Rückkehr der Kinder wartete und die Beute entgegennahm. Bei weiter entfernt gelegenen Orten wurde das Diebesgut von dem Fahrer nach Möglichkeit sofort verkauft. Soweit das Diebesgut noch nicht verkauft worden war, wählten die Fahrer und die Eltern jemanden aus, der es verkaufen sollte.

243 Siehe oben S. 40 f., 42.

nur bei einer gewissen Dauer des Zusammenschlusses festgestellt werden. Diese Dauer läßt sich in zeitlicher Hinsicht nicht bestimmen [244]. Insbesondere lassen sich allgemeingültige Mindestanforderungen hinsichtlich der zeitlichen Dauer eines Zusammenschlusses nicht festlegen. Die zeitliche Dauer ist daher erst in zweiter Linie von Bedeutung, nämlich als Anhaltspunkt für die Festigkeit der Regeln über die Willensbildung und die organisatorische Selbständigkeit eines Zusammenschlusses. Entscheidend ist jedoch, daß die Vereinigung darauf angelegt ist, mehrere selbständige strafbare Aktionen zu überdauern [245]. Dies folgt daraus, daß der Gesetzgeber in § 30 StGB die Verabredung mehrerer, eine bestimmte Straftat gemeinschaftlich zu begehen, nur bei Verbrechen unter Strafe gestellt hat. Die Ausdehnung, die § 129 StGB auf alle Delikte vornimmt, rechtfertigt sich daher nur dann, wenn mehr als eine Tat Gegenstand des Gesamtwillens der Gruppe ist [246]. Denn nur dann kann eine Vereinigung die spezifische, die Ausführung mehrerer strafbarer Aktionen begünstigende Eigendynamik entfalten, die ihre besondere Gefährlichkeit begründet [247]. Maßgeblich ist daher der innerhalb einer Vereinigung bestehende Wille [248] zum Überdauern strafbarer Aktionen, nicht der Wille zum Überdauern von Zeit. Erst dann kann eine Vereinigung eine über das Tatgeschehen hinausreichende Gefährdung von Rechtsgütern bewirken [249]. Nach Sinn und Zweck des § 129 StGB ist daher das Merkmal der Ausrichtung der Zwecke oder der Tätigkeit der Vereinigung darauf, Straftaten zu begehen, so zu verstehen, daß mehrere strafbare Aktionen geplant sein müssen. Der in § 129 Abs. 1 StGB verwendete Begriff der Straftat ist daher weder mit dem des

---

244 Vgl. aber BGH, NJW 1975, 985 und BGHSt 31, 239 (242 f.); in beiden Entscheidungen stellt der BGH ausdrücklich auf die zeitliche Dauer der Zusammenschlüsse von fast fünf Wochen beziehungsweise weniger als drei Tagen ab.

245 **Gräßle-Münscher**, Der Tatbestand der kriminellen Vereinigung, S. 126 f.; **Lenckner** in Schönke-Schröder, § 129 Rn. 7 a; **Rudolphi**, Festschrift für Bruns, S. 315 (321); **ders.** in SK, § 129 Rn. 10.

246 **Langer-Stein**, Legitimation und Interpretation, S. 220.

247 **Rudolphi**, Festschrift für Bruns, S. 315 (321).

248 Zu den Anforderungen an die Willensbildung innerhalb einer kriminellen Vereinigung siehe unten S. 69 ff.

249 Vgl. **Gräßle-Münscher**, Der Tatbestand der kriminellen Vereinigung, S. 128, der in diesem Zusammenhang ferner auf den Umstand hinweist, daß die besondere Gefährlichkeit einer kriminellen Vereinigung unter anderem darin bestehe, daß man mit der Ermittlung und Repression einer Bezugstat in der Regel nicht des Verursachers dieser Tat, nämlich der kriminellen Vereinigung habhaft werde.

materiellen Strafrechts noch mit dem des Strafprozeßrechts identisch [250]. **Langer-Stein** [251] umschreibt eine Tat im Sinne dieser Bestimmung als räumlich-zeitlich zusammenhängendes Vorhaben, das die Gruppe gemeinsam verwirklichen will. Plant ein Zusammenschluß nur eine strafbare Aktion, genügt dies für die Annahme einer kriminellen Vereinigung mithin auch dann nicht, wenn durch sie mehrere Straftatbestände verwirklicht werden [252]. Dies gilt auch dann, wenn es sich bei der geplanten Aktion um ein Vorhaben im großen Umfang handelt [253]. Dem BGH [254] kann daher nicht gefolgt werden, soweit er in der ersten Hausbesetzerentscheidung das Bestehen einer kriminellen Vereinigung bereits dann bejaht, wenn eine Gruppe von Hausbesetzern zur Aufrechterhaltung der einmaligen rechtswidrigen Inbesitznahme weitere Straftaten plant, um im Rahmen einer Aktion dem erwarteten Eingreifen der Polizei mit massiver Gewalt zu begegnen. Eine über diese Aktion - mögen von ihr auch mehrere Straftatbestände umfaßt gewesen sein - hinausgehende Gefährdung von Rechtsgütern war in diesem Fall gerade nicht gegeben [255]. Mit der erforderlichen Anzahl geplanter Straftaten hat sich der BGH in dieser Entscheidung nicht befaßt, sondern lediglich auf die fünfwöchige Dauer des Zusammenschlusses und das Vorliegen einer organisierten Willensbildung abgestellt. Auf diese Merkmale hat sich der BGH [256] auch in der zweiten Hausbesetzerentscheidung maßgeblich gestützt und das Vorliegen einer kriminellen Vereinigung mit der Begründung abgelehnt, daß sich innerhalb der kurzen Zeit von knapp einem Tag die Strukturen einer übergeordneten Willensbildung nicht herausgeschält hätten. Allerdings wird in dieser Entscheidung deutlich, daß auch der BGH der Anzahl der geplanten Straftaten Bedeutung beimißt. Denn er bemerkt am Ende der Entscheidung, daß dann, wenn ein Zu-

---

250 **Rudolphi**, Festschrift für Bruns, S. 315 (321); **ders.**, ZRP 1979, 214 (216 f.).

251 **Langer-Stein**, Legitimation und Interpretation, S. 220 f.

252 **Rudolphi**, Festschrift für Bruns, S. 315 (321).

253 LG Berlin, wistra 1985, 241; in dem von dem LG Berlin entschiedenen Fall ging es um die großangelegte Herstellung gefälschter Euroscheckvordrucke.

254 BGH, NJW 1975, 985.

255 **Rudolphi**, Festschrift für Bruns, S. 315 (321 f.). **Langer-Stein**, Legitimation und Interpretation, S. 221, verlangt dafür, daß die Gruppe der Hausbesetzer den Entschluß gefaßt hat, sich nicht nur einer Räumungsaktion mit Gewalt zu widersetzen, sondern auch künftigen Räumungsversuchen gewaltsamen Widerstand entgegenzusetzen. **Ostendorf** in AK, § 129 Rn. 14, und **Rudolphi** in SK, § 129 Rn. 10, wollen das Vorliegen einer kriminellen Vereinigung erst dann bejahen, wenn die Personengruppe sich zusammengeschlossen hat, um mehrere Hausbesetzungen durchzuführen.

256 BGHSt 31, 239 (240 ff.).

sammenschluß von Personen allein einer bestimmten - wenngleich mit der vorgeplanten Begehung mehrerer Straftaten verbundenen - Aktion diene, Anlaß bestehe, das für das Bestehen einer Vereinigung erforderliche Vorliegen einer organisierten Willensbildung besonders sorgfältig zu prüfen [257]. Das Erfordernis, daß die Vereinigung darauf angelegt sein muß, mehrere strafbare Aktionen zu überdauern, ist nicht damit verbunden, daß die Zahl der geplanten Aktionen unbestimmt sein muß [258]. Vielmehr genügt es, wenn ein Zusammenschluß eine vom Gesamtwillen getragene strafbare Aktion geplant und durch koordiniertes Zusammenwirken einen individuellen Enthemmungsprozeß eingeleitet hat. Denn dann kann er unabhängig von der Bestimmtheit oder Unbestimmtheit der Zahl weiterer strafbarer Aktionen aufgrund der in ihn stattfindenden gruppendynamischen Prozesse die erforderliche, auf die Begehung weiterer Straftaten hindrängende Eigendynamik entfalten [259].

4. Weitere Anforderungen an die Qualität der Vereinigung

Mit den vorstehenden Ausführungen wird im Ergebnis dem bereits zu Beginn dieses Kapitels [260] dargestellten Begriff der kriminellen Vereinigung gefolgt. Im Schrifttum werden teilweise Änderungen dieses Begriffs vorgeschlagen.

a) Änderungsvorschläge

Gräßle-Münscher [261] schlägt eine einschränkende Korrektur des Begriffs der kriminellen Vereinigung durch Hinzufügung der Einzelmerkmale Illegalität, Instrumentalität und Personalität vor. Die Vereinigung müsse für die Existenz in der Illegalität, im Untergrund angelegt sein. Dazu bedürfe sie einer gewissen Logistik. Fehle es an diesem Merkmal, könne ein Zusammenschluß nicht als kriminelle Vereinigung existieren; die erste Straftat würde ihre Entdeckung und damit

---

257 BGHSt 31, 239 (243).

258 So aber **Maurach**, Strafrecht BT, S. 671, der verlangt, daß die Vereinigung zur Begehung noch nicht abschließend bestimmter Straftaten begründet oder aufrechterhalten wird.

259 **Rudolphi**, Festschrift für Bruns, S. 315 (320, 322).

260 Siehe oben S. 31 f.

261 **Gräßle-Münscher**, Der Tatbestand der kriminellen Vereinigung, S. 69 ff.

ihr Ende zur Folge haben [262]. Ferner müsse sich die Organisation der Vereinigung für die Begehung von Straftaten instrumentalisieren lassen. Das bloße Bereitstellen von Sachmitteln, die es dem einzelnen - auch in Absprache und Koordination mit anderen Mitgliedern - ermöglichen würden, Straftaten zu begehen, genüge ebensowenig wie die Bildung unüberschaubarer, bürokratischer Gebilde [263]. Schließlich erscheine eine kriminelle Vereinigung nur denkbar, wenn die Mitglieder durch persönliche Beziehungen miteinander verbunden seien. Dieses Merkmal beanspruche zumindest für die führenden Mitglieder Geltung [264].

Forthauser [265] schlägt vor, bei der Definition des Begriffs der kriminellen Vereinigung auf jegliche psychologische Komponente zu verzichten. Bestimmendes Merkmal der Vereinigung im Sinne von § 129 StGB sei der feste organisatorisch-logistische Aufbau des Verbandes. Die Gefährlichkeit einer kriminellen Vereinigung sei also schon in der Gefährlichkeit ihrer durch die Logistik erhöhten kriminellen Schlagkraft zu sehen. Eine kriminelle Vereinigung sei mithin der auf eine gewisse Dauer angelegte organisatorische Zusammenschluß von mindestens drei Personen zur planvollen Verfolgung eines bestimmten Zwecks. Zur Begründung seiner Auffassung führt **Forthauser** aus, kriminelle Vereinigungen moderner Prägung bauten auf einer sogenannten Zellenorganisation auf, in der sich nur zwei bis drei der für die Organisation tätigen Personen kennen würden [266]. Die Anforderung der Unterwerfung des individuellen Willens unter einen Gesamtwillen führe dazu, daß gerade die größten, gefährlichsten und am meisten Gewinn erzielenden Organisationen nicht von § 129 StGB erfaßt würden. Ferner habe die Neufassung des § 129 StGB im Jahre 1951 nach dem Willen des Gesetzgebers der politischen Färbung der Bestimmung ein Ende setzen und nurmehr die rein kriminelle Vereinigung erfassen sollen. Damit sei auch die Notwendigkeit entfallen, auf einen Gesamtwillen abzustellen [267].

---

262 **Gräßle-Münscher**, Der Tatbestand der kriminellen Vereinigung, S. 70.

263 **Gräßle-Münscher**, Der Tatbestand der kriminellen Vereinigung, S. 70.

264 **Gräßle-Münscher**, Der Tatbestand der kriminellen Vereinigung, S. 71.

265 **Forthauser**, Geldwäsche, S. 23.

266 **Forthauser**, Geldwäsche, S. 20 f.

267 **Forthauser**, Geldwäsche, S. 22 f.

b) Stellungnahme

Die von **Gräßle-Münscher** geforderten Einschränkungen ergeben sich bereits aus dem oben dargestellten Begriff der kriminellen Vereinigung, ohne daß es der Hinzufügung weiterer Einzelmerkmale bedarf. Wenn eine Gruppe nicht in der Lage ist, eine erste strafbare Aktion zu überdauern, fehlt es bereits an dem Einzelmerkmal der Dauerhaftigkeit des Zusammenschlusses. Da nach § 129 Abs. 1 StGB die Zwecke oder die Tätigkeit der kriminellen Vereinigung darauf gerichtet sein müssen, Straftaten zu begehen, läßt sich die Annahme einer kriminellen Vereinigung bei bloßem Bereitstellen von Sachmitteln bereits nicht mit dem Wortlaut der Bestimmung vereinbaren. Ein koordiniertes Zusammenwirken der Mitglieder kommt ohne persönliche Beziehungen zumindest der innerhalb des Zusammenschlusses führenden Personen nicht in Betracht. Das wesentliche Argument gegen eine Hinzufügung weiterer Einzelmerkmale führt jedoch **Fürst** [268] an, indem er darauf hinweist, für eine Präzisierung der §§ 129, 129 a StGB solle nicht gerade das Tatbestandsmerkmal in Frage gestellt werden, das die meisten Präzisierungen erfahren habe und als im wesentlichen gefestigt und unumstritten angesehen werden könne.

Dem Vorschlag von **Forthauser** kann ebenfalls nicht gefolgt werden. **Forthauser** stellt den Ausgangspunkt seiner Argumentation selbst in Frage, indem er ausführt, die Umschreibung der "Organisierten Kriminalität" als überwiegend straffe Zellenorganisation werde von den Erkenntnissen der polizeilichen Praxis nicht voll bestätigt [269]. Das Argument, nach dem Willen des Gesetzgebers solle § 129 StGB nurmehr rein kriminelle Vereinigungen erfassen, läßt sich bereits mit § 129 Abs. 2 Nr. 2 StGB nicht vereinbaren, der eine Anwendung der Bestimmung auf politische Vereinigungen lediglich in den Fällen ausschließt, in denen die Begehung von Straftaten nur ein Zweck oder eine Tätigkeit von untergeordneter Bedeutung ist [270]. Dem Vorschlag von **Forthauser** kann ferner auch deshalb nicht gefolgt werden, weil er der hier vertretenen Auffassung zum Strafgrund des § 129 StGB nicht entspricht. Der Strafgrund dieser Bestimmung ist die besondere Gefährlichkeit krimineller Vereinigungen für die im Besonderen Teil des Strafrechts geschützten Rechtsgüter, die nicht nur auf der durch die Logistik erhöhten kriminellen Schlagkraft, sondern vor allem darauf beruht, daß die Verei-

---

268 **Fürst**, Grundlagen und Grenzen, S. 74.

269 **Forthauser**, Geldwäsche, S. 24 f.

270 Siehe dazu oben S. 9.

nigungen regelmäßig eine auf die Begehung der beabsichtigten Taten hindrängende Eigendynamik entfalten [271].

III. Sitz der Vereinigung

Im Hinblick auf den Sitz einer kriminellen Vereinigung bestehen zwei Problemkreise. Zum einen ergibt sich die Frage, ob eine Vereinigung mit Sitz im Ausland unter § 129 StGB fallen kann. Zum anderen ist fraglich, ob § 129 StGB Vereinigungen erfaßt, die zwar ihren Sitz im Inland haben, jedoch Straftaten im Ausland begehen sollen.

1. Vereinigungen mit Sitz im Ausland

a) Darstellung der Kontroverse

aa) Die Position der Rechtsprechung

Der BGH [272] vertritt die Auffassung, daß §§ 129, 129 a StGB auf Vereinigungen mit Sitz im Ausland nicht anwendbar seien. Vereinigungen im Sinne dieser Bestimmungen seien nur solche, die im räumlichen Geltungsbereich des Grundgesetzes bestehen würden. Habe eine Vereinigung ihren Sitz im Ausland, sei für eine Strafbarkeit nach § 129 StGB nicht nur erforderlich, daß sich Mitglieder der Vereinigung im Inland aufhalten, sondern daß sie hier auch eine eigene Vereinigung bilden würden. Zur Begründung führt der BGH aus, § 129 StGB bewehre das in Art. 9 Abs. 2 GG nur für dessen räumlichen Geltungsbereich enthaltene Verbot mit Strafe [273]. Die Beschränkung auf den räumlichen Geltungsbereich des Grundgesetzes entspreche zudem der Auslegung der an die Verbote des Art. 9 Abs. 2 und Art. 21 Abs. 2 GG anknüpfenden Organisationsdelikte der §§ 84, 85 StGB und § 20 VereinsG. Der BGH stützt seine Auffassung allerdings im wesentlichen auf eine historische Auslegung, indem er ausführt, daß der Gesetzgeber bereits bei Schaffung des § 129 StGB durch das 1. Strafrechtsänderungsgesetz

271 Siehe oben S. 28 f.

272 BGHSt 20, 45 (60); 20, 164 (168 f.); 30, 328 (329); BGH, NJW 1966, 310 (311); BGH bei Schmidt, MDR 1979, 708; 1981, 974; 1983, 2; 1988, 356; BGH, Strafverteidiger 1992, 14 (15).

273 BGHSt 30, 328 (330); BGH NJW 1966, 310 (312).

vom 30. August 1951 [274] an das auf den Geltungsbereich des Grundgesetzes beschränkte Verbot des Art. 9 Abs. 2 GG angeknüpft habe. Auch bei der Beratung über die Einführung des § 129 a in das Strafgesetzbuch sei man davon ausgegangen, daß diese Vorschrift ebenso wie § 129 StGB nur auf Vereinigungen anwendbar sei, die wenigstens eine Teilorganisation im Geltungsbereich des Grundgesetzes haben würden [275].

bb) Die herrschende Auffassung im Schrifttum

Im Schrifttum wird überwiegend ebenfalls die Auffassung vertreten, daß Vereinigungen mit Sitz im Ausland nicht von §§ 129, 129 a StGB erfaßt werden [276]. Zur Begründung wird - abgesehen von der historischen Auslegung [277] - vor allem darauf verwiesen, daß Rechtsgut dieser Bestimmungen die öffentliche Sicherheit und Ordnung *innerhalb* der Bundesrepublik sei. **Ostendorf** [278] stimmt dieser Auffassung zwar nicht in der Begründung, jedoch mit Rücksicht auf die gebotene restriktive Auslegung im Ergebnis zu. Zur Begründung führt er aus, § 129 StGB kenne keinen Erfolg im Sinne des § 9 Abs. 1 StGB und das Gefährdungspotential einer im Ausland organisierten Vereinigung sei notwendigerweise eingeschränkt.

---

274 BGBl. I, S. 739 (744).

275 BGHSt 30, 328 (329 ff.), unter Hinweis auf Deutscher Bundestag, Sonderausschuß für Strafrechtsreform, Prot. 7/2454 (77. Sitzung). In der Beratung sprach sich ein Regierungsvertreter gegen die Aufnahme von §§ 234, 234 a StGB in den Katalog des § 129 a StGB mit der Begründung aus, da § 129 StGB nach allgemeiner Meinung nur bei Vereinigungen im Inland anwendbar sei, laufe die Aufnahme der häufig bei vom Ausland agierenden Vereinigungen einschlägigen §§ 234, 234 a StGB in § 129 a StGB weitgehend leer.

276 **Bohnert**, JuS 1983, 942 (943); **v. Bubnoff** in LK, § 129 Rn. 5; **Krehl**, DtZ 1992, 113 (114 f.); **Lackner**, § 129 Rn. 2; **Lenckner** in Schönke/ Schröder, § 129 Rn. 4; **Rebmann**, DRiZ 1979, 364; **ders.**, NStZ 1986, 289 (291); **Tröndle**, § 129 Rn. 2; **Wagner**, MDR 1966, 18 (19 f.).

277 **Krehl**, DtZ 1992, 113 (114 f.), stützt auf die historische Auslegung die Auffassung, über § 129 StGB sei die strafrechtliche Aufarbeitung der sogenannten Regierungskriminalität in der früheren DDR nicht zu bewerkstelligen. Nach den bisher vorliegenden Erkenntnissen könne nicht davon ausgegangen werden, daß Mitarbeiter des Ministeriums für Staatssicherheit oder Mitglieder der Regierung der ehemaligen DDR eine Teilorganisation im Gebiet der Bundesrepublik Deutschland gebildet hätten.

278 **Ostendorf** in AK, § 129 Rn. 11.

Rebmann [279] weist in diesem Zusammenhang auf die tatsächlichen Schwierigkeiten hin, wenn deutsche Gerichte ohne zureichende Ermittlungsmöglichkeiten vor Ort darüber entscheiden müßten, ob es sich bei ausländischen Gruppierungen um kriminelle oder terroristische Vereinigungen handele.

cc) Die abweichende Auffassung im Schrifttum

Eine maßgeblich von **Rudolphi** [280] geprägte Auffassung hält §§ 129, 129 a StGB auch auf kriminelle oder terroristische Vereinigungen mit Sitz im Ausland für anwendbar [281]. Die Bestimmungen richteten sich nach ihrem objektiven Sinn und Zweck gegen eine besonders gefährliche Vorbereitung von Angriffen auf die von dem deutschen Strafrecht geschützten Rechtsgüter des Staates und seiner Bürger. Der Anwendungsbereich der §§ 129, 129 a StGB bestimme sich daher nach den Straftaten, auf deren Begehung die Vereinigung ausgerichtet sei. Würden diese Straftaten nach Maßgabe der §§ 3 bis 9 StGB vom deutschen Strafrecht erfaßt, so sei auch eine Strafbarkeit nach §§ 129, 129 a StGB gegeben. Dies gelte unabhängig davon, wo die jeweilige Vereinigung bestehe und wo die einzelnen von ihr geplanten Straftaten begangen werden sollten [282]. Anderenfalls würden unerträgliche Strafbarkeitslücken entstehen. So könnten Mitglieder ausländischer krimineller oder terroristischer Vereinigungen sogar dann unbehelligt in die Bundesrepublik einreisen, wenn dies zur Vorbereitung von Anschlägen erfolge. Umgekehrt könnten Deutsche, die sich im Ausland an kriminellen oder terroristischen Vereinigungen beteiligen und sich danach in die Bundesrepublik begeben würden, weder nach §§ 129, 129 a StGB bestraft werden noch - im Hinblick auf Art. 16 Abs. 2 GG - an den fremden Staat ausgeliefert werden [283].

---

279 **Rebmann**, DRiZ 1979, 363 (364 f.); **ders.**, NStZ 1986, 289 (291). Vgl. ebenso **Schnarr**, MDR 1988, 89 (90), im Zusammenhang mit § 120 Abs. 2 Satz 1 Nr. 2 GVG.

280 **Rudolphi**, Festschrift für Bruns, S. 315 (318); **ders.**, ZRP 1979, 214 (216); **ders.**, NStZ 1982, 198 (200); **ders.** in SK, § 129 Rn. 13.

281 **Forthauser**, Geldwäsche, S. 44; **Fürst**, Grundlagen und Grenzen, S. 63; **Langer-Stein**, Legitimation und Interpretation, S. 223; **Maurach/Schroeder**, BT 2, S. 301; **Maurach/ Schroeder/Maiwald**, Strafrecht BT 2, S. 371 (Rn. 12); **Werle**, Die Konkurrenz, S. 186 (Fußnote 34).

282 **Rudolphi**, ZRP 1979, 214 (216); **ders.**, NStZ 1982, 198 (199).

283 **Rudolphi**, Festschrift für Bruns, S. 315 (318); **ders.**, ZRP 1979, 214 (216); **ders.**, NStZ 1982, 198 (200).

b) Stellungnahme

Gegen die Auffassung des BGH spricht zunächst der Umstand, daß der Wortlaut der §§ 84 Abs. 1, 85 Abs. 1 StGB, § 20 Abs. 1 VereinsG ausdrücklich eine Beschränkung des Anwendungsbereichs der Bestimmungen vorsieht [284], während § 129 StGB eine solche Beschränkung nicht enthält. Die Beschränkung des Anwendungsbereichs der §§ 84, 85 StGB, § 20 VereinsG beruht darauf, daß diese Bestimmungen - anders als § 129 StGB - an ein durch deutsche Gerichte oder Behörden ausgesprochenes Vereinigungsverbot anknüpfen; die Tathandlungen dieser Straftatbestände stellen sich zugleich als Verstoß gegen ein auf das Inland beschränktes gerichtliches oder behördliches Verbot dar [285]. Ferner spricht der Umstand, daß §§ 129, 129 a StGB weder ausdrücklich noch andeutungsweise einen Hinweis auf eine Beschränkung ihres Anwendungsbereichs auf im Inland bestehende Vereinigungen enthalten, dagegen, daß der historischen Auslegung entscheidendes Gewicht zukommen kann. Denn der von dem BGH hervorgehobene Wille des historischen Gesetzgebers hat in der beschlossenen Fassung des Gesetzes gerade keinen Niederschlag gefunden [286]. Mit dem durch das Gesetz zur Bekämpfung des illegalen Rauschgifthandels und anderer Erscheinungsformen der organisierten Kriminalität (OrgKG) vom 15. Juli 1992 [287] eingeführten § 30 b BtMG hat der Gesetzgeber für den Bereich der Betäubungsmittelkriminalität ausdrücklich eine Ausdehnung des Anwendungsbereichs des § 129 StGB auf kriminelle Vereinigungen mit Sitz im Ausland vorgesehen. Nach dieser Bestimmung gilt § 129 StGB auch dann, wenn eine Vereinigung, deren Zwecke oder deren Tätigkeit auf den unbefugten Vertrieb von Betäubungsmitteln im Sinne des § 6 Nr. 5 StGB gerichtet sind, nicht oder nicht nur im Inland besteht. Der Umstand, daß der Gesetzgeber sich insoweit zu einer Regelung veranlaßt gesehen hat, spricht nicht dagegen, §§ 129, 129 a StGB auch im übrigen auf Vereinigungen mit Sitz im Ausland anzuwenden. Denn § 30 b BtMG enthält lediglich eine klarstellende Regelung hinsichtlich des Anwendungsbereichs des § 129 StGB im Rahmen der Betäubungsmittelkriminalität. Der Wortlaut der Bestimmung und die Begründung des Gesetzentwurfs sprechen jedoch nicht dafür, daß damit auch eine Regelung hinsichtlich einer Einschränkung des Anwendungsbereichs der §§ 129, 129 a StGB im übrigen getroffen werden sollte. Zwar wird in der Begrün-

---

284 Vgl. auch § 91 StGB und § 18 VereinsG.

285 Vgl. auch BGHSt 20, 45 (51).

286 **Fürst**, Grundlagen und Grenzen, S. 62; **Rudolphi**, NStZ 1982, 198 (200).

287 BGBl. I, S. 1302.

dung des Gesetzentwurfs [288] insoweit ausgeführt, im Hinblick auf die Praktikabilität von Rechtsnormen, deren Durchsetzbarkeit und auf den völkerrechtlichen Grundsatz der Nichteinmischung sei der Ansatz grundsätzlich sachgerecht, daß § 129 StGB nur die kriminellen Vereinigungen erfasse, die zumindest in Form einer Teilorganisation im Inland bestehen würden. Den Ausführungen in der Begründung des Gesetzentwurfs läßt sich jedoch nicht entnehmen, daß über die ausdrückliche Erstreckung des § 129 StGB auf Vereinigungen mit Sitz im Ausland für den Bereich der Betäubungsmittelkriminalität hinaus diese Auffassung Inhalt der gesetzlichen Regelung werden sollte. Die in der Begründung des Gesetzentwurfs enthaltenen Hinweise auf Strafbarkeitslücken und immer stärkere internationale Verflechtungen der Betäubungsmittelkriminalität [289] gelten auch für andere Bereiche organisierter Kriminalität und sprechen - worauf im folgenden noch einzugehen sein wird - für eine Erfassung von Vereinigungen mit Sitz im Ausland durch §§ 129, 129 a StGB. Gegen eine Beschränkung des Anwendungsbereichs der §§ 129, 129 a StGB auf im Inland bestehende Vereinigungen spricht auch eine teleologische Auslegung dieser Bestimmungen. Sieht man - der hier vertretenen Auffassung [290] folgend - als Schutzgut der §§ 129, 129 a StGB die im Besonderen Teil des Strafrechts geschützten Rechtsgüter an, so sind für den Anwendungsbereich dieser Bestimmungen die Straftaten maßgeblich, auf deren Begehung die Vereinigung ausgerichtet ist. Werden diese Straftaten nach Maßgabe der §§ 3 bis 9 StGB vom deutschen Strafrecht erfaßt, so ist auch eine Strafbarkeit nach §§ 129, 129 a StGB unabhängig davon gegeben, wo die jeweilige Vereinigung besteht und wo ihr Tätigkeitsfeld liegt [291]. Sieht man mit der herrschenden Auffassung als Schutzgut der §§ 129, 129 a StGB die öffentliche Sicherheit und Ordnung im Inland und als Aufgabe dieser Bestimmungen die präventive Bekämpfung der von kriminellen und terroristischen Vereinigungen drohenden Gefahren bereits im Vorbereitungsstadium an, so gelangt man zum gleichen Ergebnis. Denn darunter kann letztlich ebenfalls nur der Schutz der Rechtsgüter des Staates und der Bürger vor den Straftaten verstanden werden, die von den Mitgliedern krimineller oder terroristischer Vereinigungen drohen [292]. Eine Be-

---

288 Bundesrats-Entwurf eines Gesetzes zur Bekämpfung des illegalen Rauschgifthandels und anderer Erscheinungsformen der Organisierten Kriminalität, BT-Drucksache 12/Nr. 989, S. 31.

289 BT-Drucksache 12/Nr. 989, S. 31.

290 Siehe oben S. 28 f.

291 **Rudolphi**, ZRP 1979, 214 (216); **ders.**, NStZ 1982, 198 (199).

292 Vgl. **v. Bubnoff** in LK, § 129 Rn. 1; **Maurach/Schroeder**, Strafrecht BT 2, S. 301; **Rudolphi**, Festschrift für Bruns, S. 315 (319); **ders.**, NStZ 1982, 198 (199).

schränkung des Anwendungsbereichs der §§ 129, 129 a StGB auf Vereinigungen mit Sitz im Inland, wäre daher nur dann gerechtfertigt, wenn von Vereinigungen mit Sitz im Ausland geringere Gefahren für diese Rechtsgüter ausgehen würden. Davon geht der BGH [293] jedoch selbst nicht aus. Vielmehr hat er ausgeführt, der innere Friede in der Bundesrepublik könne auch von Vereinigungen bedroht werden, die ihren Sitz außerhalb des Bundesgebiets hätten. In diesem Zusammenhang ist zu beachten, daß kriminelle Vereinigungen unter dem Schutz des Auslands ihre in der Bundesrepublik durchzuführenden Taten besser vorbereiten und durchführen können [294]. Dies gilt insbesondere dann, wenn auf das Potential vorhandener größerer Organisationen im Ausland zurückgegriffen werden kann. Der Hinweis von **Fürst** [295], angesichts grenzüberschreitender terroristischer Aktivitäten würde es geradezu anachronistisch anmuten, den Anwendungsbereich der §§ 129, 129 a StGB auf inländische Vereinigungen zu begrenzen, kann im Hinblick auf die internationalen Verflechtungen organisierter Kriminalität auch hinsichtlich krimineller Vereinigungen Geltung beanspruchen [296]. Ferner werden bei

---

293 BGHSt 30, 328 (332). In dem von dem BGH entschiedenen Fall hatte sich eine Vereinigung im Libanon gebildet, die als "Wehrsportgruppe Ausland" bezeichnet wurde und die über keine Teilorganisation in der Bundesrepublik Deutschland verfügte. Der Generalbundesanwalt hatte die Anwendbarkeit des § 129 a StGB bejaht, weil eine inländische Vereinigung vorliege. Zur Begründung verwies er auf den Umstand, daß die Vereinigung ausschließlich oder vorwiegend aus deutschen Staatsangehörigen bestand und das Hauptangriffsziel geplanter Aktionen die Sicherheit und Ordnung in der Bundesrepublik war. Vgl. dazu auch **Rebmann**, NStZ 1986, 289 (290).

294 **Langer-Stein**, Legitimation und Interpretation, S. 222 f.; a. A. **Ostendorf** in AK, § 129 Rn. 11, der die Auffassung vertritt, das Gefährdungspotential einer im Ausland organisierten Vereinigung sei notwendigerweise eingeschränkt.

295 **Fürst**, Grundlagen und Grenzen, S. 62.

296 Vgl. Bundesrats-Entwurf eines Gesetzes zur Bekämpfung des illegalen Rauschgifthandels und anderer Erscheinungsformen der Organisierten Kriminalität, BT-Drucksache 12/Nr. 989, S. 31. In der Begründung des Gesetzentwurfs zu § 30 b BtMG wird ausgeführt, die Erweiterung des § 129 StGB sei im Hinblick auf die immer stärkeren internationalen Verflechtungen der Betäubungsmittelkriminalität und die Tendenz ausländischer Organisationen, verstärkt im Inland Fuß zu fassen, von erheblicher praktischer Bedeutung. Vgl. auch **Steinke**, NStZ 1994, 168 (169), und **Eisenberg**, NJW 1993, 1033 (1035), der ausführt, es sei nicht von der Hand zu weisen, daß in Zusammenhang mit erhöhter (und gleichsam grenzenloser) Mobilität, allgemeiner Internationalisierung und Technisierung sowie globaler wirtschaftlicher Verflechtung ein Staat wie die Bundesrepublik Deutschland schon wegen seiner geographischen Lage, seinem wirtschaftlichen Potential und seiner hochentwickelten technischen und sozialen Infrastruktur für "Organisiertes Verbrechen" besonders anfällig bzw. durch dieses gefährdet sei. **Carl/Klos**, Geldwäsche, S. 27, führen aus, für Deutschland sei es kennzeichnend, daß die "Organisierte Kriminalität" in erster Linie von außen eindringe durch die Infiltration aus-

einer Einbeziehung krimineller und terroristischer Vereinigungen mit Sitz im Ausland die von **Rudolphi** [297] aufgezeigten Strafbarkeitslücken vermieden. Die von **Rebmann** [298] in diesem Zusammenhang hervorgehobenen praktischen Probleme - nämlich Ermittlungsschwierigkeiten hinsichtlich Struktur, Zielsetzung und personeller Zusammensetzung ausländischer Organisationen - fallen bei der Auslegung des § 129 StGB nicht erheblich ins Gewicht. Diese praktischen Schwierigkeiten sind nicht unüberwindbar [299]; sie können sich zudem auch bei anderen Auslandstaten ergeben [300]. Insgesamt sprechen die gewichtigeren Gründe dafür, daß Vereinigungen mit Sitz im Ausland nach Maßgabe der §§ 3 bis 9 StGB unter § 129 StGB fallen, wenn sie auch im Ausland von deutschem Strafrecht geschützte Rechtsgüter (§ 7 StGB) anzugreifen planen oder Vorbereitungen für Straftaten im Inland (§§ 3, 9 StGB) treffen. Eine § 30 b BtMG entsprechende Klarstellung durch den Gesetzgeber auch hinsichtlich des über die Betäubungsmittelkriminalität hinausgehenden Anwendungsbereichs der §§ 129, 129 a StGB wäre jedoch wünschenswert.

---

ländischer Banden und die Errichtung von Stützpunkten durch im Ausland ansässige kriminelle Organisationen. **Werthebach/Droste-Lehnen**, ZRP 1994, 57 (58), legen dar, Europa übe durch seine Wirtschaftsstärke und seinen Binnenmarkt eine besondere Attraktivität aus. **Pitschas**, JZ 1993, 857 (859), vertritt die Auffassung, im Hinblick auf die Internationalisierung der Kriminalität erweise sich der europäische Rahmen schon längst als zu eng abgesteckt. Vgl. ferner **Maurach/Schroeder**, Strafrecht BT 2, S. 301, wo drastisch von einer Einladung für das moderne internationale Verbrechertum gesprochen wird. **Sieber/Bögel**, Logistik, S. 360, halten die Anforderung des Bestehens einer Teilorganisation im Inland für eine nicht gerechtfertigte Privilegierung ausländischer krimineller Vereinigungen.

297 **Rudolphi**, Festschrift für Bruns, S. 315 (318); **ders.**, ZRP 1979, 214 (216); **ders.**, NStZ 1982, 198 (200). Siehe oben S. 54.

298 **Rebmann**, DRiZ 1979, 363 (364 f.); **ders.**, NStZ 1986, 289 (291). Vgl. in diesem Zusammenhang auch **Körner**, NJW 1993, 233 (236), der darauf hinweist, ohne Änderung der komplizierten Rechtshilfebestimmungen und ohne Änderung des § 244 StPO, der auf Antrag zur Ladung und Vernehmung aller bekannten Bandenmitglieder und Hinterleute verpflichte, bleibe auch § 30 b BtMG eine wenig hilfreiche Bestimmung.

299 **Fürst**, Grundlagen und Grenzen, S. 63. Der Gesetzgeber hat diese Schwierigkeiten, wie § 30 b BtMG zeigt, jedenfalls im Bereich der Betäubungsmittelkriminalität für überwindbar gehalten; vgl. Bundesrats-Entwurf eines Gesetzes zur Bekämpfung des illegalen Rauschgifthandels und anderer Erscheinungsformen der Organisierten Kriminalität, BT-Drucksache 12/Nr. 989, S. 31. Vgl. auch **Schaefer**, Kriminalistik 1987, 230 (235), der ausführt, aus der Praxis seien immer wieder Fälle bekannt geworden, bei denen die kriminelle Organisation mit Sitz im Ausland erkennbar und nachweisbar geworden sei und die einzelnen Mitglieder im Inland strafrechtlich aufgefallen seien.

300 **Rudolphi**, NStZ 1982, 198 (200).

2. Vereinigungen mit der Zielsetzung, Straftaten im Ausland zu begehen

Für eine Strafbarkeit von Vereinigungen, die innerhalb der Bundesrepublik ihren Sitz haben, jedoch Straftaten im Ausland begehen sollen, ist - entsprechend den oben zur Frage der Strafbarkeit von Vereinigungen mit Sitz im Ausland angestellten Erwägungen - erforderlich, daß die geplanten Straftaten nach deutschem Recht strafbar, d. h. tatbestandserheblich im Sinne deutscher Strafgesetze sind und nach §§ 4 bis 7 StGB dem deutschen Strafrecht unterliegen [301]. Die Frage, ob die geplanten Straftaten auch nach dem Recht des ausländischen Tatorts strafbar sein müssen, ist daher nach Maßgabe der §§ 4 bis 7 StGB zu beantworten [302]. **Lenckner** [303] möchte dagegen für die Erfassung einer Vereinigung, die im Inland ihre Operationsbasis hat, um im Ausland tätig zu werden, bereits genügen lassen, daß deutsches Recht nach § 3 StGB Anwendung findet. Dies sei bei einer im Inland bestehenden Organisation im Hinblick auf § 9 Abs. 2 StGB in der Regel der Fall. **Lenckner** stützt seine Auffassung darauf, daß der öffentliche Frieden schon dann gefährdet sei, wenn ausländische Vereinigungen die Bundesrepublik zu ihrer Organisationsbasis machen würden. Dieser Rückgriff auf das Schutzgut des § 129 StGB würde jedoch zu einer Umgehung der für die Anwendung deutschen Strafrechts maßgeblichen §§ 4 bis 7 StGB führen [304]. Der Auffassung **Lenckners** kann auch deshalb nicht gefolgt werden, weil nach der hier vertretenen Auffassung Schutzgut des § 129 StGB nicht die öffentliche Sicherheit und Ordnung ist, sondern die im Besonderen Teil des Strafrechts geschützten Rechtsgüter [305]. Diese Rechtsgüter werden jedoch bei Straftaten im Ausland nur nach Maßgabe der §§ 4 bis 7 StGB von dem deutschen Strafrecht geschützt.

---

301 BGH NJW 1966, 310 (312); **v. Bubnoff** in LK, § 129 Rn 12; **Fürst**, Grundlagen und Grenzen, S. 84; **Rudolphi** in SK, § 129 Rn. 8.

302 **v. Bubnoff** in LK, § 129 Rn. 12; **Rudolphi** in SK, § 129 Rn. 8; der BGH, NJW 1966, 310 (312), hat diese Frage offen gelassen, weil es sich in dem von ihm zu entscheidenden Fall um geplante Straftaten gegen international geschützte Rechtsgüter handelte und die Taten überdies nach dem Recht des Tatorts strafbar waren.

303 **Lenckner** in Schönke/Schröder, § 129 Rn. 6.

304 **Fürst**, Grundlagen und Grenzen, S. 84.

305 Siehe oben S. 28 f.

IV. Abgrenzung der kriminellen Vereinigung von einer Bande, Mittätern und Tätern nach § 30 Abs. 2 StGB

Die bandenmäßige Begehungsweise von Straftaten führt im geltenden Strafrecht bei mehreren Delikten zu erhöhten Strafandrohungen, wie beispielsweise bei den Qualifikationstatbeständen Bandendiebstahl (§ 244 Abs. 1 Nr. 3 StGB), Bandenraub (§ 250 Abs. 1 Nr. 4 StGB), bandenmäßigem Schmuggel bzw. Bannbruch (§ 373 Abs. 3 Ziffer 3 AO) und bandenmäßigem Anbau, Herstellung und Handel mit Betäubungsmitteln (§ 30 Abs. 1 Nr. 1 BtMG). Durch das Gesetz zur Bekämpfung des illegalen Rauschgifthandels und anderer Erscheinungsformen der Organisierten Kriminalität vom 15. Juli 1992 (OrgKG) [306] sind die Qualifikationstatbestände schwerer Bandendiebstahl (§ 244 a StGB), Bandenhehlerei und gewerbsmäßige Bandenhehlerei (§§ 260 Abs. 1 Nr. 2, 260 a Abs. 1 StGB), bandenmäßiges illegales Glücksspiel (§ 284 Abs. 3 Nr. 2 StGB) und bandenmäßiger Drogenhandel in nicht geringer Menge (§ 30 a Abs. 1 BtMG) geschaffen worden; ferner enthält der neu geschaffene § 261 Abs. 4 StGB das Regelbeispiel eines besonders schweren Falles bei bandenmäßiger Begehung der Geldwäsche. In diesen Bereichen kann sich die Frage ergeben, ob ein Zusammenschluß von Personen als Bande oder darüberhinaus als kriminelle Vereinigung einzustufen ist. Die Frage der Abgrenzung der kriminellen Vereinigung von andersartigen Zusammenschlüssen kann sich auch im Zusammenhang mit der Mittäterschaft und der Täterschaft nach § 30 Abs. 2 StGB stellen. Im folgenden soll untersucht werden, auf welche der oben dargestellten Merkmale einer kriminellen Vereinigung es für die Abgrenzung von einer Bande, Mittätern und Tätern nach § 30 Abs. 2 StGB entscheidend ankommt.

1. Anzahl der Beteiligten

Nach ständiger Rechtsprechung [307] und herrschender Lehre [308] können bereits zwei Personen eine Bande im Sinne der §§ 244 Abs. 1 Ziffer 3, 250 Abs. 1

---

306 BGBl. I, S. 1302.

307 BGHSt 23, 239; 31, 202 (205); BGH, MDR 1967, 369; 1970, 560; 1973, 555; BGH, NStZ 1986, 408; BGH, Strafverteidiger 1984, 245.

308 **Corves**, JZ 1970, 156 (158); **Eser** in Schönke/Schröder, § 244 Rn. 24; **Heimann-Trosien** in LK, § 244 Rn. 14; **Lackner**; § 244 Rn. 3 a; **Maurach/Schroeder**, Strafrecht BT 1, S. 308. Die Gegenmeinung setzt bei einer Bande eine Mindestanzahl von drei Mitgliedern voraus, die in der Verfolgung gemeinsamer Ziele unter einem Anführer ein eigenes Zusammengehörigkeitsgefühl und besonderen Bandengeist entwickeln; dies sei bei einer Zweierverbindung nicht möglich; vgl. **Dreher**, NJW 1970, 1802 (1803 f.);

Ziffer 4 StGB bilden. Der BGH [309] hat den Unterschied zwischen einer kriminellen Vereinigung und dem kriminellen Zusammenwirken in Form einer Bande darin gesehen, daß bei dieser mindestens zwei Mitglieder ein kriminelles Gemeinschaftsinteresse verfolgen müssen, wobei zwar ein gewisses Zusammengehörigkeitsgefühl gefordert wird, jedoch eine lose Zusammenfügung ohne besondere Organisationsform ausreicht. Bei dieser Unterscheidung steht mithin das Einzelmerkmal der organisierten Willensbildung innerhalb eines Zusammenschlusses im Vordergrund [310]. Dagegen betrachtet der BGH [311] die Mindestzahl von drei an einem Zusammenschluß beteiligten Personen lediglich als einschränkendes Kriterium für das Vorliegen einer kriminellen Vereinigung. Einen Widerspruch zwischen der Personenzahl von mindestens zwei Mitgliedern für eine Bande und der Personenzahl von mehr als zwei Mitgliedern für eine kriminelle Vereinigung hat der BGH [312] nicht gesehen. Die Auslegung der §§ 244 Abs. 1 Ziffer 3, 250 Abs. 1 Ziffer 4 StGB sei nicht wie die Auslegung des § 129 StGB mit der Problematik belastet, Straftatbestände im Vorfeld der Vorbereitung strafbarer Handlungen sinnvoll abzugrenzen. Für die Bewertung der besonderen Gefährlichkeit

---

Schünemann, JA 1980, 393 (395); **Tröndle**, GA 1973, 321 (328). Hinsichtlich der Bande im Sinne des § 30 Abs. 1 Nr. 1 BtMG führt **Körner**, Betäubungsmittelgesetz, 4. Aufl., § 30 Rn. 13, 16 aus, unter einer Bande im Sinne des § 30 Abs. 1 Nr. 1 BtMG sei eine Verbindung von Personen zu verstehen, die sich zusammengeschlossen haben, um in der Zukunft Betäubungsmittel unerlaubt in einer unbestimmten Anzahl von Fällen anzubauen, herzustellen, aus- oder einzuführen oder mit ihnen Handel zu treiben, um daraus Gewinn zu erzielen. Beim bandenmäßigen Rauschgifthandel reiche wie beim bandenmäßigen Raub oder bandenmäßigen Diebstahl ein Zusammenschluß von zwei Personen zur mehrmaligen Begehung von Straftaten für eine Bande aus (anders noch 3. Aufl., § 30 Rn. 11 f.: Der Begriff der Bande werde im Rahmen des BtMG anders definiert als der Bandenbegriff in §§ 244 Abs. 1 Nr. 3, 250 Abs. 1 Nr. 4 StGB und § 373 Abs. 2 Nr. 3 AO. Unter einer Bande im Sinne des § 30 Abs. 1 Nr. 1 StGB sei eine Verbindung von mehr als zwei Personen zu verstehen.). **Schild**, NStZ 1983, 69 (70), will die Bande im Sinne des § 30 Abs. 1 Nr. 1 BtMG als "Vereinigung" auffassen und mit den Merkmalen des § 129 StGB bestimmen. § 30 Abs. 1 Nr. 1 BtMG sei als Sonderregelung des § 129 StGB anzusehen, die deshalb der allgemeinen Strafbestimmung wegen Bildung krimineller Vereinigungen vorgehe. Nur im Vorbereitungsstadium zu den Taten des § 30 Abs. 1 Nr. 1 BtMG bleibe die Strafbarkeit nach § 129 StGB bestehen.

309 BGH bei Holtz, MDR 1977, 282; BGH NStZ 1982, 68; BGHSt 31, 202 (205). Ebenso BGHSt 38, 26 (28 ff.) für die Bande im Sinne des § 30 Abs. 1 Nr. 1 BtMG.

310 Siehe dazu unten S. 63 ff.

311 BGHSt 28, 147 (148 ff.); 31, 202 (204 f.). Vgl. auch **Langer-Stein**, Legitimation und Interpretation, S. 215.

312 BGHSt 28, 147 (150); vgl. auch BGHSt 38, 26 (30 f.).

von Personenzusammenschlüssen, die bereits in der gemeinschaftlichen Begehung von Straftaten manifest geworden sei, würden nicht notwendig die gleichen Maßstäbe gelten. **Volk** [313] hat daran zu Recht Kritik geübt und darauf hingewiesen, daß von der kraft Zusammenschlusses entstehenden Gefährlichkeit einer Zweierbande nicht mehr ausgegangen werden könne, nachdem sich der BGH darauf festgelegt habe, erst die Verbindung von mindestens drei Personen schaffe eine Dauergefahr. Die zur Erklärung der gesteigerten Strafwürdigkeit der bandenmäßigen Begehung neben der akuten Gefährlichkeit der Tat herangezogene latente Dauergefahr [314] belaste die Auslegung der §§ 244 Abs. 1 Ziffer 3, 250 Abs. 1 Ziffer 4 StGB eben doch mit der sich auch bei § 129 StGB stellenden Problematik, den Strafgrund der Dauergefahr einzubeziehen und abzugrenzen. Die Begründung des BGH [315] führt dazu, auch für eine Bande die Verbindung von mindestens drei Personen zu verlangen, wenn man nicht - was auch der BGH nicht vertritt [316] - den Strafgrund der bandenmäßigen Begehung auf das gemeinschaftliche Handeln bei der Tat - also auf die von **Volk** so genannte Aktionsgefahr - reduzieren will [317].

Ebensowenig wie die Mindestzahl beteiligter Personen ein Kriterium zur Unterscheidung einer kriminellen Vereinigung von einer Bande bilden kann, läßt sich eine konkrete Obergrenze der Anzahl beteiligter Personen zur Unterscheidung einer kriminellen Vereinigung von einer Bande, Mittätern und Tätern nach § 30

---

313 **Volk**, JR 1979, 426 (428).

314 BGHSt 23, 239 (240).

315 BGHSt 28, 147 (148 ff.); der BGH hat zur Begründung, daß ein Zusammenschluß von nur zwei Personen keine kriminelle Vereinigung sein kann, unter anderem auf die Ausführungen von **Dreher**, NJW 1970, 1802 (1804), verwiesen, der für die Bande die Mindestanzahl von drei Personen verlangt, da nur so die gruppendynamische Gefährlichkeit der Bandenverbindung zu erfassen sei.

316 BGHSt 8, 205 (209); 23, 239 (240). In BGHSt 38, 26 (29) führt der BGH insoweit aus, § 30 Abs. 1 Nr. 1 BtMG verzichte auf das Moment der Aktionsgefahr. Das Gesetz hebe nicht auf die besondere Gefährlichkeit ab, die sich daraus ergeben könne, daß bei der Ausführung der Tat mindestens zwei Bandenmitglieder örtlich und zeitlich zusammenwirken würden.

317 **Volk**, JR 1979, 426 (428 f.); vgl. auch **Schild**, GA 1982, 55 (76 ff.), der die Auffassung vertritt, der Grund für die (erhöhte) Strafbarkeit sei nicht in der Gefährlichkeit der Bande als Verbindung oder der Bandentat zu sehen, sondern in der Gefährlichkeit des Bandenwillens des jeweiligen Täters, da der Struktur nach die Bandendelikte den Charakter von Vorbereitungshandlungen hätten. Der Wille des Bandentäters, mit anderen in Zukunft Straftaten gleicher Art zu begehen, schaffe die Dauergefahr.

Abs. 2 StGB festlegen. Vielmehr kann eine aus mehr als zwei Beteiligten bestehende Gruppe von Personen jeden der entsprechenden Tatbestände verwirklichen. Die Anzahl der Beteiligten stellt mithin für sich allein kein brauchbares Kriterium für eine Abgrenzung dar. Es müssen daher Merkmale hinzukommen, die eine Abgrenzung der kriminellen Vereinigung von einer Bande, Mittätern und Tätern nach § 30 Abs. 2 StGB erlauben. Auf diese Kriterien soll im folgenden eingegangen werden.

2. Organisierte Willensbildung

Wie oben [318] bereits ausgeführt worden ist, hat der BGH [319] den entscheidenden Unterschied zwischen einer kriminellen Vereinigung und dem kriminellen Zusammenwirken in Form einer Bande darin gesehen, daß bei dieser die Mitglieder ein kriminelles Gemeinschaftsinteresse verfolgen müßten, wobei zwar ein gewisses Zusammengehörigkeitsgefühl gefordert werde, jedoch eine lose Zusammenfügung ohne besondere Organisationsform ausreiche. Eine gegenseitige Verpflichtung der Mitglieder werde ebensowenig vorausgesetzt wie eine abschließende Rollenverteilung [320]. Bei der bandenmäßigen Begehung von Straftaten könne der Wille des Einzelnen maßgeblich bleiben und die Unterordnung unter einen Gruppenwillen unterbleiben [321]. Demgegenüber verlange die kriminelle Vereinigung ein gewisses Mindestmaß an fester Organisation [322].

Der Heranziehung des verselbständigten Gruppenwillens durch den BGH als maßgebliches Kriterium für die Unterscheidung zwischen krimineller Vereinigung und Bande ist zu folgen [323]. Zwar muß auch bei einer Bande ein gemeinsamer

---

318 Siehe oben S. 61.

319 BGH bei Holtz, MDR 1977, 282; BGH NStZ 1982, 68; BGHSt 31, 202 (205); 38, 26 (27 ff.).

320 BGHSt 31, 202 (205).

321 BGH, Strafverteidiger 1992, 14 (15).

322 BGHSt 28, 147 (149); 31, 202 (205).

323 Vgl. auch **Hohmann**, wistra 1992, 85 (88); **Langer-Stein**, Legitimation und Interpretation, S. 185; **Maurach/Schroeder/Maiwald**, Strafrecht BT 2, S. 369 (Rn. 4); **Ostendorf** in AK, § 129 Rn 12; vgl. ferner **Körner**, Betäubungsmittelgesetz, § 30 Rn. 8, der darauf hinweist, § 30 Abs. 1 Nr. 1 BtMG solle insbesondere in den zahlreichen Fällen zur Anwendung kommen, in denen die Organisationsstruktur internationaler Rauschgifthandels- und Schmuggelvereinigungen gemäß § 129 StGB nicht nachweisbar sei.

Wille zur Begehung von Straftaten und ein gewisses Maß an Organisation vorhanden sein [324], das sie von einer bloßen Interessengemeinschaft von Mittätern unterscheidet. Kennzeichnend für eine Bande sind insbesondere das Zusammengehörigkeitsgefühl, das Verfolgen eines Gemeinschaftsinteresses und regelmäßige Kontakte der Bandenmitglieder [325]. Auf die Begehung von Straftaten hindrängende gruppendynamische Prozesse finden auch innerhalb von Banden statt [326]. Die kriminelle Vereinigung unterscheidet sich jedoch von der Bande durch einen höheren Grad an personeller Geschlossenheit und Organisation [327]. Während sich im Rahmen einer bandenmäßigen Begehungsweise von Straftaten einzelne Personen zusammenschließen und dadurch eine Potenzierung ihrer Fähigkeiten herbeiführen, sieht sich das Mitglied einer kriminellen Vereinigung darüberhinaus einem von individuellen Einzelmeinungen losgelösten Gruppenwillen gegenüber, dem es sich zu unterwerfen hat [328] und der dazu führt, daß die Vereinigung unabhängig von der Zustimmung eines einzelnen Mitglieds ihre kriminelle Zielsetzung verfolgen kann und in der Lage ist, personelle Veränderungen zu überdauern. Maßgeblich ist insoweit das Bestehen eines so hohen Grads an personeller Geschlossenheit und Organisation eines Zusammenschlusses, daß Mitglieder - aus Sympathie oder auch aus Angst vor gegen sie gerichteten Maßnahmen - sich auch Entscheidungen unterwerfen, die sie nicht teilen, so daß ein Prozeß in Gang gesetzt werden kann, der so ohne die kriminelle Vereinigung nicht zustande gekommen wäre [329]. Das Vorhandensein eines auf verbindlichen Führungs- und Entscheidungsstrukturen beruhenden verselbständigten Gruppenwillens ist mithin das für die Abgrenzung einer kriminellen Vereinigung von einer Bande maßgeb-

---

324 **Ostendorf** in AK, § 129 Rn. 12.

325 **Körner**, Betäubungsmittelgesetz, § 30 Rn. 11, 20, der ferner darauf hinweist, auf der Rauschgiftszene seien meist Mischformen zwischen Bande und krimineller Vereinigung vertreten.

326 **Scherer**, Die Formen der Verbrechensbegehung, S. 31. Vgl. dazu auch BGHSt 23, 239 (240), 38, 26 (29), wonach die besondere Gefährlichkeit bandenmäßiger Begehung als Grund für die verschärfte Strafbarkeit nicht in der Vielzahl der Beteiligten allein, sondern in der engen Bindung liege, die die Mitglieder für die Zukunft eingehen würden und die einen ständigen Anreiz zur Fortsetzung bilde.

327 **Hohmann**, wistra 1992, 85 (88); **Körner**, Betäubungsmittelgesetz, § 30 Rn. 20, § 30 b Rn. 7. Vgl. auch **Lampe**, ZStW 106 (1994), 683 (696), der ausführt, Banden würden sich von kriminellen Vereinigungen lediglich dadurch unterscheiden, daß ihnen trotz einer gewissen Dauer die feste institutionelle Organisation fehle.

328 **Langer-Stein**, Legitimation und Interpretation, S. 185.

329 Vgl. **Langer-Stein**, Legitimation und Interpretation, S. 184.

liche Einzelmerkmal. Der Verselbständigte Gruppenwille und der dafür erforderliche hohe Organisationsgrad, die die auf gruppendynamischen Prozessen beruhende erhöhte Gefährlichkeit eines Zusammenschlusses bewirken, unterscheiden die kriminelle Vereinigung auch von der Mittäterschaft, die lediglich eine gemeinsame Tatbegehung - also ein bewußtes und gewolltes Zusammenwirken mit Täterwillen - voraussetzt [330].

3. Dauerhaftigkeit des Zusammenschlusses

In der Ausrichtung der kriminellen Vereinigung auf die Begehung einer größeren Zahl von Straftaten ist ein weiteres Kriterium zu ihrer Unterscheidung von der gemeinschaftlichen Verabredung von Verbrechen (§ 30 Abs. 2, 2. Alt. StGB) und von der gemeinschaftlichen Begehung von Straftaten (§ 25 Abs. 2 StGB) zu sehen [331]. Denn erst wenn ein Zusammenschluß dauerhaft sein soll, d. h. eine größere Zahl strafbarer Aktionen plant [332], entsteht nicht lediglich eine einmalig erhöhte Aktionsgefahr durch das Zusammenwirken mehrerer Personen, sondern eine ständige Latenzgefahr. Diese Gefahr beruht auf der ständigen Bereitschaft der Vereinigung zur Begehung neuer Straftaten, ohne daß insoweit der Willensbildungsprozeß innerhalb des Zusammenschlusses jedesmal von neuem in Gang gesetzt werden muß. Die Dauerhaftigkeit des Zusammenschlusses ist dagegen nicht geeignet, die kriminelle Vereinigung von einer Bande zu unterscheiden. Denn auch die Bande muß eine Dauerhaftigkeit des Zusammenschlusses aufweisen [333]. Dies wird bereits daran deutlich, daß §§ 244 Abs. 1 Nr. 3, 250 Abs. 1 Nr. 4 StGB, § 373 Abs. 3 Nr. 3 AO, §§ 30 Abs. 1 Nr. 1, 30 a Abs. 1 BtMG verlangen, daß sich die Bande zur fortgesetzten Begehung der Straftaten verbunden hat.

B. Zweck oder Tätigkeit der Vereinigung: die Begehung von Straftaten

Bei der kriminellen Vereinigung im Sinne des § 129 StGB bestimmt die kriminelle Zielrichtung die Organisation und die Verfassung des Zusammenschlus-

---

330 BGHSt 31, 202 (205); **Hohmann**, wistra 1992, 85 (88).

331 **Langer-Stein**, Legitimation und Interpretation, S. 176, 219 f.; **Lenckner** in Schönke-Schröder, § 129 Rn. 7 a; **Rudolphi** in SK, § 129 Rn. 10.

332 Siehe dazu oben S. 46 ff.

333 BGH NJW 1970, 1280; **Schild**, GA 1982, 55 (65). Siehe dazu auch oben S. 64.

ses [334]. Die Bestimmung stellt als Vorfeldtatbestand Vereinigungen auch dann unter Strafe, wenn ihre Mitglieder noch keine Straftaten begangen haben [335]. Die Besonderheit der Bestimmung besteht gerade darin, daß bereits die kriminelle Vereinigung von Personen bekämpft wird und nicht etwa wie bei der Bande die besonders gefährliche Begehungsweise konkreter Straftaten [336]. Unter Berücksichtigung der Aufgabe des § 129 StGB, die spezifischen Gefahren zu bekämpfen, die in dem planmäßigen Organisieren strafbarer Handlungen liegen [337], müssen sowohl die Organisation der Willensbildung als auch die Ausführung getroffener Entscheidungen zweckrational auf die gemeinschaftliche Planung und Ausführung von Straftaten ausgerichtet sein [338]. In diesem Zusammenhang stellt sich zunächst die Frage, welche strafbaren Verhaltensweisen als Straftaten im Sinne des § 129 StGB in Betracht kommen. Ferner ist zu klären, welche Anforderungen an die Willensbildung innerhalb der Vereinigung zu stellen sind und in welchem Grad sich der Prozeß der Planung und Ausführung strafbarer Aktionen konkretisiert haben muß. Außerdem stellt sich die Frage, in welchem Umfang eine Eingrenzung des Anwendungsbereichs des § 129 StGB durch § 129 Abs. 2 Nr. 2 StGB erfolgt, wonach eine Strafbarkeit nicht in Betracht kommt, wenn die Begehung von Straftaten nur ein Zweck oder eine Tätigkeit von untergeordneter Bedeutung ist.

I. In Betracht kommende Straftaten

1. Straftaten im Sinne des § 129 StGB

Straftaten im Sinne des § 129 StGB sind grundsätzlich [339] alle Verhaltensweisen, die einen Straftatbestand in strafbarer Weise erfüllen [340]. Bloße Ordnungswidrig-

334 **Gräßle-Münscher**, Der Tatbestand der kriminellen Vereinigung, S. 69.

335 BGHSt 27, 325 (328); **Fürst**, Grundlagen und Grenzen, S. 76.

336 **Gräßle-Münscher**, Der Tatbestand der kriminellen Vereinigung, S. 137.

337 BVerfGE 17, 155 (165).

338 **Rudolphi**, Festschrift für Bruns, S. 315 (321); **ders.** in SK, § 129 Rn. 9.

339 Auf die Frage, in welchem Umfang der Kreis der in Betracht kommenden Straftaten im Hinblick auf den Schutzzweck des § 129 StGB einzuschränken ist, soll unten im Zusammenhang mit der Untersuchung der Eingrenzung des Anwendungsbereichs durch § 129 Abs. 2 Nr. 2 StGB eingegangen werden. Siehe unten S. 76 ff., 81.

keiten genügen daher nicht [341]. Im Hinblick darauf, daß die Vereinigung die Begehung von Straftaten bezwecken muß, kommen Fahrlässigkeitsdelikte als Straftaten im Sinne des § 129 StGB nicht in Betracht [342]. Ferner dürfen die Straftaten tatbestandsmäßig nicht bereits mit dem organisatorischen Zusammenschluß der Vereinigung oder seiner Aufrechterhaltung zusammenfallen, sondern müssen ihm zeitlich und logisch nachfolgen [343]. Der Gesetzgeber hat in § 129 Abs. 2 Nr. 3 StGB ausdrücklich klargestellt, daß die sogenannten Organisationsdelikte der §§ 84 - 87 StGB nicht erfaßt sein sollen. Darüberhinaus bleiben auch Straftaten nach § 20 Abs. 1 Nr. 1 bis 4 VereinsG unberücksichtigt, da ansonsten dieselbe Handlung zweimal - nämlich einmal nach § 20 Abs. 1 VereinsG und einmal nach § 129 StGB - bestraft würde [344]. Der BGH hat mit den gleichen Erwägungen [345] die Vorbereitung des Hochverrats nicht als tauglichen Zweck einer kriminellen Vereinigung angesehen. Nicht ausreichend für eine Strafbarkeit nach § 129 StGB ist ferner, wenn die Vereinigung lediglich bezweckt, Straftaten anderer zu billigen oder andere zu Straftaten aufzufordern [346]. Der BGH [347] hat dies damit begründet, die Vereinigung müsse selbst Straftaten begehen; hierfür reiche nicht aus, wenn eine Vereinigung Straftaten anderer billige oder andere zu Straftaten auffordere; solche Verhaltensweisen seien unter den Voraussetzungen der §§ 111, 140, StGB mit Strafe bedroht. **Lenckner** [348] vertritt dagegen die Auffassung, es bestehe nach Sinn und Wortlaut des § 129 StGB kein Anlaß, solche Organisationen auszunehmen, die in strafbarer Weise das Klima für fremde Straftaten schaf-

---

340 BGHSt 7, 6 (8); 28, 147 (150); 31, 202 (207); BGH, NStZ 1995, 340 (341); **v. Bubnoff** in LK, § 129 Rn. 11; **Fürst**, Grundlagen und Grenzen, S. 75; **Rudolphi** in SK, § 129 Rn. 7.

341 **Lenckner** in Schönke/Schröder, § 129 Rn. 6.

342 **v. Bubnoff** in LK, § 129 Rn. 10; **Hassemer**, JuS 1975, 596; **Schafheutle**, JZ 1951, 608 (619).

343 BGHSt 7, 6 (8); BGH, NJW 1954, 1253; **v. Bubnoff** in LK, § 129 Rn. 11; **Rudolphi** in SK, § 129 Rn. 7.

344 **v. Bubnoff** in LK, § 129 Rn. 11; **Lenckner** in Schönke/Schröder, § 129 Rn. 11; **Rudolphi** in SK. § 129 Rn. 7; **Tröndle**, § 129, Rn. 3.

345 BGH, NJW 1954, 1253 (Nr. 22); BGHSt 7, 6 (8).

346 **Fürst**, Grundlagen und Grenzen, S. 82 f.; **Maurach/Schroeder**, Strafrecht BT 2, S. 300; **Rudolphi** in SK, § 129 Rn 7.

347 BGHSt 27, 325 (328).

348 **Lenckner** in Schönke/Schröder, § 129 Rn 7 a.

fen wollten. Dieser Auffassung kann jedoch bereits im Hinblick auf die hier vertretene Ansicht zum Schutzgut des § 129 StGB [349] nicht gefolgt werden. Die Beeinträchtigung des öffentlichen Friedens durch Schaffung des Klimas für fremde Straftaten ist für die Frage der Anwendbarkeit des § 129 StGB nicht aussagekräftig [350]. **Schroeder** [351] übt allerdings an der Begründung der im Ergebnis zur begrüßenden Entscheidung des BGH zu Recht Kritik. Es ist in der Tat kaum nachvollziehbar, wieso eine auf die Begehung von Straftaten nach §§ 111, 140 StGB gerichtete Vereinigung nicht selbst die Begehung von Straftaten bezwecken soll.

2. Anforderungen an die von der kriminellen Vereinigung bezweckten Straftaten

Für das Vorliegen von Straftaten im Sinne des § 129 StGB reicht es nicht aus, daß einzelne Mitglieder nur rechtswidrige, aber nicht schuldhafte Handlungen begehen sollen [352]. Praktische Bedeutung kann dies im Hinblick auf § 14 StGB bei auf die Begehung von Straftaten gerichteten Gruppen von Kindern haben, die von außenstehenden Strafmündigen Unterstützung erhalten. Ferner stellt sich die Frage, ob eine kriminelle Vereinigung anzunehmen ist, wenn nur ein oder zwei Täter schuldhaft handeln [353]. Ausgehend von dem hier vertretenen Schutzzweck des § 129 StGB [354] ließe sich zwar eine Ausdehnung des Anwendungsbereichs der Bestimmung auch auf nur rechtswidrige Straftaten rechtfertigen, da eine Gefährdung der im Besonderen Teil des Strafrechts geschützten Rechtsgüter unabhängig von der strafrechtlichen Verantwortlichkeit der Täter in Betracht kommt. Dies gilt auch, wenn man mit der herrschenden Auffassung im Schrifttum die

---

349 Siehe oben S. 28 f.

350 **Fürst**, Grundlagen und Grenzen, S. 83.

351 **Schroeder**, Die Straftaten gegen das Strafrecht, S. 33; vgl. auch **Fürst**, Grundlagen und Grenzen, S. 83; **Gräßle-Münscher**, Der Tatbestand der kriminellen Vereinigung, S. 100.

352 **Langer-Stein**, Legitimation und Interpretation, S. 218; **Rudolphi** in SK, § 129 Rn. 7.

353 Vgl. in diesem Zusammenhang auch BGHSt 31, 202 (205 f.). Der BGH hat in dieser Entscheidung ausgeführt, das Erfordernis des mitgliedschaftlichen Zusammenwirkens von mindestens drei Personen bei Gründung oder Betätigung der Vereinigung lasse bereits diejenigen Fälle aus der Tatbestandsmäßigkeit herausfallen, in denen neben einem eingeweihten Tatgenossen nur gutgläubige Strohmänner eingeschaltet gewesen seien, die Kenntnis weder vom Tatschema noch von der strafbaren Zielsetzung der Subunternehmen gehabt hätten.

354 Siehe oben S. 28 f.

innere Sicherheit - insbesondere ein "allgemeines Sicherheitsgefühl" [355] - als Schutzgut des 129 StGB ansieht, da das Sicherheitsgefühl der Bevölkerung auch durch Handlungen schuldunfähiger Täter beeinträchtigt werden kann [356]. Einer Ausdehnung des Anwendungsbereichs auf lediglich rechtswidrige Taten steht jedoch der Wortlaut des § 129 Abs. 1 StGB entgegen, der nur die Formulierung "Straftaten" ohne den Zusatz "rechtswidrig" enthält. Im Hinblick auf Art. 103 Abs. 2 GG kann eine Einbeziehung nur rechtswidriger, aber nicht schuldhafter Taten daher allenfalls in Betracht kommen, wenn die in § 129 Abs. 1 StGB verwendete Formulierung auf ein Redaktionsversehen des Gesetzgebers zurückzuführen ist. Das ist - wie **Langer-Stein** [357] ausführt - jedoch nicht der Fall, da der Gesetzgeber die Formulierung "Straftaten" bei § 129 StGB gerade deshalb eingefügt hat, um die Anpassung an den neu definierten Begriff für tatbestandsmäßiges, rechtswidriges und schuldhaftes Handeln herzustellen. Ferner spricht gegen ein Redaktionsversehen der Umstand, daß der Gesetzgeber in § 126 Abs. 2 StGB im Gegensatz zu § 129 StGB die Ausdehnung der Bestimmung auf lediglich rechtswidrige Taten ausdrücklich vorgesehen hat. De lege ferenda wäre eine Ausdehnung des Anwendungsbereichs des § 129 StGB auch auf nur rechtswidrige Taten denkbar, um einer Gefährdung der im Besonderen Teil des Strafrechts geschützten Rechtsgüter entgegenzuwirken [358].

II. Kollektiver Wille zur Begehung strafbarer Aktionen

1. Anforderungen an die Willensbildung innerhalb der Vereinigung

Die Zwecke oder die Tätigkeit einer Vereinigung sind dann auf die Begehung von Straftaten gerichtet, wenn der Zusammenschluß das Ziel verfolgt, strafbare Handlungen zu begehen, und wenn er daraufhin auch seiner inneren Struktur nach

---

355 **Lenckner** in Schönke/Schröder, § 129 Rn. 1; vgl. auch **Lackner**, § 129 Rn. 1.

356 **Langer-Stein**, Legitimation und Interpretation, S. 218 (Fußnote 4) weist allerdings zu Recht darauf hin, es erscheine fraglich, ob in diesem Fall auch die Staatsautorität gefährdet sei, da das typische Moment der Auflehnung nur bei verantwortlich handelnden Personen gegeben sein dürfte.

357 **Langer-Stein**, Legitimation und Interpretation, S. 217 f. unter Hinweis auf Entwurf des EGStGB, BT-Drucksache 7/550, S. 191. Vgl. auch **Schroeder**, Die Straftaten gegen das Strafrecht, S. 17.

358 Vgl. auch **Langer-Stein**, Legitimation und Interpretation, S. 218.

angelegt ist [359]. Der BGH [360] hat sich mit den Anforderungen an die Willensbildung innerhalb einer Vereinigung in Rahmen einer Entscheidung auseinandergesetzt, die sich mit der Frage befaßte, ob eine kriminelle Vereinigung durch Umwandlung eines legalen Zwecken dienenden Zusammenschlusses von Personen in eine Vereinigung, deren Zwecke oder Tätigkeiten darauf gerichtet sind, Straftaten zu begehen, gegründet werden kann. Er hat in diesem Zusammenhang für die kriminelle Zielsetzung als ausreichend angesehen, wenn sich die in der Vereinigung zusammengefaßten Mitglieder bewußt seien, daß es bei der Verfolgung ihrer Pläne - nicht nur gelegentlich oder beiläufig (vgl. hierzu § 129 Abs. 2 Nr. 2 StGB) - zur Begehung erheblicher Straftaten kommen könne und daß sie dies auch wollten. Dies liege bei einer Vereinigung, die sich zum "bewaffneten Kampf" verabrede, nahe, auch wenn die Begehung bestimmter Straftaten noch nicht geplant gewesen sei. **Ostendorf** [361] hat kritisiert, daß damit der dolus eventualis mit der vorformulierten Absicht, die das Gesetz verlange, gleichgesetzt werde. Den Ausführungen des BGH kann unter Berücksichtigung des Wortlauts des § 129 Abs. 1 StGB - insbesondere der Formulierungen "Zwecke" und "gerichtet" - nicht gefolgt werden. Vielmehr ist der Formulierung "deren Zwecke oder deren Tätigkeit darauf gerichtet sind, Straftaten zu begehen" zu entnehmen, daß innerhalb der Organisation die Absicht, Straftaten zu begehen, bestehen muß. Diese innerhalb der Vereinigung bestehende Absicht gehört zum objektiven Tatbestand des § 129 StGB [362]. Denn es ist nach dem Wortlaut der Bestimmung die

---

359 **Lenckner** in Schönke/Schröder, § 129 Rn. 7; **Rudolphi** in SK, § 129 Rn. 9. **Lampe**, ZStW 106 (1994), 683 (696), führt in diesem Zusammenhang aus, die Begehung von Straftaten sei sowohl das Charakteristikum der kriminellen Vereinigung als auch das Bildungselement ihres Systems. Dieses Ziel bestimme sowohl den internen Aufbau ihrer Organisation als auch ihr Erscheinungsbild nach außen.

360 BGHSt 27, 325 (328). In dem von dem BGH entschiedenen Fall war es dem eine Jugendstrafe verbüßenden Angeklagten gelungen, eine Gruppe von Mitgefangenen um sich zu sammeln, deren Bestreben darauf gerichtet war, zunächst die Haftbedingungen zu verbessern und später, auf der Grundlage linksradikal-anarchistischer Anschauungen die Gefängnisse überhaupt zu beseitigen und die bestehende Gesellschaftsordnung umzustürzen. Das Landgericht vermochte nicht mit der für eine Verurteilung erforderlichen Sicherheit festzustellen, daß die Vereinigung die Begehung von Straftaten anstrebte oder daß ihre Tätigkeit in der Begehung von Straftaten bestand.

361 **Ostendorf**, JA 1980, 499 (501).

362 **Ostendorf** in AK, § 129 , Rn. 13.

Vereinigung, die Straftaten bezwecken oder begehen muß [363]. Nur bedingter Vorsatz innerhalb eines Zusammenschlusses genügt daher insoweit nicht [364].

Für die Feststellung der Zielsetzung der Vereinigung ist auf den Willen der für die Willensbildung innerhalb des Zusammenschlusses maßgeblichen Personen abzustellen [365]. Dabei kommt es auf eine förmliche Organstellung dieser Personen nicht an [366]. Der Billigung der Entscheidungen der für die Willensbildung innerhalb eines Zusammenschlusses maßgeblichen Personen durch die einzelnen Mitglieder bedarf es nicht [367]. Es ist - wie oben bereits ausgeführt worden ist [368] - vielmehr ausreichend, daß sich die Mitglieder dem Gruppenwillen unterwerfen und die Führungs- und Entscheidungsstrukturen anerkennen. Jedoch muß ein Konsens der Mitglieder der Vereinigung bestehen, die beabsichtigten Straftaten gemeinschaftlich, nämlich als solche der kriminellen Vereinigung zu begehen. Die Begehung von Straftaten muß für die Vereinigung ferner ein solches Gewicht haben, daß sie dadurch in ihrer Zielsetzung und Struktur zumindest mitgeprägt ist [369]. Das bedeutet, daß die Organisation der Vereinigung sowohl hinsichtlich der Willensbildung, als auch hinsichtlich der Umsetzung der getroffenen Entscheidungen auf den Zweck der gemeinschaftlichen Begehung von Straftaten angelegt sein muß [370]. Dagegen braucht die Begehung strafbarer Handlungen nicht

---

363 Davon sind die Anforderungen an die Kenntnis der einzelnen Täter von den für das Vorliegen einer kriminellen Vereinigung erforderlichen Umständen zu unterscheiden. Siehe dazu unten S. 83 f.

364 **Ostendorf**, JA 1980, 499 (501); **ders.** in AK, § 129 Rn. 13; **Rudolphi** in SK, § 129 Rn. 11.

365 BGH bei Wagner, GA 1960, 230 (Nr. 4); **Maurach/Schroeder/Maiwald**, Strafrecht BT 2, S. 369 (Rn. 5).

366 BGHSt 7, 222 (225); **Lenckner** in Schönke/Schröder, § 129 Rn. 7.

367 Vgl. BGHSt 7, 222 (225); **v. Bubnoff** in LK, § 129 Rn. 7.

368 Siehe oben S. 36 ff., 41 f.

369 **Lenckner** in Schönke/Schröder, § 129 Rn. 7; **Rudolphi**, Festschrift für Bruns, S. 315 (322); vgl. auch **Gräßle-Münscher**, Der Tatbestand der kriminellen Vereinigung, S. 68 f., der ausführt, die kriminelle Vereinigung sei ein von seiner kriminellen Zweckrichtung her definierter und geformter Zusammenschluß. Die kriminelle Zielrichtung bestimme den inneren Zusammenhang und die Organisation der Vereinigung und gebe ihr eine kriminelle Verfassung.

370 **Rudolphi** in SK, § 129 Rn 9; vgl. auch **Lampe**, ZStW 106 (1994), 683 (707).

Hauptzweck, Endziel oder ausschließliche Tätigkeit der Vereinigung zu sein [371]. Es genügt daher, wenn die Begehung von Straftaten lediglich als Mittel zur Erreichung anderer Ziele geplant ist [372]. Die Anforderungen an die Zielsetzung der kriminellen Vereinigung überschneiden sich mithin nicht nur mit den Voraussetzungen für eine organisierte Willensbildung, sondern auch mit den Anforderungen an das koordinierte Zusammenwirken der Mitglieder [373]. Es ist daher erforderlich, daß die Mitglieder auch bei der Ausführung getroffener Entscheidungen im Rahmen eines auf die Begehung von Straftaten gerichteten Gesamtwillens der Gruppe handeln, dem sich die einzelnen Mitglieder unterworfen haben.

2. Konkretisierung der Planung strafbarer Aktionen

Da eine Strafbarkeit nach § 129 Abs. 1 StGB die Begehung der das Ziel der Vereinigung bildenden Straftaten nicht voraussetzt, ist zu untersuchen, ab welchem Stadium der Realisierung der auf die Begehung von Straftaten gerichteten Zielsetzung eine Strafbarkeit angenommen werden kann. Dabei genügt die bloße Verabredung einer Straftat schon deshalb noch nicht für eine Strafbarkeit nach § 129 StGB, weil sonst der auf die Verabredung von Verbrechen beschränkte Tatbestand des § 30 StGB über Gebühr ausgedehnt und die gemeinschaftlich betriebene Vorbereitungshandlung zu jeder Art von Straftat unter Strafe gestellt würde [374].

a) Darstellung des Meinungsstandes

Der BGH [375] hat eine hinreichende Konkretisierung hinsichtlich der Begehung von Straftaten bereits angenommen, wenn es bei einem Zusammenschluß nahe

---

371 BGHSt 15, 259 (260); BGH, NJW 1966, 310 (312); BGH, NJW 1975, 985; BGHSt 27, 325 (326); zur Eingrenzung des Anwendungsbereichs durch § 129 Abs. 2 Nr. 2 StGB siehe unten S. 76 ff.

372 BGH, NJW 1975, 985; **Ostendorf** in AK, § 129 Rn. 13. Eine über das Ziel bloßer Begehung von Straftaten hinausgehende Zielsetzung eines Personenzusammenschlusses kann sogar zu einem festeren und geschlosseneren Zusammenhang und zu einer dieser Zielsetzung dienenden Organisation führen, vgl. BGH, NStZ 1982, 68. Siehe dazu auch oben S. 37 f.

373 Siehe dazu oben S. 43 ff.

374 **v. Bubnoff** in LK, § 129 Rn. 4; **Maurach**, Strafrecht BT, S. 671; **Rudolphi** in SK, § 129 Rn. 10.

375 BGHSt 27, 325 (328); vgl. auch **Lenckner** in Schönke/Schröder, § 129 Rn. 7 a.

liege, daß es zu strafbaren Handlungen komme, auch wenn die Begehung bestimmter Straftaten noch nicht geplant sei. Diese Entscheidung hat im Schrifttum erhebliche Kritik erfahren [376]. **Ostendorf** [377] macht geltend, mit ihr würden die Grenzen der Strafbarkeit nach § 129 StGB vollends verwischt. **Arzt** [378] befürchtet, daß mit dieser Argumentation der revolutionäre Träumer kriminalisiert werde. Ferner wird die Parallele zu § 30 StGB gezogen, nach dem eine Strafbarkeit voraussetze, daß die Vorbereitung zur Planung bestimmter Verbrechen geführt habe; dementsprechend könne eine Strafbarkeit nach § 129 StGB ebenfalls frühestens bei der Planung einer ersten, bestimmten Tat beginnen [379]. Wenn nicht zumindest die erste Tat konkret geplant sei, könne nicht von einer erhöhten Gefährlichkeit eines Zusammenschlusses ausgegangen werden [380]. In die gleiche Richtung gehen die Ausführungen von **Langer-Stein** [381], die für eine Strafbarkeit erforderliche erhöhte Gefährlichkeit eines Zusammenschlusses - die in der Minderung der Verantwortung der Mitglieder gesehen wird - könne erst dann angenommen werden, wenn die Gruppe sich mit der Begehung einer Tat auseinandersetze und sich dabei gegenseitig bestärke sowie durch Vornahme einer Arbeitsteilung einen individuellen Hemmungsabbau eingeleitet habe.

Dagegen ist nach der überwiegenden Auffassung im Schrifttum [382] für eine Strafbarkeit nicht erforderlich, daß die Vorbereitungen der Gruppe bereits bis zur Planung einzelner, bestimmter Straftaten fortgeschritten sind. Vielmehr bestehe die spezifische Eigendynamik einer kriminellen Vereinigung bereits ab dem Stadium, in dem die grundsätzliche Bereitschaft der Gruppe zu strafbaren Handlungen in ersten Realisierungsmaßnahmen manifestiert werde. Eine Strafbarkeit nach § 129 StGB kann nach dieser Auffassung dann bejaht werden, wenn Einzelne vereinbarungsgemäß die Phase der Diskussion und Planung verlassen und durch Vorbereitungshandlungen wie Beschaffung von Informationen, Ausspähung, Auf-

---

376 **Arzt/Weber**, LH 5, Rn. 50; **Fürst**, Grundlagen und Grenzen, S. 78 ff.; **Gräßle-Münscher**, Der Tatbestand der kriminellen Vereinigung, S. 97 ff.; **Ostendorf**, JA 1980, 499 (501); **Rudolphi** in SK, § 129 Rn. 9.

377 **Ostendorf**, JA 1980, 499 (501).

378 **Arzt/Weber**, LH 5, Rn. 50.

379 Vgl. auch **Weber**, Beiheft zur ZStW 1987, 1 (31).

380 **Arzt/Weber**, LH 5, Rn. 50.

381 **Langer-Stein**, Legitimation und Interpretation, S. 221.

382 **v. Bubnoff** in LK, § 129 Rn. 7; **Fürst**, Grundlagen und Grenzen, S. 79 f.; **Ostendorf** in AK, § 129 Rn. 5; **Rudolphi** in SK, § 129 Rn. 9.

gabenverteilung und ähnliches die Gefahr für den Bestand von Rechtsgütern objektiv erhöhen und in der Vereinigung einen kriminellen Entwicklungsschub auslösen [383].

b) Stellungnahme

Wenn man für eine Strafbarkeit die bloße Neigung einer Gruppe zu strafbaren Handlungen genügen läßt, ergeben sich Bedenken hinsichtlich der Bestimmtheit des pönalisierten Verhaltens. Denn eine Strafbarkeit bereits im Hinblick auf vage gehaltene Zielsetzungen einer Gruppe erlaubt eine objektivierbare und hinreichend voraussehbare Umschreibung des strafbaren Verhaltens nicht [384]. Dies wird insbesondere unter Berücksichtigung des Umstandes deutlich, daß ohne Feststellung einer innerhalb des Zusammenschlusses bestehenden konkreten Planung nicht einmal ersichtlich ist, daß die Gruppe in nachvollziehbarer Weise Gefahren für bestimmte Rechtsgüter auszulösen vermag. Bestraft werden könnte daher - entsprechend der Befürchtung von **Arzt** [385] - letztlich auch eine sich in der Gruppe entwickelnde "böse" Gesinnung. Vom Tatsächlichen her ist in diesem Zusammenhang ferner zu berücksichtigen, daß eine vage gehaltene Zielsetzung eines Zusammenschlusses kaum nachzuweisen sein dürfte [386]. Dies gilt insbesondere unter Berücksichtigung des Umstands, daß in dem Stadium der Entwicklung bloß vager Zielsetzungen mangels feststellbarer Handlungen zur Umsetzung von Planungen konkrete Anhaltspunkte für die Ermittlung der tatsächlichen Ziele des Zusammenschlusses fehlen. Für eine Strafbarkeit nach § 129 StGB ist daher zu fordern, daß innerhalb des Zusammenschlusses eine Bereitschaft zur Begehung strafbarer Handlungen besteht, die sich in konkreten Planungen und Handlungen zur praktischen Umsetzung der Planungen äußert. Denn ab diesem Zeitpunkt ist erkennbar, daß die Gruppe durch ihr objektives Verhalten die Gefährdung von Rechtsgütern erwarten läßt. Erst dann ist die Grenze zwischen bloßer Neigung eines Zusammenschlusses zu deliktischem Handeln und einer sich in konkreten Vorbereitungshandlungen manifestierenden auf die Begehung von Straftaten gerichteten Zielsetzung einer kriminellen Vereinigung überschritten. Ferner läßt sich erst ab diesem Zeitpunkt die auf die Begehung von Straftaten hindrängende Eigendynamik innerhalb einer Vereinigung feststellen.

---

383 **Fürst**, Grundlagen und Grenzen, S. 80.

384 **Fürst**, Grundlagen und Grenzen, S. 80.

385 **Arzt/Weber**, LH 5 Rn. 50.

386 Vgl. **Hill**, Vorgänge, Nr. 20, 1976, S. 30 (35).

Erst wenn Handlungen zur praktischen Umsetzung der auf die Begehung von Straftaten gerichteten Ziele eines Zusammenschlusses ausgeführt werden, ist ersichtlich, daß die auf die Begehung strafbarer Handlungen drängenden Momente ein die Willensbildung und Struktur der Vereinigung bestimmendes Übergewicht erlangt haben, das geeignet ist, individuelle Hemmungen und persönliche Verantwortung der einzelnen Mitglieder zu überspielen und eine spätere Umkehr zu erschweren [387].

Die Bejahung einer auf die Begehung von Straftaten gerichteten Zielsetzung einer Vereinigung setzt jedoch nicht voraus, daß die Vorbereitungen der Vereinigung sich bereits in dem Stadium der Planung des Ablaufs einzelner, bestimmter Straftaten befinden. Wie oben bereits ausgeführt worden ist, kann die spezifische Eigendynamik einer kriminellen Vereinigung sich vielmehr bereits ab dem Stadium entfalten, in dem die grundsätzliche Bereitschaft zur Begehung strafbarer Handlungen sich in konkreten Planungen und Handlungen zur praktischen Umsetzung der Planungen äußert. Es genügt daher, daß die Vereinigung in ihrem wesentlichen Ablauf - insbesondere auch hinsichtlich der Art und des Ziels der Straftaten - bestimmte strafbare Handlungen plant und sie durch Handlungen wie Ausspähung von Gelegenheiten, Beschaffung von Informationen und Material sowie Aufgabenverteilung vorbereitet. Nicht erforderlich ist dagegen das Vorhandensein einer konkreten Planung hinsichtlich Ort, Zeit und Gegenstand einer bestimmten Tat.

3. Konkretisierung der Planung hinsichtlich mehrerer strafbarer Aktionen

Ausgehend von der Frage, welche Konkretisierung die Planung strafbarer Handlungen für eine Strafbarkeit nach § 129 StGB erfordert [388], stellt sich die weitere Frage nach den Anforderungen an die Konkretisierung der Planung hinsichtlich der Begehung mehrerer strafbarer Aktionen. Diese Frage ist mit dem Einzelmerkmal der Dauerhaftigkeit des Zusammenschlusses verknüpft. In diesem Zusammenhang ist oben [389] bereits ausgeführt worden, daß die Planung mehrerer - jedoch nicht notwendig einer unbestimmten Zahl - strafbarer Aktionen erforderlich ist, da eine Vereinigung nur dann die spezifische die Ausführung mehrerer strafbarer Aktionen begünstigende Eigendynamik entfalten kann, die ihre beson-

---

387 **Fürst**, Grundlagen und Grenzen, S. 79.

388 Siehe dazu oben S. 72 ff.

389 Siehe oben S. 46 ff., 49.

dere Gefährlichkeit begründet [390]. Hier ist daher lediglich noch darauf einzugehen, welchen Grad der Konkretisierung die Planung der über eine selbständige strafbare Aktion hinausgehenden weiteren Straftatenkomplexe aufweisen muß. Dabei ist vom Strafgrund des § 129 StGB auszugehen. Die spezifische Eigendynamik und die darauf beruhende Gefährlichkeit einer kriminellen Vereinigung entsteht bereits dann, wenn ein Zusammenschluß eine vom Gesamtwillen getragene strafbare Aktion plant und durch koordiniertes Zusammenwirken einen individuellen Enthemmungsprozeß eingeleitet hat. Sobald innerhalb eines Zusammenschlusses die Bereitschaft zur Begehung strafbarer Handlungen besteht, eine in ihrem wesentlichen Ablauf bestimmte strafbare Aktion geplant wird und Handlungen zur praktischen Umsetzung der Planung unternommen werden, kann er aufgrund der in ihm stattfindenden gruppendynamischen Prozesse die erforderliche, auf die Begehung weiterer Straftaten hindrängende Eigendynamik entfalten. Hat sich eine Vereinigung unter diesen Umständen einmal für die Begehung strafbarer Aktionen entschieden, können daher die über eine erste strafbare Aktion hinausgehenden weiteren von ihr ins Auge gefaßten Taten im Hinblick auf den einmal in Gang gesetzten Enthemmungsprozeß vage bleiben [391].

III. Eingrenzung des Anwendungsbereichs durch § 129 Abs. 2 Nr. 2 StGB und im Hinblick auf den Schutzzweck des § 129 StGB

§ 129 Abs. 2 Nr. 2 StGB sieht vor, daß Vereinigungen nicht unter den Tatbestand fallen, bei denen die Begehung von Straftaten nur ein Zweck oder eine Tätigkeit von untergeordneter Bedeutung sind. Die Begrenzung des Anwendungsbereichs des § 129 Abs. 1 StGB durch diese Bestimmung beruhte vor allem auf der Erwägung, daß die Betätigung von und für Vereinigungen mit politischem Charakter nicht unterbunden werden sollte [392]. Für die Eingrenzung der von § 129 Abs. 2 Nr. 2 StGB erfaßten Fälle ist entscheidend, an welchem Bezugsrahmen die untergeordnete Bedeutung von Straftaten zu messen ist. In diesem Zusammenhang denkbare Bezugsrahmen sind die Gesamtrechtsordnung und der Gesamtzweck der Vereinigung. Darüberhinaus soll im folgenden untersucht werden, ob auch unabhängig von § 129 Abs. 2 Nr. 2 StGB im Hinblick auf den Schutzzweck des § 129 StGB eine Einschränkung des Kreises der in Betracht kommenden Straftaten möglich ist.

390 Vgl. **Rudolphi**, Festschrift für Bruns, S. 315 (321).

391 So auch **Langer-Stein**, Legitimation und Interpretation, S. 221, die allerdings die konkrete Planung einer ersten Tat für erforderlich hält.

392 Vgl. Bericht des Ausschusses für Inneres zum Regierungsentwurf eines Vereinsgesetzes, BT-Drucksache 4/Nr. 2145 (neu), S. 8.

1. Darstellung des Meinungsstandes

a) Die Position der Rechtsprechung

Der BGH [393] hat in der ersten Hausbesetzerentscheidung darauf abgestellt, daß das Vorgehen der Hausbesetzer nicht auf die Begehung mehr oder minder unbedeutender Straftaten beschränkt, sondern vielmehr auf die Vorbereitung und die Durchführung strafbarer Handlungen von erheblichem Gewicht gerichtet gewesen sei. Bei einer solchen Sachlage sei für eine Anwendung des § 129 Abs. 2 Nr. 2 StGB kein Raum. Der BGH ist in dieser Entscheidung mithin von der Gesamtrechtsordnung als Bezugsrahmen ausgegangen, an dem die untergeordnete Bedeutung von Straftaten zu messen ist. Dagegen hat der BGH [394] in einer älteren Entscheidung die Anwendung des § 129 Abs. 2 Nr. 2 StGB mit der Begründung abgelehnt, die Straftaten seien von den Vereinigungen als wichtiges und unentbehrliches Mittel ihrer verfassungsfeindlichen Bestrebungen gedacht und gewollt gewesen. In dieser Entscheidung ist die Bedeutung der Straftaten also im Hinblick auf den von der Vereinigung verfolgten Gesamtzweck beurteilt worden. In einer in jüngster Zeit ergangenen Entscheidung ist der BGH [395] ebenfalls von dem Gesamtzweck der Vereinigung als Bezugsrahmen des § 129 Abs. 2 Nr. 2 StGB ausgegangen. Die Wertung nach dieser Bestimmung sei auf die gesamten

---

393 BGH, NJW 1975, 985 (986); vgl. auch LG Berlin, NStZ 1982, 203, das hinreichenden Tatverdacht mit der Begründung verneint hat, es sei nicht ersichtlich, daß die Zwecke der Vereinigung darauf gerichtet gewesen seien, schwerwiegende Straftaten, das heißt solche von erheblichem Gewicht zu begehen. Dafür reichten Straftaten mit geringerem Unrechtsgehalt, wie ein in der Besetzung eines Hauses liegender Hausfriedensbruch ebensowenig aus wie ein damit einhergehender Stromdiebstahl und ein nur durch Verbarrikadierung des Gebäudes geplanter Widerstand gegen eine mögliche polizeiliche Räumung.

394 BGHSt 20, 87 (88). In dem von dem BGH zu entscheidenden Fall bestand die Tätigkeit von drei Vereinigungen hauptsächlich in planmäßiger, mit häufiger Begehung von Straftaten nach §§ 185, 187, 187 a StGB verbundener Hetze gegen die Bundesregierung und die Justizorgane.

395 BGH, NStZ 1995, 340 ff. In der Entscheidung ging es um die Frage, ob Mitglieder einer rechtsextremistischen Vereinigung, die Plakatierungs- und Sprühaktionen mit ausländer- und fremdenfeindlichen Parolen planen und ausführen, eine kriminelle Vereinigung bilden. Das Landgericht hatte die geplanten und begangenen Sachbeschädigungen durch Sprühaktionen nur als eine Tätigkeit von untergeordneter Bedeutung im Rahmen der Zweckverfolgung und Tätigkeit für die Vereinigung angesehen, welche die Anwendung von § 129 Abs. 1 StGB nach Abs. 2 Nr. 2 der Bestimmung nicht zulasse. Auch gemessen am kriminellen Gewicht handele es sich im Hinblick auf Art und Umfang der verursachten Substanzverletzungen lediglich um Taten von untergeordneter Bedeutung.

Zwecke und Tätigkeiten der Vereinigung bezogen. Die Frage der untergeordneten Bedeutung nach § 129 Abs. 2 Nr. 2 StGB lasse sich nicht zeitlich allgemein gültig für alle in Betracht kommenden strafbaren Aktionen beantworten. Vielmehr müßten die konkreten Zielsetzungen der Aktionen festgestellt und inhaltlich in Bezug zu den Zwecken der Vereinigung gesetzt werden. Die Begehung von Straftaten sei jedenfalls dann nicht von untergeordneter Bedeutung, wenn sie zwar nur einen von mehreren Zwecken der Vereinigung darstellen würde, dieser Zweck aber wenigstens in dem Sinne wesentlich und damit gleichgeordnet mit den anderen sei, daß durch das strafrechtswidrige Verhalten das Erscheinungsbild der Vereinigung aus der Sicht informierter Dritter mitgeprägt werde. Ob der Begehung von Straftaten eine solche das Erscheinungsbild der Vereinigung mitprägende Bedeutung zukomme, sei nicht allein an den begangenen Taten, sondern vor allem an den Planungen und an der Häufigkeit entsprechender Tataufforderungen durch bestimmende Mitglieder der Vereinigung zu messen. Die gelegentliche oder beiläufige Begehung von Straftaten reiche nicht aus [396]. Unabhängig von § 129 Abs. 2 Nr. 2 StGB ist der BGH in dieser Entscheidung ferner unter Hinweis auf das Schutzgut des § 129 StGB von einer Einschränkung des Kreises der in Betracht kommenden Straftaten ausgegangen. Mit der Bestimmung solle im Sinne einer Vorverlagerung des Rechtsgüterschutzes erhöhten Gefahren begegnet werden, die im Falle der Planung und Begehung von Straftaten von festgefügten Organisationen aufgrund der ihnen innewohnenden Eigendynamik für die öffentliche Sicherheit ausgehen können. Daran gemessen sei § 129 Abs. 1 StGB, nicht zuletzt auch wegen des Verhältnismäßigkeitsgrundsatzes und wegen der Bedeutung des Vergehens als Katalogtat für besondere strafprozessuale Maßnahmen, nur anwendbar, wenn die begangenen und/oder geplanten Straftaten der Mitglieder eine erhebliche Gefahr für die öffentliche Sicherheit bedeuten würden [397], wenn sie somit unter diesem Blickwinkel von einigem Gewicht seien. Diese Beurteilung werde nicht allein von einer an den Strafdrohungen ausgerichteten Betrachtung bestimmt. Maßgeblich sei eine Gesamtwürdigung der begangenen und/oder geplanten Straftaten unter Einbeziehung aller Umstände, die für das Maß der Gefährdung der öffentlichen Sicherheit von Bedeutung sein könnten [398]. Der BGH gelangt auf dieser Grundlage zu dem Ergebnis, daß Sachbeschädigungen durch Farbsprühaktionen nicht allgemein aus dem Kreis der Straftaten ausgeschieden werden können, die für § 129 Abs. 1 StGB in Betracht kommen. Einzubeziehen in die Beurteilung der Erheblichkeit von Gefahren, die von geplanten oder begangenen Straftaten für die öffentliche Sicherheit ausgehen würden, seien

---

396 BGH, NStZ 1995, 340 (342 f.).

397 Vgl. auch bereits BGHSt 31, 202 (207).

398 BGH, NStZ 1995, 340 (341).

auch die Zeitverhältnisse als Rahmen und Hintergrund des in Frage stehenden strafrechtswidrigen Verhaltens. Bei der Würdigung der als Sachbeschädigungen strafbaren Sprühaktionen dürften daher die Wirkungen von ausländerfeindlichen Inhalten der Parolen nicht ausgeklammert werden [399].

b) Der Meinungsstand im Schrifttum

Im Schrifttum wird überwiegend die Auffassung vertreten, die Bedeutung der bezweckten Straftaten sei im Hinblick auf den von der Vereinigung verfolgten Gesamtzweck zu beurteilen [400]. Nach dem Wortlaut und der Entstehungsgeschichte des § 129 Abs. 2 Nr. 2 StGB sei Bezugsrahmen für die Beurteilung, ob die Begehung von Straftaten nur ein Zweck oder eine Tätigkeit von untergeordneter Bedeutung sei, allein der Gesamtzweck beziehungsweise die gesamte Tätigkeit der Vereinigung. Daneben werden von Vertretern dieser Auffassung unter Hinweis auf den Schutzzweck des § 129 StGB jedoch weitere Einschränkungen verlangt. **Lenckner** [401] fordert, daß es sich bei der Vereinigung um eine solche handeln müsse, die eine erhebliche Gefahr für die öffentliche Sicherheit darstelle. **Fürst** [402] verlangt, daß Gruppierungen, die sich im Bereich der Bagatellkriminalität bewegen und daher nicht dem Strafgrund des § 129 StGB entsprechen, eindeutig aus dem Tatbestand ausgeschieden werden sollen. In diesem Zusammenhang führt **v. Bubnoff** [403] aus, als weiterer Bewertungsaspekt könne ein besonderes Gewicht der Taten Bedeutung erlangen.

Arzt [404] ist der Auffassung, das Merkmal der "untergeordneten Bedeutung" in § 129 Abs. 2 Nr. 2 StGB habe einen absoluten und einen relativen Gehalt. Bei Bagatelltaten sei die Vorverlagerung der Strafbarkeit verfehlt. Deshalb sei bei absoluter Bedeutungslosigkeit § 129 Abs. 1 StGB nicht anwendbar, selbst wenn solche Taten das Hauptziel der Vereinigung seien. Als Beispiel führt **Arzt** an, eine Schaustellerfamilie werde nicht dadurch zu einer kriminellen Vereinigung,

---

399 BGH, NStZ 1995, 340 (341 f.).

400 **v. Bubnoff** in LK, § 129 Rn. 14; **Fürst**, Grundlagen und Grenzen, S. 92, 94; **Lenckner** in Schönke/Schröder, § 129 Rn. 10; **Ostendorf** in AK, § 129 Rn. 24.

401 **Lenckner** in Schönke/Schröder, § 129 Rn. 3, 10.

402 **Fürst**, Grundlagen und Grenzen, S. 94.

403 **v. Bubnoff** in LK, § 129 Rn. 14.

404 **Arzt/Weber**, LH 5 Rn. 49.

daß sie auf Volks- und Schützenfesten Stichwaffen verkaufe. **Hohmann** [405] stützt auf die weite Vorverlagerung des Rechtsgüterschutzes und auf § 129 Abs. 2 Nr. 2 StGB seine Auffassung, § 129 Abs. 1 StGB erfasse nur solche Vereinigungen, deren Zwecke oder Tätigkeit auf die Begehung von Straftaten von erheblichem Gewicht, wie Delikte gegen das Leben, gegen die körperliche Unversehrtheit oder gegen die persönliche Freiheit, gerichtet seien. Entscheidendes Kriterium sei die Intensität der drohenden Rechtsgutsverletzung. Vereinigungen, deren Bestrebungen auf die Begehung von Straftaten der leichteren und mittleren Kriminalität gerichtet seien, könnten nicht als kriminelle Vereinigungen eingestuft werden. Insbesondere erfüllen nach Auffassung von **Hohmann** Vereinigungen, die Wirtschaftsstraftaten begehen wollen, die Anforderungen des § 129 StGB nicht.

2. Stellungnahme

Für eine Beurteilung der Bedeutung der Straftaten mittels des von der Vereinigung verfolgten Gesamtzwecks spricht der Wortlaut des § 129 Abs. 2 Nr. 2 StGB, der im Zusammenhang mit der Formulierung "von untergeordneter Bedeutung" auf Zweck oder Tätigkeit der Vereinigung abstellt. Die Heranziehung des Gesamtzwecks der Vereinigung als Bezugsrahmen entspricht ferner auch dem Gesetzeszweck, da die Taten aus dem Anwendungsbereich der Bestimmung herausgenommen werden sollten, die im Verhältnis zu der sonstigen Tätigkeit der politischen Vereinigungen von untergeordneter Bedeutung sind [406]. Dabei dachte der Gesetzgeber an Fallgestaltungen, bei denen Anhänger solcher Vereinigungen in Verfolgung ihrer Ziele häufiger vorkommende strafbare Handlungen von geringer Bedeutung, wie Abreißen von Plakaten, Beschmieren von Hauswänden, zu Körperverletzungen führendes Randalieren in politischen Versammlungen oder Verunglimpfung von politischen Gegnern begehen. Mit dem Tatbestandsausschluß sollte mithin dem Anliegen entsprochen werden, den durch die Vorverlagerung des Strafschutzes in das Vorbereitungsstadium bedingten Widerstreit mit politisch-demokratischen Grundfreiheiten - zu denken ist insbesondere an das Recht auf politische Betätigung und das Versammlungsrecht - zu entschärfen [407]. Im folgenden soll daher davon ausgegangen werden, daß im Rahmen des § 129 Abs. 2 Nr. 2 StGB die Bedeutung der bezweckten Straftaten im Hinblick auf den von der Vereinigung verfolgten Gesamtzweck zu beurteilen ist.

---

405 **Hohmann**, wistra 1992, 85 (86 f.).

406 Vgl. Bericht des Ausschusses für Inneres zum Regierungsentwurf eines Vereinsgesetzes, BT-Drucksache 4/Nr. 2145 (neu), S. 8.

407 **Ostendorf** in AK, § 129 Rn. 2.

Da sich § 129 Abs. 2 Nr. 2 StGB auf den Gesamtzweck der Vereinigung bezieht, ist die Bestimmung zur Ausgrenzung von Taten mit Bagatellcharakter nicht geeignet. Zudem werden rein kriminelle Vereinigungen von § 129 Abs. 2. Nr. 2 StGB nicht erfaßt. Insoweit läßt sich eine Einschränkung der in Betracht kommenden strafbaren Verhaltensweisen nur ausgehend von dem Schutzzweck des § 129 StGB erreichen. Der BGH [408] vertritt in diesem Zusammenhang zutreffend die Auffassung, daß § 129 StGB wegen der Vorverlagerung des Rechtsgüterschutzes und im Hinblick auf den Grundsatz der Verhältnismäßigkeit und auf die Bedeutung des Vergehens als Katalogtat für besondere strafprozessuale Maßnahmen, nur anwendbar ist, wenn die begangenen und/oder geplanten Straftaten von einigem Gewicht sind. **Arzt** [409] und **Fürst** [410] verlangen daher zu Recht, daß Zusammenschlüsse zum Zweck der Begehung von Taten mit Bagatellcharakter - wie etwa das von **Arzt** genannte Beispiel - von § 129 Abs. 1 StGB nicht erfaßt werden sollen. Zu weit geht jedoch die Auffassung von **Hohmann** [411], § 129 Abs. 1 StGB sei auf Vereinigungen zu beschränken, deren Zwecke oder Tätigkeit auf die Begehung von Straftaten von erheblichem Gewicht, wie Delikte gegen das Leben, gegen die körperliche Unversehrtheit oder gegen die persönliche Freiheit, gerichtet seien. Für eine solche weitgehende Einschränkung bieten der Wortlaut des § 129 StGB und der Schutzzweck der Bestimmung keine Grundlage [412]. Gegen eine Einschränkung des § 129 StGB auf Kapitalverbrechen oder besonders schwerwiegende Straftaten spricht auch der Vergleich mit den in dem qualifizierten Tatbestand des § 129 a Abs. 1 Nr. 1-3 StGB von dem Gesetzgeber aufgezählten und für besonders gravierend angesehenen Delikten.

Mit der Beurteilung der Bedeutung der Straftaten im Hinblick auf den von der Vereinigung verfolgten Gesamtzweck sind allerdings die Bedenken hinsichtlich der Bestimmtheit der Norm nicht ausgeräumt [413]. Im Gesetz ist weder festgelegt, was eine Straftat von untergeordneter Bedeutung ist, noch ist ein Kriterium für die

---

408 BGH, NStZ 1995, 340 (341). Vgl. auch **Schittenhelm**, NStZ 1995, 343.

409 **Arzt/Weber**, LH 5 Rn. 49.

410 **Fürst**, Grundlagen und Grenzen, S. 94.

411 **Hohmann**, wistra 1992, 85 (86 f.).

412 Vgl. **Lackner**, § 129 Rn. 3; **Lenckner** in Schönke/Schröder, § 129 Rn. 3; **Maurach/ Schroeder/Maiwald**, Strafrecht BT 2, S. 370 (Rn. 6).

413 Vgl. **Copic**, Grundgesetz und politisches Strafrecht, S. 192; **Heyer**, Die Entwicklung des politischen Strafrechts, S. 114; **Ostendorf**, JA 1980, 499 (501), sowie **Woesner**, NJW 1968, 2129 (2132), der die weite Fassung des § 129 Abs. 2 Nr. 2 StGB beanstandet und eine größere Präzisierung fordert.

Beurteilung dieser Frage vorhanden. Eine Präzisierung des § 129 Abs. 2 Nr. 2 StGB in dieser Hinsicht durch den Gesetzgeber ist daher wünschenswert. Dies gilt auch hinsichtlich der Ausgrenzung von Zusammenschlüssen zum Zweck der Begehung von Taten mit Bagatellcharakter. Dabei wäre für eine genauere Umschreibung des Charakters und des primären Tätigkeitsfelds krimineller Vereinigungen Sorge zu tragen [414]. Solange der Gesetzgeber die Unklarheiten hinsichtlich des Maßstabs zur Beurteilung der Frage, was eine Straftat von untergeordneter Bedeutung ist, nicht beseitigt, ist eine weite Auslegung des in § 129 Abs. 2 Nr. 2 StGB geregelten Tatbestandsausschlusses geboten [415]. Hinsichtlich des Anwendungsbereichs der Bestimmung ergibt sich daher folgendes:

- Rein kriminelle Vereinigungen werden von § 129 Abs. 2 Nr. 2 StGB nicht erfaßt, da Bezugsrahmen der Gesamtzweck der Vereinigung ist und bei solchen Vereinigungen der Gesamtzweck ausschließlich deliktisch ausgerichtet ist. Eine Ausgrenzung von Zusammenschlüssen zum Zweck der Begehung von Taten mit Bagatellcharakter kommt daher nur unter Heranziehung des Schutzzwecks des § 129 StGB in Betracht.

- Vereinigungen mit nicht eindeutig deliktischer Ausrichtung werden ohne Rücksicht auf die Tragweite der Taten dann nicht von § 129 Abs. 2 Nr. 2 StGB erfaßt, wenn die Begehung von Straftaten den Hauptzweck der Vereinigung bildet [416]. Dies gilt auch dann, wenn die Begehung von Straftaten lediglich als Mittel zur Erreichung anderer Ziele geplant ist und für die Vereinigung ein solches Gewicht hat, daß sie dadurch in ihrer Zielsetzung und Struktur zumindest mitgeprägt ist [417]. Läßt sich nicht feststellen, daß Zielsetzung und Struktur einer Vereinigung in dieser Weise geprägt sind, ist eine Strafbarkeit nach § 129 Abs. 2 Nr. 2 ausgeschlossen. Damit erfaßt der Tatbestandsausschluß die Vereinigungen, bei denen die Begehung von Straftaten nur gelegentlich der Verfolgung ihrer Ziele erfolgt oder bei denen die Begehung von Straftaten nur ein beiläufiges, nebensächliches Mittel im Rahmen der Verwirklichung ihrer Ziele ist. Damit sind aber auch

---

414 Vgl. **Fürst**, Grundlagen und Grenzen, S. 94.

415 **Lackner**, § 129 Rn. 3; **Ostendorf** in AK; § 129 Rn. 24.

416 **v. Bubnoff** in LK, § 129 Rn. 14.

417 Vgl. BGH, NJW 1966, 310 (312); BGH, NJW 1975, 985; BGHSt 27, 325 (328); **v. Bubnoff** in LK, § 129 Rn. 14; **Lampe**, ZStW 106 (1994), 683 (707); **Ostendorf** in AK, § 129 Rn. 13; **Rudolphi**, Festschrift für Bruns, S. 315 (322); siehe auch oben S. 71 f.

Vereinigungen ausgeschlossen, für die gelegentliche schwere Straftaten nur ein peripheres Mittel zur Verwirklichung ihrer Ziele sind [418].

- Hinsichtlich Vereinigungen, deren Zwecke oder deren Tätigkeiten auf Taten aus dem Katalog des § 129 a Abs. 1 Nr. 1-3 StGB gerichtet sind - also terroristischen Vereinigungen - kommt ein Tatbestandsausschluß nicht in Betracht, da in § 129 a StGB eine § 129 Abs. 2 Nr. 2 StGB entsprechende Regelung nicht vorgesehen ist [419].

C. Anforderungen an die Kenntnis der Täter von den für das Vorliegen einer kriminellen Vereinigung erforderlichen Umständen

Die Täter müssen bei den Tathandlungen des § 129 Abs. 1 StGB hinsichtlich aller für die Annahme einer kriminellen Vereinigung erforderlichen Einzelmerkmale zumindest bedingten Vorsatz haben [420]. Die Mitglieder einer kriminellen Vereinigung müssen daher in dem Bewußtsein handeln, einem einheitlichen, auf gewisse Dauer angelegten und organisatorisch festgefügten kriminellen Verband anzugehören [421]. Ferner müssen sie sich bewußt sein, daß es bei der Verfolgung

---

418 **Lenckner** in Schönke/Schröder, § 129 Rn. 10.

419 Vgl. **Tröndle**, § 129 a Rn. 5. **Dencker**, Strafverteidiger 1987, 117 (121), verlangt jedoch eine teleologische Restriktion des Tatbestandes. § 129 a StGB dürfe als abstraktes Gefährdungsdelikt unter Berücksichtigung des Schuldprinzips jedenfalls nicht mit höherer Strafe bedroht sein, als die entsprechenden Verletzungstatbestände. Es sei daher bedenklich, daß die Verbrechenstatbestände des § 129 Abs. 1 und 2 StGB ihrem Wortlaut nach auch Organisationen zu erfassen schienen, deren Tätigkeit nur auf die Begehung von Vergehen gerichtet sei (vgl. §§ 305 a, 316 b Abs. 1 StGB). § 129 a StGB sei daher dahingehend restriktiv auszulegen, daß eine terroristische Vereinigung nicht schon dann gegeben sei, wenn die geschriebenen Tatbestandsmerkmale vorliegen würden. Darüberhinaus müsse festgestellt werden, daß es sich um eine Vereinigung von der Gefährlichkeit handele, von der der Gesetzgeber als typisch ausgegangen sei. Sie müsse also Organisation und Hilfen zur Verfügung stellen für die Begehung von terroristischen Taten, deren Unwert deutlich über dem des Organisationsdelikts selber liege. Vgl. auch **Kühl**, NJW 1987, 737 (746); **Lenckner** in Schönke/Schröder, § 129 a Rn. 2; **Rudolphi** in SK, § 129 a Rn. 3.

420 BGH bei Wagner, GA 1960, 236 (Nr. 2, 3); BayObLG, NStZ 1983, 123; **v. Bubnoff** in LK, § 129 Rn. 19; **Lenckner** in Schönke/Schröder, § 129 Rn. 16; **Ostendorf** in AK, § 129 Rn. 25; **Rudolphi** in SK, § 129 Rn. 19.

421 BGHSt 31, 202 (207). Das Fehlen dieses Bewußtseins bei einzelnen Mitgliedern schließt das Bestehen einer durch die übrigen Mitglieder gebildeten kriminellen Vereinigung nicht aus. Siehe oben S. 45.

ihrer Pläne - nicht nur gelegentlich oder beiläufig - zur Begehung erheblicher Straftaten kommen kann, und müssen dies auch wollen [422]. Bei der Tathandlung des Gründens einer kriminellen Vereinigung muß der Täter dementsprechend Kenntnis von den Umständen haben, die das künftige Bestehen einer kriminellen Vereinigung ausmachen, und zumindest in Kauf nehmen, daß eine kriminelle Vereinigung gegründet wird [423]. Der Vorsatz muß auch die Strafbarkeit der von der kriminellen Vereinigung geplanten Taten umfassen. Hält der Täter die geplanten Straftaten irrtümlich nicht für strafbar, so fehlt ihm daher der notwendige Vorsatz [424]. Dies gilt auch, wenn der Täter davon ausgeht, daß die Begehung von Straftaten für den Zusammenschluß nur ein Zweck oder eine Tätigkeit von untergeordneter Bedeutung ist [425]. Der Täter muß - entsprechend den obigen Ausführungen zur Konkretisierung der Planung strafbarer Aktionen [426] - jedoch nicht Kenntnis von einer konkreten Planung hinsichtlich Ort, Zeit und Gegenstand einer bestimmten Tat haben. Es genügt vielmehr die Kenntnis, daß die Vereinigung in ihrem wesentlichen Ablauf - insbesondere auch hinsichtlich der Art und des Ziels der Straftaten - festliegende strafbare Handlungen plant und sie durch Handlungen wie Ausspähung von Gelegenheiten, Beschaffung von Informationen und Material sowie Aufgabenverteilung vorbereitet.

D. Ergebnis

Als Ergebnis der Ausführungen in diesem Kapitel ist folgendes festzuhalten:

1. Eine kriminelle Vereinigung setzt einen Zusammenschluß von mindestens drei Personen voraus [427]. Dabei ist erforderlich, daß die Personen als existente - wenn auch anonyme - nachgewiesen werden und daß ihre

---

422 BGHSt 27, 325 (328); 31, 202 (206). Hiervon ist die zum objektiven Tatbestand gehörende, innerhalb der Organisation bestehende Absicht zu unterscheiden, Straftaten zu begehen. Siehe dazu oben S. 69 ff.

423 BayObLG, NStZ 1983, 123; **Lenckner** in Schönke/Schröder, § 129 Rn. 16.

424 BGH, LM Nr. 6 zu § 129 StGB; **v. Bubnoff** in LK, § 129 Rn. 19; **Rudolphi** in SK, § 129 Rn. 19.

425 BGH, LM Nr. 6 zu § 129 StGB; **Tröndle**, § 129 Rn. 5.

426 Siehe oben S. 72 ff., 75.

427 Siehe oben S. 33 f.

Funktion im Rahmen der Vereinigung festgestellt wird, damit sie in ihrer Eigenschaft als Mitglieder identifiziert werden können [428].

2. Der Zusammenschluß muß konkrete und gefestigte, für die Mitglieder verbindliche - jedoch nicht notwendig hierarchische - Führungs- und Entscheidungsstrukturen aufweisen, die unter Einbindung der einzelnen Mitglieder gebildet worden sind und die vom Gruppenwillen getragen werden [429]. Dazu muß festgestellt werden, daß die innerhalb der Vereinigung bestehenden Regeln über die Willensbildung tatsächlich praktiziert werden und daß sich die Mitglieder dem Gesamtwillen der Gruppe unterwerfen. Dafür bedarf es jedoch nicht der Billigung aller Entscheidungen und Handlungen der für die Willensbildung innerhalb eines Zusammenschlusses maßgeblichen Personen durch die einzelnen Mitglieder. Die Organisation der Willensbildung und auch die Ausführung getroffener Entscheidungen müssen ferner zweckrational auf die gemeinschaftliche Planung und Ausführung von Straftaten ausgerichtet sein [430]. Die Mitglieder der Vereinigung müssen daher als Gruppe und in dem Bewußtsein handeln, einem organisatorisch festgefügten Verband anzugehören. Erforderlich ist ein koordiniertes, arbeitsteiliges Zusammenwirken der Mitglieder bei der Planung und Ausführung der Straftaten. Dazu bedarf es nicht der Zusage aller Mitglieder, sich an Straftaten der kriminellen Vereinigung als Täter oder Teilnehmer zu beteiligen. Vielmehr genügt es, daß einzelne Mitglieder bereit sind, die das Ziel der Vereinigung bildenden Straftaten zu begehen, während andere in der Weise Mitglied sind, daß sie sich in die Organisation eingliedern und deren Ziele fördern.

3. Der Zusammenschluß muß ferner darauf angelegt sein, mehrere selbständige strafbare Aktionen zu überdauern [431]. Das kann auch dann zu bejahen sein, wenn eine Vereinigung lediglich eine einheitliche fortgesetzte Tat plant, da die einzelnen Teilakte als selbständige strafbare Aktionen anzusehen sein können. Die Planung nur einer strafbaren Aktion, genügt für die Annahme einer kriminellen Vereinigung auch dann nicht, wenn durch sie mehrere Straftatbestände verwirklicht werden. Die zeitliche Dauer des Zusammenschlusses ist erst in zweiter Linie - nämlich als Anhaltspunkt für

428 Siehe oben S. 35.

429 Siehe oben S. 36 ff.

430 Siehe oben S. 43 ff.

431 Siehe oben S. 46 ff.

die Festigkeit der Regeln über die Willensbildung und die organisatorische Selbständigkeit der Vereinigung - von Bedeutung.

4. Kriminelle Vereinigungen mit Sitz im Ausland werden nach Maßgabe der §§ 3 bis 9 StGB von § 129 StGB erfaßt, wenn sie auch im Ausland von deutschem Strafrecht geschützte Rechtsgüter (§ 7 StGB) anzugreifen planen oder Vorbereitungen für Straftaten im Inland (§§ 3, 9 StGB) treffen [432]. Für eine Strafbarkeit von Vereinigungen, die innerhalb der Bundesrepublik ihren Sitz haben, jedoch Straftaten im Ausland begehen sollen, ist erforderlich, daß die geplanten Straftaten nach deutschem Recht strafbar - d. h. tatbestandserheblich im Sinne deutscher Strafgesetze - sind und nach §§ 4 bis 7 StGB dem deutschen Strafrecht unterliegen [433].

5. Die Zwecke oder die Tätigkeit einer Vereinigung sind dann auf die Begehung von Straftaten gerichtet, wenn der Zusammenschluß das Ziel verfolgt, strafbare Handlungen zu begehen, und wenn er daraufhin auch seiner inneren Struktur nach angelegt ist [434]. Es muß innerhalb des Zusammenschlusses die Absicht bestehen, rechtswidrige und schuldhafte Straftaten zu begehen; nur bedingter Vorsatz genügt insoweit nicht. Die Organisation der Vereinigung muß sowohl hinsichtlich der Willensbildung, als auch hinsichtlich der Umsetzung der getroffenen Entscheidungen auf den Zweck der gemeinschaftlichen Begehung von Straftaten angelegt sein. Jedoch braucht die Begehung strafbarer Handlungen nicht Hauptzweck, Endziel oder ausschließliche Tätigkeit der Vereinigung zu sein. Für die Feststellung der Zielsetzung einer Vereinigung kommt es auf den Willen der für die Willensbildung innerhalb des Zusammenschlusses maßgeblichen Personen an.

6. Die innerhalb eines Zusammenschlusses bestehende Bereitschaft zur Begehung strafbarer Handlungen muß sich in konkreten Planungen und Handlungen zur praktischen Umsetzung der Planungen äußern [435]. Die Bejahung einer auf die Begehung von Straftaten gerichteten Zielsetzung einer Vereinigung setzt jedoch nicht voraus, daß die Vorbereitungen der Vereinigung sich bereits in dem Stadium der Planung des Ablaufs einzelner, be-

---

432 Siehe oben S. 55 ff.

433 Siehe oben S. 59.

434 Siehe oben S. 69 ff.

435 Siehe oben S. 74 f.

stimmter Straftaten befinden. Es genügt daher, daß die Vereinigung in ihrem wesentlichen Ablauf - insbesondere auch hinsichtlich der Art und des Ziels der Straftaten - bestimmte strafbare Handlungen plant und sie durch Handlungen wie Ausspähung von Gelegenheiten, Beschaffung von Informationen und Material sowie Aufgabenverteilung vorbereitet. Nicht erforderlich ist dagegen das Vorhandensein einer konkreten Planung hinsichtlich Ort, Zeit und Gegenstand einer bestimmten Tat.

7. Besteht innerhalb eines Zusammenschlusses die Bereitschaft zur Begehung strafbarer Handlungen, hat die Vereinigung eine in ihrem wesentlichen Ablauf bestimmte strafbare Aktion geplant und Handlungen zur praktischen Umsetzung der Planung unternommen, so können die über die erste Aktion hinausgehenden weiteren von ihr ins Auge gefaßten Taten vage bleiben [436].

8. Die Beurteilung der Frage der untergeordneten Bedeutung von Straftaten im Rahmen von § 129 Abs. 2 Nr. 2 StGB richtet sich nach dem von der Vereinigung verfolgten Gesamtzweck [437]. Dabei ist eine weite Auslegung geboten. Rein kriminelle Vereinigungen werden von § 129 Abs. 2 Nr. 2 StGB nicht erfaßt. Vereinigungen mit nicht eindeutig deliktischer Ausrichtung werden ohne Rücksicht auf die Tragweite der Taten dann nicht von § 129 Abs. 2 Nr. 2 StGB erfaßt, wenn die Begehung von Straftaten den Hauptzweck der Vereinigung bildet oder wenn die Begehung von Straftaten lediglich als Mittel zur Erreichung anderer Ziele geplant ist und für die Vereinigung ein solches Gewicht hat, daß sie dadurch in ihrer Zielsetzung und Struktur zumindest mitgeprägt ist. Im Hinblick auf den Schutzzweck des § 129 StGB werden ferner Zusammenschlüsse zum Zweck der Begehung von Taten mit Bagatellcharakter von § 129 Abs. 1 StGB nicht erfaßt.

Eine kriminelle Vereinigung ist zustandegekommen, sobald ein Zusammenschluß von Personen die oben dargelegten Anforderungen erfüllt. Hiervon soll im folgenden bei der Analyse der Tathandlung des Gründens einer kriminellen Vereinigung sowie der Teilnahme daran und der Analyse des Versuchs des Gründens einer kriminellen Vereinigung ausgegangen werden.

---

436 Siehe oben S. 75 f.

437 Siehe oben S. 80 ff.

2. Kapitel

- das Gründen einer kriminellen Vereinigung -

Die Tathandlung des Gründens einer kriminellen Vereinigung setzt als einzige der Tathandlungen des § 129 Abs. 1 StGB einen konkret eintretenden Erfolg - nämlich die Bildung der kriminellen Vereinigung - voraus [438]. Welche Anforderungen erfüllt sein müssen, damit ein Zusammenschluß als kriminelle Vereinigung angesehen werden kann, ist im vorhergehenden Kapitel geprüft worden [439]. Hier soll nunmehr untersucht werden, unter welchen Voraussetzungen eine an der Bildung eines Zusammenschlusses mitwirkende Person die Tathandlung des Gründens einer kriminellen Vereinigung als Täter verwirklicht. In diesem Zusammenhang soll auch die Abgrenzung der Tathandlung des Gründens von den übrigen Begehungsformen des § 129 Abs. 1 StGB - insbesondere von der Tathandlung des Werbens - untersucht werden. Ferner soll überprüft werden, ob sich Besonderheiten ergeben, wenn ein bestehender legaler Zusammenschluß in eine kriminelle Vereinigung umgewandelt wird.

A. Die Tathandlung des Gründens einer kriminellen Vereinigung

I. Das Mitwirken am Gründungsakt

1. Führendes und richtungsweisendes Mitwirken

a) Darstellung des Meinungsstandes

Das Gründen im Sinne des § 129 Abs. 1 StGB ist - wie dem Begriff ohne weiteres entnommen werden kann - die Neubildung einer kriminellen Vereinigung [440]. Der BGH [441] sieht als Gründer - also als Täter der Tathandlung des Gründens einer kriminellen Vereinigung - nicht jedes Gründungsmitglied schlechthin, sondern nur eine beim ursprünglichen Gründungsakt führend und richtungsweisend

---

438 **Lenckner** in Schönke/Schröder, § 129 Rn. 18.

439 Siehe oben S. 31 ff., 84 ff.

440 **Rudolphi** in SK, § 129 Rn. 14; **Tröndle**, § 129 Rn. 4.

441 BGHSt 27, 325 (327); vgl. ferner BGH, NJW 1954, 1254, zu § 90 a a. F. StGB.

mitwirkende Person an. Diese Auffassung wird auch in der Literatur [442] ganz überwiegend vertreten. Am Gründungsvorgang beteiligte Personen, die diese Anforderungen nicht erfüllen, können daher gegebenenfalls nur wegen Beihilfe zum Gründen strafbar sein [443].

Dagegen sind nach Auffassung von **Tröndle** [444] als Täter alle mit Gründungswillen am Gründungsvorgang Beteiligten anzusehen. Zur Begründung führt **Tröndle** aus, daß sich andernfalls die Tathandlung des Gründens einer kriminellen Vereinigung auf Rädelsführer oder Hintermänner beschränken würde, die § 129 Abs. 4 StGB jedoch für alle in Abs. 1 erfaßten Handlungsformen gesondert behandle. Zudem sei der in § 129 Abs. 5 StGB geregelten Mitläuferklausel zu entnehmen, daß es auch im Fall des Gründens Beteiligte - also auch Mittäter - von untergeordneter Bedeutung gebe [445].

b) Stellungnahme

Nach der Definition von **Tröndle** ist letztlich jeder irgendwie am Gründungsvorgang Beteiligte als Gründer anzusehen, soweit er mit Gründungswillen handelt. Die damit verbundene maßgebliche Ausrichtung am Gründungswillen der Beteiligten würde nicht nur eine Motiverforschung erforderlich machen [446], sondern auch mangels zureichender Anforderungen an das nach außen in Erscheinung getretene Verhalten der Beteiligten keinen hinreichend bestimmten Maßstab zur Abgrenzung zwischen strafbarem und sozialadäquatem Verhalten bieten. Die Heranziehung des Gründungswillens läßt zudem - insbesondere unter Berücksichtigung der sich ergebenden Beweisschwierigkeiten - eine präzise Abgrenzung zwischen einer bloßen Mitgliedschaft im Gründungsstadium und einem Tätigwerden als Gründer nicht zu. Dabei dürften insbesondere dann erhebliche Beweis-

---

442 **v. Bubnoff** in LK, § 129 Rn. 15; **Dahs**, NJW 1976, 2145 (2147); **Fürst**, Grundlagen und Grenzen, S. 95 f.; **Haberstumpf**, MDR 1979, 977 (978); **Klughardt**, Die Gesetzgebung zur Bekämpfung des Terrorismus, S. 116; **Lackner**, § 129 Rn. 4; **Lampe**, ZStW 106 (1994), 683 (726); **Lenckner** in Schönke/Schröder, § 129 Rn. 12; **Maurach/ Schroeder/Maiwald**, Strafrecht BT 2, S. 370 (Rn. 8); **Ostendorf** in AK, § 129 Rn. 17; **ders.**, JA 1980, 499 (501); **Rudolphi** in SK, § 129 Rn. 14.

443 Siehe dazu unten S. 160 ff.

444 **Tröndle**, § 129 Rn. 4.

445 Auf diesen Gesichtspunkt weist auch **Maurach/Schroeder**, Strafrecht BT 2, S. 300 hin.

446 **Fürst**, Grundlagen und Grenzen, S. 96.

probleme auftreten, wenn am Gründungsvorgang Beteiligte keine maßgeblichen Beiträge für die Neubildung der kriminellen Vereinigung geleistet, sondern lediglich einzelne Sachmittel - wie zum Beispiel geringe Geldbeträge, Kommunikationsmittel oder Werkzeuge - bereitgestellt haben. Diese Schwierigkeiten werden durch die von der herrschenden Meinung an die Qualität der Tätigkeit des Gründers gestellten Anforderungen vermieden. Das Erfordernis einer führenden und richtungsweisenden Tätigkeit zur Verwirklichung der Tathandlung des Gründens einer kriminellen Vereinigung steht nicht in Widerspruch zu der in § 129 Abs. 4 StGB hinsichtlich Rädelsführern, Hintermännern oder in sonstigen besonders schweren Fällen vorgesehenen Strafschärfung. Denn die Anforderungen an das Verhalten und die Eigenschaften eines Rädelsführers erschöpfen sich - wie unten noch ausgeführt werden wird [447] - nicht in dem Erfordernis einer führenden und richtungsweisenden Tätigkeit. Es besteht daher die Möglichkeit, daß am Gründungsvorgang Beteiligte die Tathandlung des Gründens einer kriminellen Vereinigung verwirklichen, ohne gleichzeitig Rädelsführer zu sein [448]. Abgesehen davon wäre der Schluß von einer fehlenden Möglichkeit der Strafschärfung hinsichtlich Gründern einer kriminellen Vereinigung auf eine Erweiterung der Strafbarkeit nicht zwingend. Denn es läge zumindest ebenso nahe, die für Rädelsführer und Hintermänner vorgesehene Strafschärfung hinsichtlich Gründern einer kriminellen Vereinigung keine Anwendung finden zu lassen, wie die Strafbarkeit auf annähernd jeden am Gründungsvorgang Beteiligten auszudehnen. Diese Erwägung gilt auch hinsichtlich der in § 129 Abs. 5 StGB geregelten Mitläuferklausel. Auch insoweit wäre der Schluß von einer fehlenden Möglichkeit, nach dieser Bestimmung von einer Bestrafung abzusehen, auf eine Erweiterung der Strafbarkeit wegen Gründens einer kriminellen Vereinigung nicht zwingend. Abgesehen davon läßt sich § 129 Abs. 5 StGB lediglich entnehmen, daß es auch bei den Gründern krimineller Vereinigungen Beteiligte geben kann, deren Schuld gering ist und deren Tatbeitrag sich im Verhältnis zu den Beiträgen anderer Beteiligter als nur von untergeordneter Bedeutung herausstellt [449]. Es sprechen mithin die besseren Argumente für die herrschende Auffassung. Im folgenden soll daher davon ausgegangen werden, daß eine Strafbarkeit wegen Gründens einer kriminellen Vereinigung voraussetzt, daß der Täter beim ursprünglichen Gründungsakt führend und richtungsweisend mitgewirkt hat.

---

447 Siehe unten S. 114 f.

448 **Fürst**, Grundlagen und Grenzen, S. 96; **Klughardt**, Die Gesetzgebung zur Bekämpfung des Terrorismus, S. 116.

449 **Fürst**, Grundlagen und Grenzen, S. 96.

2. Anforderungen an die Qualität der Beiträge der Gründer

Für die Verwirklichung der Tathandlung des Gründens einer kriminellen Vereinigung ist zunächst erforderlich, daß der am Gründungsvorgang Mitwirkende mit seinem Beitrag die Existenz der kriminellen Vereinigung in ihrer konkreten Gestalt bewirkt [450]. Der Gründer muß also durch seinen Beitrag mit dafür ursächlich geworden sein, daß das Gefährdungspotential der kriminellen Vereinigung in seiner tatsächlichen Form entstanden ist. Dagegen ist nicht eine Ursächlichkeit dergestalt erforderlich, daß ohne den Beitrag des Gründers die kriminelle Vereinigung nicht nur nicht in ihrer konkreten Gestalt, sondern überhaupt nicht entstanden wäre [451]. Die Feststellung, daß ein Beitrag für das Zustandekommen der kriminellen Vereinigung in der Weise ursächlich war, daß er nicht hinweggedacht werden kann, ohne daß die Existenz der kriminellen Vereinigung insgesamt entfiele, dürfte insbesondere bei einer Gruppe von Gründern und der damit verbundenen Vielzahl von Beiträgen auch häufig kaum zu treffen sein. Eine Strafbarkeit wegen Verwirklichung der Tathandlung des Gründens einer kriminellen Vereinigung setzt zusätzlich zu der Ursächlichkeit des Beitrags für das Entstehen des konkreten Gefährdungspotentials der Vereinigung - wie oben bereits ausgeführt worden ist [452] - die Feststellung voraus, daß der Täter beim ursprünglichen Gründungsakt führend und richtungsweisend mitgewirkt hat. Der Täter hat nur dann eine führende Rolle, wenn seine Anordnungen und Beiträge von den übrigen an dem Gründungsvorgang beteiligten Personen als verbindlich angenommen werden. Eine richtungsweisende Tätigkeit wird entfaltet, wenn die Beiträge des Gründers von solchem Gewicht sind, daß sie eine prägende Wirkung auf die Struktur der kriminellen Vereinigung haben. Als Gründer einer kriminellen Vereinigung kommen mithin nur Personen in Betracht, die den ursprünglichen Gründungsakt der Vereinigung wesentlich gefördert haben [453]. Ferner dürfen die Beiträge nicht nur bloße Unterstützungshandlungen von außen - also von Beteiligten außerhalb des Kreises der beim Gründungsvorgang mitwirkenden Personen - darstellen, da ansonsten nicht von einer führenden Mitwirkung ausgegangen werden kann. Erforderlich ist daher, daß der Handelnde sich in zumindest stillschweigender Übereinstimmung mit den beim Gründungsvorgang mitwirkenden Personen

---

450 Vgl. **Rudolphi** in SK, § 129 Rn. 14.

451 Vgl. **Lenckner** in Schönke/Schröder, § 129 Rn. 12, der ausführt, es sei für die Verwirklichung der Tathandlung des Gründens weder ausreichend noch erforderlich, daß der Anstoß zur Bildung der Vereinigung gegeben werde.

452 Siehe oben S. 91.

453 **v. Bubnoff** in LK, § 129 Rn. 15.

als Gründer am Gründungsakt beteiligt und in dieser Eigenschaft wesentliche Beiträge zum Zustandekommen der kriminellen Vereinigung leistet [454].

3. Beiträge der Gründer im Rahmen des Gründungsvorgangs

Auf der Grundlage des oben [455] dargelegten Inhalts des Merkmals des Gründens stellt sich nunmehr die Frage, in welchen konkreten Fallgestaltungen ein Gründen einer kriminellen Vereinigung vorliegen kann. Die folgende Untersuchung soll Aufschluß darüber geben, wann der Strafschutz gegen kriminelle Vereinigungen konkret beginnen kann. Dabei ergibt sich hinsichtlich der in Betracht kommenden Beiträge der Gründer im einzelnen folgendes:

a) Auswahl und Gewinnung von Mitgliedern

Mit dem Gründen einer Vereinigung ist notwendig die Auswahl und die Gewinnung geeignet erscheinender Mitglieder - also das erfolgreiche Werben von Mitgliedern [456] - verbunden [457]. Die Kenntnisse und Fähigkeiten sowie sonstige persönliche Eigenschaften der Mitglieder sind für die Qualität der kriminellen Vereinigung - insbesondere die Entwicklung einer auf die Begehung von Straf-

---

454 Vgl. BGHSt 18, 296 (300), zur Mitgliedschaft im Sinne der §§ 90 a, 128 a. F. StGB. Der BGH führt in diesem Zusammenhang aus, zur Erlangung der Mitgliedschaft genüge nicht das einseitige Tätigwerden eines bis dahin Außenstehenden. Die Mitgliedschaft sei ihrer Natur nach eine Beziehung, die regelmäßig einer Vereinigung nicht aufgedrängt werden könne, sondern ihre Zustimmung erfordere. Demgemäß bedürfe es zur Bejahung des Tatbestandsmerkmals der Mitgliedschaft der Feststellung einer Willensübereinstimmung zwischen dem Handelnden und der Vereinigung dahingehend, daß der Handelnde dem Kreis der Vereinigung zugehöre und in dieser Eigenschaft tätig werde. Eine solche Übereinstimmung könne durch ausdrückliche Erklärung herbeigeführt werden; sie könne aber auch stillschweigend gegeben sein, wenn Zweck und Ziel sowie Mitgliederkreis der Vereinigung bereits vorher genügend fest umrissen seien. Vgl. ferner BGHR StGB, § 129 a Mitgliedschaft 1, wonach es für die Annahme der Mitgliedschaft in einer terroristischen Vereinigung der Feststellung einer - ausdrücklich oder stillschweigend getroffenen - Willensübereinstimmung zwischen dem Handelnden und der Vereinigung bedarf.

455 Siehe oben S. 91 f.

456 Zur Abgrenzung der Begehungsform des Gründens von der Begehungsform des Werbens siehe unten S. 112 f.

457 **Haberstumpf**, MDR 1979, 977 (979).

taten hindrängenden Eigendynamik und die Schaffung eines Gefährdungspotentials - maßgeblich. Die Auswahl und das erfolgreiche Werben von Mitgliedern im Gründungsstadium fördert daher nicht nur in wesentlichem Maß den Gründungsvorgang, sondern ist auch richtungsweisend im Hinblick auf die Qualität der zu gründenden Vereinigung. Die Tathandlung des Gründens einer kriminellen Vereinigung wird mithin durch die Auswahl und die Gewinnung von Mitgliedern durch eine am Gründungsvorgang mitwirkende Person verwirklicht. Dabei ist nicht erforderlich, daß der Täter später selbst Mitglied der kriminellen Vereinigung wird [458]. Dem Wortlaut des § 129 Abs. 1, 1. Alt. StGB ist nicht zu entnehmen, daß der Gründer über die führende und richtungsweisende Tätigkeit beim Gründungsvorgang hinaus anschließend Mitglied der Vereinigung werden muß. Eine solche Anforderung ist auch unter Berücksichtigung des Zwecks der Bestimmung, die Neubildung krimineller Vereinigungen zu verhindern, nicht geboten.

b) Mitwirkung an der Entwicklung der Struktur der Vereinigung

Die aktive Mitarbeit an der Entwicklung der Struktur der kriminellen Vereinigung, insbesondere an der Bildung der für die organisierte Willensbildung maßgeblichen Führungs- und Entscheidungsstrukturen stellt ebenfalls eine führende und richtungsweisende Tätigkeit im Rahmen des Gründungsvorgangs dar. Dazu gehört die Einbringung für den Aufbau der kriminellen Vereinigung wesentlicher Kenntnisse und Fähigkeiten - also des organisationsbezogenen und des für die Verfolgung der kriminellen Zielsetzung erforderlichen "know how" - durch konstruktive Anordnungen oder Vorschläge. Ferner gehört dazu die persönliche Einflußnahme auf die späteren Mitglieder, um sie zu bewegen, sich der organisierten Willensbildung zu unterwerfen. In diesem Zusammenhang ist zu berücksichtigten, daß die Beiträge der Gründer von solchem Gewicht sein müssen, daß sie eine prägende Wirkung auf die Struktur der kriminellen Vereinigung haben. Sofern der Beitrag eines Beteiligten zwar für das Entstehen des Gefährdungspotentials der kriminellen Vereinigung in seiner konkreten Gestalt mitursächlich wird, jedoch die Entwicklung der Struktur der Vereinigung und die Verfolgung der kriminellen Zielsetzung nicht wesentlich fördert, liegt eine führende und richtungsweisende Tätigkeit nicht vor, so daß lediglich eine Strafbarkeit wegen Beihilfe zum Gründen in Betracht kommt [459]. Ebenfalls handelt es sich bei der bloßen Billigung

458 **v. Bubnoff** in LK, § 129 Rn. 15; **Dahs**, NJW 1976, 2145 (2147); **Haberstumpf**, MDR 1977, 977 (978); **Lenckner** in Schönke/Schröder, § 129 Rn. 12; **Rudolphi** in SK, § 129 Rn. 14.

459 Siehe dazu unten S. 160 ff.

oder Hinnahme der für die organisierte Willensbildung maßgeblichen Regeln durch am Gründungsvorgang beteiligte Personen nicht um eine führende und richtungsweisende Mitwirkung am Gründungsakt.

c) Bereitstellen von Sachmitteln

Das Bereitstellen von Sachmitteln im Gründungsstadium ist dann eine führende und richtungsweisende Tätigkeit, wenn dadurch die Entwicklung der Struktur der Vereinigung und die Verfolgung der kriminellen Zielsetzung wesentlich gefördert werden. Das kann beispielsweise bei der Bereitstellung von erheblichen, für die Bildung der Vereinigung maßgeblichen Geldbeträgen und der Ausstattung des Zusammenschlusses mit Waffen und Fahrzeugen durch eine am Gründungsvorgang mitwirkende Person in Betracht kommen [460]. Dagegen stellt die Bereitstellung einzelner Sachmittel - wie etwa die regelmäßige Zahlung von Mitgliedsbeiträgen, die Überlassung von Waffen, Werkzeugen, technischem Gerät und Ausweisen an einzelne Beteiligte oder die vorübergehende Bereitstellung von Räumen als Unterschlupf - keine führende und richtungsweisende Mitwirkung am Gründungsvorgang dar. Zwar kann durch derartige Beiträge das kriminelle Potential der Vereinigung gesteigert werden. Jedoch wird dadurch die Struktur der kriminellen Vereinigung nicht in solcher Weise geprägt, daß insoweit von einer führenden und richtungsweisenden Tätigkeit ausgegangen werden kann. Solche Beiträge können daher lediglich zu einer Strafbarkeit des Beteiligten wegen Beihilfe zum Gründen einer kriminellen Vereinigung führen. Nicht in Betracht kommen ferner sozialübliche oder ausdrücklich erlaubte Handlungen wie beispielsweise der Verkauf von Nahrungsmitteln und Kleidung und die Vermietung von Wohnungen an Beteiligte, sofern damit nicht ausnahmsweise ein - über die Daseinsvorsorge hinausgehender - richtungsweisender Beitrag zu dem spezifischen Gefährdungspotential einer kriminellen Vereinigung geleistet wird. Dies gilt auch dann, wenn durch diese Handlungen die kriminellen Zielsetzungen der Vereinigung mittelbar gefördert werden [461].

---

460 Vgl. **Lampe**, ZStW 106 (1994), 683 (696), der ausführt, die Gefährlichkeit der kriminellen Vereinigung rühre wesentlich davon her, daß Sachmittel zur Verfolgung krimineller Ziele verwendet würden.

461 Vgl. für die Tathandlung des Unterstützens einer kriminellen Vereinigung **Fürst**, Grundlagen und Grenzen, S. 111; **Lenckner** in Schönke/Schröder, § 129 Rn. 15 a; **Ostendorf** in AK, § 129 Rn. 22; **Rudolphi** in SK, § 129 Rn. 17 a; **ders.**, Festschrift für Bruns, S. 315 (332).

d) Auswahl und Gewinnung von Unterstützern

Für die Auswahl und die Gewinnung von Personen, die als Außenstehende die Vereinigung mit Sachmitteln oder mit besonderen Kenntnissen und Fähigkeiten unterstützen, gelten die im Zusammenhang mit dem Bereitstellen von Sachmitteln gemachten Ausführungen entsprechend. Die Auswahl und die Gewinnung solcher Personen im Gründungsstadium ist daher auf der Grundlage des oben Dargelegten dann eine führende und richtungsweisende Tätigkeit, wenn dadurch die Entwicklung der Struktur der Vereinigung und die Verfolgung der kriminellen Zielsetzung wesentlich gefördert werden. Das ist zum Beispiel dann der Fall, wenn eine am Gründungsvorgang mitwirkende Person dem Zusammenschluß die maßgeblichen Geldgeber zuführt. Eine führende und richtungsweisende Mitwirkung kommt beispielsweise auch dann in Betracht, wenn die Unterstützung von Personen gewonnen wird, die als Außenstehende dem Zusammenschluß in entscheidendem Maß das für den Aufbau der kriminellen Vereinigung und für die Verfolgung der kriminellen Zielsetzung erforderliche "know how" zur Verfügung stellen.

e) "Mitgliedschaft" im Gründungsstadium

Die bloße Mitgliedschaft in einem Zusammenschluß im Gründungsstadium genügt für eine führende und richtungsweisende Mitwirkung am Gründungsakt nicht [462]. Durch die Zusage, sich an der zu gründenden Vereinigung als Mitglied zu beteiligen, wird also die Tathandlung des Gründens einer kriminellen Vereinigung nicht verwirklicht. Dies gilt auch dann, wenn eine herausragende Persönlichkeit im Gründungsstadium zusagt, innerhalb der Vereinigung eine Führungsposition einzunehmen. Der BGH [463] hat zwar hinsichtlich der Tathandlung der Beteiligung als Mitglied an einer terroristischen Vereinigung die Auffassung vertreten, ein beachtlicher Akt der Beteiligung könne in einer irgendwie gearteten Betätigung für die Zwecke der Vereinigung bestehen, wenn der Täter mit dem

---

462 **Lenckner** in Schönke/Schröder, § 129 Rn. 12; **Rudolphi** in SK, § 129 Rn. 14.

463 BGHSt 29, 114 (123). In dem von dem BGH entschiedenen Fall war der Angeklagte schon vor seinem Eintritt der "geistige Ziehvater" der terroristischen Vereinigung gewesen. Er erklärte seinen Eintritt in die Vereinigung und sollte im gegenseitigen Einvernehmen eine Führungsposition einnehmen und in ihr für die Vereinigung aktiv tätig werden. Das Oberlandesgericht hatte eine Strafbarkeit wegen Beteiligung als Mitglied an einer terroristischen Vereinigung mit der Begründung abgelehnt, wegen der Verhaftung der Beteiligten sei es zu einer eigentlichen Tätigkeit des Angeklagten nicht mehr gekommen.

Willen handele, sich auch künftig am Verbandsleben zu beteiligen [464]. Unter dieser Voraussetzung könne auch der einverständliche Eintritt in die Vereinigung genügen, wenn er sich nach den besonderen Umständen als eine für deren Organisation oder für die Verfolgung ihrer Bestrebungen gewichtige Unterstützungshandlung darstelle. Diese Auffassung ist jedoch auf Kritik gestoßen [465]. **Lenckner** [466] und **Rudolphi** [467] führen aus, es handele sich in einem solchen Fall um einen straflosen Versuch des Sich-Beteiligens, der allein als Unterstützen strafbar sein könne [468]. **Ostendorf** [469] weist darauf hin, daß die Auffassung des BGH dem Wortlaut des § 129 Abs. 1 StGB widerspreche, der die Beteiligung als Mitglied und nicht den Beitritt als Mitglied voraussetze. Die Auffassung des BGH führe dazu, die böse Absicht zu bestrafen. In die gleiche Richtung geht der Hinweis von **Fürst** [470], die Auffassung des BGH laufe darauf hinaus, das gesetzlich geforderte faktische Kriterium der aktiven Beteiligung durch wertende Gesichtspunkte zu ersetzen. Im Sinne eines am Tatprinzip orientierten Strafrechts sei daran festzuhalten, daß eine Strafbarkeit wegen mitgliedschaftlicher Beteiligung nur aufgrund tatsächlicher aktiver Mitwirkungsakte in Betracht komme, nicht aber allein wegen einer Erklärung, eine bestimmte Führungsposition einzunehmen und in ihr für die Vereinigung aktiv tätig zu werden. Abgesehen von diesen Gesichtspunkten läßt sich die Auffassung des BGH deshalb nicht auf die Tathandlung des Gründens einer kriminellen Vereinigung übertragen, weil die Zusage, der zu gründenden Vereinigung beizutreten und dort eine Führungsposition einzunehmen, den Anforderungen einer führenden und richtungsweisenden Mitwirkung am Gründungsakt nicht genügt. Denn durch eine solche Zusage wird eine führende Tätigkeit gerade noch nicht ausgeübt; ferner ist damit eine aktive, richtungsweisende Mitwirkung am Gründungsakt nicht verbunden. Eine Strafbarkeit wegen Gründens einer kriminellen Vereinigung kommt daher auch im Hinblick auf die Mitwirkung herausragender und anerkannter Persönlichkeiten erst dann in Betracht, wenn diese im Gründungsstadium wesentliche Beiträge zum Aufbau der

---

464 Vgl. auch **Fleischer**, NJW 1979, 1337 (1338); **Tröndle**, § 129 Rn. 4 a.

465 **Fürst**, Grundlagen und Grenzen, S. 100 f.; **Lenckner** in Schönke/Schröder, § 129 Rn. 13; **Ostendorf**, JA 1980, 499 (502); **Rudolphi** in SK, § 129 Rn. 16.

466 **Lenckner** in Schönke/Schröder, § 129 Rn. 13.

467 **Rudolphi** in SK, § 129 Rn. 16.

468 In § 129 a Abs. 1 StGB n. F. ist allerdings die Beteiligung als Mitglied zum Verbrechen erhoben, so daß der Versuch strafbar ist (§ 23 Abs. 1 StGB).

469 **Ostendorf**, JA 1980, 499 (502); vgl. auch **Haberstumpf**, MDR 1979, 977 (978).

470 **Fürst**, Grundlagen und Grenzen, S. 101.

kriminellen Vereinigung - wie beispielsweise die Werbung von Mitgliedern unter Ausnutzung ihrer Bekanntheit und ihres besonderen Einflusses - geleistet haben [471].

f) Schaffen von Teilorganisationen

Das Schaffen von Teilorganisationen einer bereits bestehenden kriminellen Vereinigung ist keine Gründung einer neuen kriminellen Vereinigung [472]. Die Erweiterung einer schon bestehenden kriminellen Vereinigung kann nicht als Neubildung einer Organisation angesehen werden. Eine Strafbarkeit wegen Gründens einer kriminellen Vereinigung kommt daher nur bei Mitwirkung am ursprünglichen Gründungsakt der Vereinigung in Betracht. Dagegen verwirklicht eine Mitwirkung bei der Schaffung von Teilorganisationen nicht die Tathandlung des Gründens einer kriminellen Vereinigung, sondern es handelt sich dabei gegebenenfalls um einen weiteren Akt der Beteiligung als Mitglied an der bereits bestehenden Vereinigung oder um die Begehung der Tathandlungen des Werbens oder Unterstützens [473].

Dies ist auch im Hinblick auf die oben vertretene Auffassung [474] von Bedeutung, daß kriminelle Vereinigungen mit Sitz im Ausland nach Maßgabe der §§ 3 bis 9 StGB von § 129 StGB erfaßt werden, wenn sie auch im Ausland von deutschem Strafrecht geschützte Rechtsgüter anzugreifen planen oder Vorbereitungen für Straftaten im Inland treffen. Das Schaffen von Teilorganisationen solcher Vereinigungen im Inland kann nicht wegen Gründens einer kriminellen Vereinigung, sondern lediglich wegen Verwirklichung einer der übrigen Tathandlungen des § 129 Abs. 1 StGB strafbar sein.

---

471 Zur psychischen Beihilfe durch solche Persönlichkeiten siehe unten S. 164.

472 BGH, NJW 1954, 1254; **v. Bubnoff** in LK, § 129 Rn. 15; **Lenckner** in Schönke/Schröder, § 129 Rn. 12.

473 Vgl. **Fürst**, Grundlagen und Grenzen, S. 142.

474 Siehe oben S. 55 ff., 58.

4. Abgrenzung von den übrigen Tathandlungen des § 129 Abs. 1 StGB

a) Mitgliedschaftliche Beteiligung

Eine Beteiligung als Mitglied an einer kriminellen Vereinigung kommt nur dann in Betracht, wenn die kriminelle Vereinigung bereits besteht und damit eine Eingliederung des Täters in die vorhandene Organisation möglich ist [475]. Ein- und dieselbe Handlung kann daher nicht gleichzeitig die Tathandlung der mitgliedschaftlichen Beteiligung und die Tathandlung des Gründens einer kriminellen Vereinigung verwirklichen. Für die Frage, ob eine führende und richtungsweisende Tätigkeit eines Beteiligten die Tathandlung der mitgliedschaftlichen Beteiligung - gegebenenfalls als Rädelsführer - oder die Tathandlung des Gründens verwirklicht, kommt es mithin entscheidend darauf an, ob die im 1. Kapitel untersuchten Anforderungen an das Bestehen einer kriminellen Vereinigung [476] erfüllt sind.

Beteiligt sich der Gründer einer kriminellen Vereinigung an ihr anschließend als Mitglied, so verwirklicht er zwar beide Tathandlungen [477]. Jedoch liegt in der Beteiligung des Gründers als Mitglied an der von ihm gegründeten Vereinigung kein neues selbständiges Unrecht; vielmehr bilden die Gründung und die anschließende Beteiligung als Mitglied eine deliktische Einheit [478]. Dabei ist die Beteiligung als Mitglied als mitbestrafte Nachtat des Gründens einer kriminellen Vereinigung anzusehen [479].

---

475 Vgl. BGH, NJW 1966, 310 (312); **v. Bubnoff** in LK, § 129 Rn. 16; **Dahs**, NJW 1976, 2145 (2147); **Fürst**, Grundlagen und Grenzen, S. 97; **Lenckner** in Schönke/Schröder, § 129 Rn. 13; **Rudolphi** in SK, § 129 Rn. 16.

476 Siehe oben S. 31 ff., 84 ff.

477 **Fleischer**, NJW 1979, 1337 (1339); **Haberstumpf**, MDR 1979, 977 (979).

478 Vgl. **Cording**, Strafklageverbrauch, S. 107; **Fleischer**, NJW 1979, 1337 (1339); **Haberstumpf**, MDR 1979, 977 (979); **Lenckner** in Schönke/Schröder, § 129 Rn. 27; **Rudolphi** in SK, § 129 Rn. 30. **Fleischer** und **Haberstumpf** führen aus, es dränge sich ein Vergleich zu § 267 StGB und den dazu entwickelten Grundsätzen auf, die auch auf § 129 Abs. 1, 1. und 2. Alt. StGB Anwendung finden sollten.

479 Vgl. auch **Tröndle**, § 129 Rn. 9, wonach das Gründen dem Sichbeteiligen als Mitglied vorgehen soll.

b) Unterstützen

Die Tathandlung des Unterstützens einer kriminellen Vereinigung kommt ebenfalls nur dann in Betracht, wenn die kriminelle Vereinigung bereits besteht [480]. Im Gründungsstadium erfolgende Unterstützungshandlungen - wie die Erteilung von Ratschlägen und Informationen, die Zuwendung finanzieller Mittel und die Bereitstellung von Sachmitteln - verwirklichen daher die Tathandlung des Unterstützens einer kriminellen Vereinigung nicht [481]. Auf die Frage, ob solche Verhaltensweisen - sofern sie nicht die Voraussetzungen des § 129 Abs. 1, 1. Alt. StGB erfüllen - als Beihilfe zum Gründen einer kriminellen Vereinigung strafbar sind, wird unten im Rahmen der Untersuchung der Teilnahme am Gründen einer kriminellen Vereinigung noch einzugehen sein [482].

c) Werben

aa) Das Werben im Gründungsstadium

Die Verwirklichung der Tathandlung des Werbens für eine kriminelle Vereinigung kommt im Gegensatz zu den Tathandlungen des Unterstützens und der Beteiligung als Mitglied nach ganz überwiegender Auffassung [483] auch dann in Betracht, wenn die kriminelle Vereinigung noch nicht besteht. Dagegen hält **Giehring** [484] es im Hinblick auf die Strafbarkeit der versuchten Gründung einer kriminellen oder terroristischen Vereinigung für zweifelhaft, ob auch die Werbung für eine noch nicht existierende, sondern erst zu gründende Organisation tatbestandsmäßig ist. Dieser Erwägung ist jedoch nicht zu folgen. Der Begriff des Werbens legt eine solche Einschränkung nicht nahe. Vielmehr umfaßt das

---

480 **Fleischer**, NJW 1979, 1337 (1339); **Fürst**, Grundlagen und Grenzen, S 111, 235 f.; **Haberstumpf**, MDR 1979, 977 (979).

481 Davon muß auch die Auffassung ausgehen, die eine strafbare Beihilfe zum Gründen einer kriminellen Vereinigung für möglich hält, vgl. **v. Bubnoff** in LK, § 129 Rn. 21; **Dahs**, NJW 1976, 2145 (2148); **Lenckner** in Schönke/Schröder, § 129 Rn. 24; **Tröndle**, § 129 Rn. 4 d. Vgl. auch **Rudolphi** in SK, § 129 Rn. 21, der eine Beihilfe zum Gründen für denkbar hält, jedoch eine Anwendung der allgemeinen Teilnahmeformen im Zusammenhang mit §§ 129, 129 a StGB aufgrund systematischer und teleologischer Erwägungen ablehnt. Siehe dazu unten S. 129 ff.

482 Siehe unten S. 160 ff.

483 Vgl. **Fleischer**, NJW 1979, 1337 (1339); **Haberstumpf**, MDR 1979, 977 (978 f.).

484 **Giehring**, Strafverteidiger 1983, 296 (298).

Merkmal des Werbens auch die Anstiftung zum Gründen einer kriminellen Vereinigung [485]. Der Umkehrschluß von der Strafbarkeit des Versuchs des Gründens auf eine Straflosigkeit des Werbens für eine kriminelle oder terroristische Vereinigung im Gründungsstadium ist zudem nicht zwingend. Die Strafbarkeit des Versuchs, eine kriminelle oder terroristische Vereinigung zu gründen, schließt eine Strafbarkeit des Täters, der für eine solche Vereinigung im Gründungsstadium wirbt, nicht aus [486]. Vielmehr steht es dem Gesetzgeber - wie **Giehring** [487] in anderem Zusammenhang selbst ausführt - frei, durch Bildung eines Tätigkeitsdelikts die Vollendung eines Tatbestands von möglicherweise eintretenden Erfolgen unabhängig zu machen. Dies hat der Gesetzgeber durch die mit dem Vereinsgesetz vom 15. August 1964 [488] erfolgte Einfügung der Begehungsform des Werbens für eine kriminelle Vereinigung in § 129 StGB getan [489]. Auf die historische und systematische Auslegung des Merkmals des Werbens für eine kriminelle Vereinigung wird unten im Zusammenhang mit der Untersuchung der Anforderungen an das Werben von Mitgliedern im Gründungsstadium [490] und im Zusammenhang mit der Untersuchung des Werbens um Unterstützung [491] noch näher einzugehen sein.

Eine Verwirklichung der Tathandlung des Werbens für eine kriminelle Vereinigung ist wegen der sprachlichen Unschärfe des Begriffs des Werbens [492] denkbar

---

485 Vgl. **Fürst**, Grundlagen und Grenzen, S. 142, 235; **Lenckner** in Schönke/Schröder, § 129 Rn. 24; **Rudolphi** in SK, § 129 Rn. 18, 21; **Schlothauer/Tscherch**, Strafverteidiger 1981, 22 (23). Siehe dazu auch unten S. 126 f.

486 Vgl. auch **Lenckner** in Schönke/Schröder, § 129 Rn. 18, der ausführt, eine entsprechende Anwendung der allgemeinen Regeln über den Rücktritt vom Versuch müsse - trotz formeller Vollendung - auch bei der Werbung möglich sein, wenn der Täter nach Beginn seiner Einwirkung auf den anderen diese aufgebe oder ihren Erfolg verhindere. Dies folge schon daraus, daß andernfalls auch die Rücktrittsmöglichkeit beim Gründungsversuch, der im Werben von Mitgliedern bestehe, gegenstandslos würde.

487 **Giehring**, Strafverteidiger 1983, 296 (306).

488 BGBl. I, S. 593.

489 **Fürst**, Grundlagen und Grenzen, S. 139 f.; **Giehring**, Strafverteidiger 1983, 296 (300 f., 306).

490 Siehe unten S. 105 ff.

491 Siehe unten S. 110 ff.

492 Vgl. dazu **Fürst**, Grundlagen und Grenzen, S. 124 f.; **Langer-Stein**, Legitimation und Interpretation, S. 227; **Rudolphi**, JR 1979, 33 (34).

durch das Werben von Mitgliedern bzw. das Herbeiführen der Gründung, das Werben um Unterstützung und das Werben um Sympathie für eine kriminelle Vereinigung. Der BGH [493] hat ausgeführt, das Merkmal des Werbens für eine Vereinigung im Sinne des § 129 Abs. 1 StGB sei nicht auf die Gewinnung von Mitgliedern oder Anhängern beschränkt, sondern erfasse auch ähnliche Betätigungen, mit denen eine andersartige Stärkung der Vereinigung und deren gezielte Unterstützung mit den Mitteln der Propaganda bezweckt werde. Diese weitgehende, die sogenannte Sympathie-Werbung einbeziehende Auslegung des Merkmals des Werbens für eine kriminelle Vereinigung hat im Schrifttum Zustimmung [494], verbreitet aber auch Kritik gefunden [495]. Auf diesen Meinungsstreit soll vorliegend jedoch nicht eingegangen werden. Denn die Frage, ob durch Sympathie-Werbung die Tathandlung des Werbens für eine kriminelle Vereinigung verwirklicht werden kann, ist für das hier zu untersuchende Werben im Gründungsstadium nicht von Bedeutung. Im Gründungsstadium werden die Mitwirkenden besonderen Wert auf Geheimhaltung der von ihnen entfalteten Tätigkeiten legen, damit der Zusammenschluß nicht schon vor Bildung und Festigung der Strukturen der kriminellen Vereinigung zerschlagen wird [496]. Damit läßt sich jedoch eine einen größeren Personenkreis ansprechende "Stärkung der Vereinigung und deren gezielte Unterstützung mit den Mitteln der

---

493 BGHSt 28, 26 (28). In der Entscheidung BGHSt 33, 16 (18) hat der BGH eine einschränkende Auslegung vorgenommen und verlangt, daß ein Text, dessen Verbreitung als Werben oder Unterstützen im Sinne des § 129 a StGB angesehen werden dürfe, objektiv geeignet sein müsse, von den im Einzelfall angesprochenen Adressaten als Werbung für die Vereinigung selbst oder als Unterstützung aufgefaßt zu werden. Die eine Unterstützung der Organisation, ihrer Bestrebungen oder ihrer Tätigkeit bezweckende Zielrichtung müsse eindeutig erkennbar sein.

494 **v. Bubnoff** in LK, § 129 Rn. 17; **Gössel**, JR 1983, 118 (119); **Haberstumpf**, MDR 1979, 977 (978); **Maurach/Schroeder**, Strafrecht BT 2, S. 301; **Rebmann**, DRiZ 1979, 363 (364); **ders.**, NStZ 1981, 457 (459); **ders.**, NStZ 1989, 97 (100).

495 **Arzt/Weber**, LH 5, Rn. 52; **Fürst**, Grundlagen und Grenzen, S. 134 ff.; **Giehring**, Strafverteidiger 1983, 296 (306 f.); **Langer-Stein**, Legitimation und Interpretation, S. 228; **Lenckner** in Schönke/Schröder, § 129 Rn. 14 b; **Ostendorf**, JA 1980, 499 (502); **ders.** in AK, § 129 Rn. 18; **Rudolphi**, JR 1979, 33 (36); **ders.**, ZRP 1979, 218; **ders.** in SK, § 129 Rn. 18.

496 Vgl. **Schaefer**, Kriminalistik 1987, 230 (235), der ausführt, ein Nachweis einer kriminellen Vereinigung von außen sei fast nie möglich; **Schneider**, Jura 1984, 169 (170); vgl. auch **Rudolphi** JR 1979, 33 (35), der ausführt, es bestünden gute Gründe dafür, die bloße Sympathiewerbung zwar für eine verfassungswidrige politische Partei, nicht aber für eine kriminelle Vereinigung unter Strafe zu stellen, da im Gegensatz zu einer kriminellen Vereinigung für eine politische Partei das Betreiben von Propaganda gerade essentiell sei.

Propaganda" [497] nicht vereinbaren. Zudem läßt sich mangels eines konkreten Bezugspunktes Sympathie für eine nicht bestehende Vereinigung - also sozusagen "im Vorgriff" - kaum herstellen [498]. Die Rechtsprechung hat sich dementsprechend mit der Frage der Verwirklichung der Tathandlung des Werbens für eine kriminelle oder terroristische Vereinigung durch Sympathie-Werbung nur im Zusammenhang mit bereits bestehenden Vereinigungen und deren konkret ersichtlich gewordenen Zielsetzungen befassen müssen [499]. Auch im Schrifttum ist eine weitere Ausdehnung der Strafbarkeit nach §§ 129, 129 a StGB auf die Sympathie-Werbung für noch nicht bestehende Vereinigungen nicht vertreten worden. Im folgenden ist daher nur zu untersuchen, ob die Tathandlung des Werbens für eine kriminelle Vereinigung durch das Werben von Mitgliedern und das Werben um Unterstützung im Gründungsstadium verwirklicht werden kann.

aaa) Das Werben von Mitgliedern

1) Darstellung der Kontroverse

Die Tathandlung des Werbens für eine kriminelle Vereinigung erfaßt das Werben von Mitgliedern und das Herbeiführen der Gründung der Vereinigung [500]. Diese Tathandlung wird nach überwiegender Auffassung daher sowohl durch die vollendete und versuchte Anstiftung, als auch durch die erfolgreiche und erfolglose öffentliche Aufforderung zur Gründung einer kriminellen Vereinigung oder zu einer mitgliedschaftlichen Beteiligung an einer solchen Vereinigung verwirklicht [501]. Dagegen verlangt **Ostendorf** [502] für eine Strafbarkeit wegen Werbens

---

497 BGHSt 28, 16 (18).

498 Vgl. **Maurach/Schroeder/Maiwald**, Strafrecht BT 2, S. 371 (Rn. 10): Die betreffende Vereinigung muß tatsächlich existieren.

499 Vgl. BGHSt 28, 16; 33, 16; OLG Frankfurt, Strafverteidiger 1983, 285; BayObLG, NStZ 1983, 123; Strafverteidiger 1984, 77; OLG Stuttgart, Strafverteidiger 1984, 76; OLG Hamburg Strafverteidiger 1986, 253.

500 **Fürst**, Grundlagen und Grenzen, S. 142, 235; **Lenckner** in Schönke/Schröder, § 129 Rn. 14 b, 24; **Rudolphi** in SK, § 129 Rn. 18, 21; **Schlothauer/Tscherch**, Strafverteidiger 1981, 22 (23); **Tröndle**, § 129 Rn. 4 c.

501 **Bruns**, NStZ 1985, 22 (23); **Fürst**, Grundlagen und Grenzen, S. 142; **Lenckner** in Schönke/Schröder, § 129 Rn. 14 a; **Rudolphi** in SK, § 129 Rn 18; **ders.**, JR 1979, 33 (34).

502 **Ostendorf** in AK, § 129 Rn. 19.

für eine kriminelle Vereinigung, daß die Tathandlung objektiv auf die Gewinnung von Mitgliedern oder Anhängern gerichtet und insoweit auch erfolgreich sein müsse. Die §§ 129, 129 a StGB würden von ihrem Einsetzungsgrund als vorzeitige Entschärfung eines Gefährdungspotentials abstrahiert werden, wenn sie sich nicht auf die erfolgreiche personelle Unterstützung beschränkten [503]. Jede Tathandlung dieser Bestimmungen - also auch das Werben - verlange eine unmittelbare Stärkung dieses Gefährdungspotentials. Zudem dürfe der Umstand, daß mit der Tathandlung des Werbens für eine kriminelle Vereinigung eine Teilnahmehandlung, nämlich die Anstiftung, abweichend von der Systematik des StGB täterschaftlich ausgestaltet sei, nicht zu einer Veränderung der Struktur dieser Teilnahmeform führen [504]. Die versuchte Anstiftung sei aber nur ausnahmsweise - nämlich hinsichtlich der Begehung eines Verbrechens - nach § 30 StGB strafbar [505]. Die Straflosigkeit versuchter Werbung ergebe sich ferner aus dem Umstand, daß nach §§ 129 Abs. 3, 129 a Abs. 3 StGB nur der Versuch des Gründens strafbar sei [506]. Die Herbeiführung einer darüber hinausgehenden Versuchsstrafbarkeit durch die Einstufung der Tathandlung des Werbens als unechtes Unternehmensdelikt genüge den Anforderungen der §§ 11 Abs. 1 Nr. 6, 23 Abs. 1 StGB sowie den Anforderungen, die der Bestimmtheitsgrundsatz (Art. 103 Abs. 2 GG) für Strafnormen aufstelle, nicht. Ein unzweideutiger Hinweis auf eine Strafbarkeit des Versuchs könne der Handlungsmodalität des Werbens nicht entnommen werden, da hierunter zumindest auch die nur erfolgreiche Werbung verstanden werden könne. **Dahs** [507] geht ebenfalls davon aus, daß nur durch die erfolgreiche Werbung die Tathandlung des Werbens verwirklicht werden kann. Die auf die Gewinnung eines Mitglieds oder einer Unterstützung gerichtete, erfolgreiche Werbung sei ein Fall der zur Täterschaft verselbständigten Anstiftung. Der erfolglose Versuch des Werbens sei nur unter den Voraussetzungen des § 30 StGB als versuchte Anstiftung strafbar [508]. **Langer-**

---

503 **Ostendorf**, JA 1980, 499 (502).

504 **Ostendorf** in AK, § 129 Rn. 19.

505 **Ostendorf**, JA 1980, 499 (502); **ders.** in AK, § 129 Rn. 19, 30.

506 **Ostendorf**, JA 1980, 499 (502); **ders.** in AK, § 129 Rn. 30. Dabei ist § 129 a Abs. 3 a. F. StGB gemeint.

507 **Dahs**, NJW 1976, 2145 (2148).

508 Ausgehend von dem Verbrechenstatbestand des § 129 a Abs. 2 a. F. StGB bejaht **Dahs**, NJW 1976, 2145 (2148), eine Strafbarkeit wegen versuchter Anstiftung, wenn die Werbung mit dem Ziel der Gewinnung eines Rädelsführers oder Hintermanns erfolglos betrieben wird.

Stein [509] hält ebenfalls nur die erfolgreiche Anwerbung von Mitgliedern für strafwürdig. Die erfolglose Anwerbung von Mitgliedern führe nicht zu einer nachweisbaren Steigerung der Gefahr für die geschützten Rechtsgüter und damit nicht zu einer konkretisierbaren Strafwürdigkeit [510]. **Giehring** [511] vertritt in diesem Zusammenhang zwar die Auffassung, das Werben setze keinen Werbungserfolg voraus. Er hält jedoch eine Beschränkung des Werbens auf die Massenkommunikation für geboten. Nur bei einer derartigen Interpretation könnten gravierende Wertungswidersprüche innerhalb der §§ 129, 129 a StGB vermieden werden. Bei der Einbeziehung auch individueller Beeinflussungsversuche wäre zwar der Versuch straflos, Mitglied einer kriminellen Vereinigung zu werden und sie zu unterstützen, straflos wäre auch die Anhängerschaft, strafbar dagegen der erfolglose Versuch, eine andere Einzelperson als Mitglied oder Anhänger zu werben oder zur Unterstützung zu bewegen. Dieser Widerspruch werde vermieden, wenn das Spezifische des Werbens in der Breite des potentiellen Adressatenkreises der Äußerung gesehen werde, und damit auf Einzelpersonen oder einen beistimmten engen Personenkreis gerichtete Beeinflussungsversuche nicht tatbestandsmäßig seien [512]. Nach Auffassung von **Giehring** setzt die Verwirklichung der Tathandlung des Werbens daher voraus, daß der Täter im Zusammenwirken oder im Einverständnis mit der kriminellen Vereinigung mittels Schriften im Sinne des § 11 Abs. 3 StGB nach dem Verständnis des Durchschnittsadressaten die kriminellen bzw. terroristischen Mittel der Vereinigung mit einem gewissen Maß an Argumentation befürwortet; seine Äußerung muß öffentlich erfolgen und ihr Inhalt als eigene Auffassung des Täters erkennbar sein [513].

2) Stellungnahme

Die grammatische Auslegung des Begriffs des Werbens spricht nicht dafür, daß hierunter nur die erfolgreiche Werbung zu verstehen ist. Der Begriff des Werbens

---

509 **Langer-Stein**, Legitimation und Interpretation, S. 230. De lege ferenda sollte nach Auffassung von **Langer-Stein** die Tathandlung des Werbens gestrichen werden, weil die strafwürdige erfolgreiche Anwerbung von Mitgliedern bereits als Anstiftung über § 26 StGB erfaßt werde und ein darüber hinausgehendes Strafbedürfnis nicht ersichtlich sei.

510 **Langer-Stein**, Legitimation und Interpretation, S. 229.

511 **Giehring**, Strafverteidiger 1983, 296 (306).

512 **Giehring**, Strafverteidiger 1983, 296 (306 f.).

513 **Giehring**, Strafverteidiger 1983, 296 (309).

beschreibt eine bestimmte Tätigkeit, nicht aber durch diese Tätigkeit hervorgerufene Wirkungen oder damit verknüpfte Erfolge [514]. Dies wird insbesondere bei Berücksichtigung des Umstands deutlich, daß der Gesetzgeber in § 109 h Abs. 1 StGB - im Unterschied zu §§ 129, 129 a StGB - die erfolgreiche Werbung mit dem Begriff des Anwerbens bezeichnet hat. Die von **Giehring** vorgeschlagene Beschränkung des Werbens auf die Massenkommunikation findet im Wortlaut des § 129 Abs. 1 StGB ebenfalls keine Stütze [515]. Dem Begriff des Werbens läßt sich nicht entnehmen, daß hiervon an Einzelpersonen oder einen bestimmten Personenkreis gerichtete Beeinflussungsversuche nicht erfaßt sein sollen [516]. Auch die historische Auslegung spricht gegen die Beschränkung des Merkmals des Werbens auf die erfolgreiche Werbung und auf die Massenkommunikation. Zwar enthalten die Gesetzesmaterialien im Zusammenhang mit der Einführung der Begehungsform des Werbens für eine kriminelle Vereinigung durch das Vereinsgesetz vom 15. August 1964 keine diesbezüglichen Ausführungen. Der Begründung des Gesetzentwurfs [517] ist jedoch zu entnehmen, daß die Aufnahme der Begehungsform des Werbens in § 129 StGB eine Angleichung dieser Bestimmung an die neuen Tatbestände der §§ 90 a, 90 b (a. F.) StGB bezweckte, die das Werben für verbotene Parteien oder verfassungsfeindliche Vereinigungen unter Strafe stellten. Für die historische Auslegung können daher die §§ 90 a, 90 b (a. F.) StGB betreffenden Gesetzesmaterialien herangezogen werden. In den Beratungen des Sonderausschusses des Bundestags für die Strafrechtsreform [518] im Jahr 1964 wurde ausgeführt, die Aufnahme des Merkmals Werben in §§ 90 a, 90 b (a. F.) StGB solle erfolgen, um auch Handlungen ohne jeden Förderungseffekt unter Strafe stellen zu können. Als Beispiel wurde in diesem Zusammenhang die

---

514 **Giehring**, Strafverteidiger 1983, 296 (300). Vgl. ferner **Duden**, Wörterbuch, Band 8, S. 3898, "werben" und "Werbung"; **Wahrig**, Deutsches Wörterbuch, Band 6, S. 716, "werben" und "Werbung".

515 **Fürst**, Grundlagen und Grenzen, S. 141. Vgl. auch **Lenckner** in Schönke/Schröder, § 129 Rn. 14 a, der ausführt, Werben bedeute das planmäßige Vorgehen mit dem Ziel, andere für etwas zu gewinnen. In welcher Form dies geschehe, ob Adressat ein einzelner oder die Öffentlichkeit sei und ob die Werbung im Zusammenwirken mit der Vereinigung oder auf eigene Faust erfolge, sei ohne Bedeutung.

516 Vgl. **Duden**, Wörterbuch, Band 8, S. 3898, "werben" und "Werbung"; **Wahrig**, Deutsches Wörterbuch, Band 6, S. 716, "werben" und "Werbung".

517 Bericht des Ausschusses für Inneres zum Regierungsentwurf eines Vereinsgesetzes, BT-Drucksache 4/Nr. 2145 (neu), S. 8.

518 Deutscher Bundestag, Sonderausschuß für Strafrechtsreform, Prot. 4/11. Sitzung, **Lüttger**, S. 205, 209; **Dreher**, S. 208; **Schafheutle**, S. 209.

Massenpropaganda für die illegale KPD genannt [519]. Als weiteres Beispiel wurde der Fall genannt, daß ein Außenstehender versuche, ein ehemaliges Mitglied der verbotenen Partei zur Mitwirkung bei der Gründung einer Ersatzorganisation zu gewinnen [520]. Gegen eine Beschränkung des Merkmals des Werbens auf die erfolgreiche Werbung und auf die Massenkommunikation spricht auch die Begründung der entsprechenden Bestimmungen des Entwurfs eines Strafgesetzbuchs von 1962, an den sich die Neuregelung durch das Vereinsgesetz ausdrücklich anlehnte [521]. In der Begründung zu dem - § 90 a (a. F.) StGB entsprechenden - § 374 des Entwurfs wird das Werben umschrieben als Einwirkung auf andere mit dem Ziel, "sie für eine Mitgliedschaft oder eine materielle oder geistige Unterstützung der Organisation oder ihres Wirkens zu gewinnen" [522]. Auf die Begründung zu § 374 des Entwurfs wird in der Erläuterung zu § 294 des Entwurfs - der § 129 StGB entspricht - verwiesen [523]. Auch in den Beratungen des Sonderausschusses für die Strafrechtsreform anläßlich der Einführung des Qualifikationstatbestandes des § 129 a StGB im Jahr 1976 wurde die Bedeutung der Begehungsform des Werbens erörtert. Dabei führte der Vertreter des Bundesjustizministeriums **Laufhütte** aus, Werben bedeute: "- diese Einschränkung ist wichtig - eine auf die Gewinnung von Anhängern gerichtete Tätigkeit, also nicht sonstige Werbungsakte". Die Form der Werbung sei ebenso bedeutungslos wie die Frage, ob die Werbung Erfolg gehabt habe [524]. Am Schluß der Beratungen legte er auf die Frage nach dem Unterschied zwischen den Begehungsformen des Werbens und des Unterstützens noch einmal dar, nach der Rechtsprechung sei Werbung eine auf die Gewinnung von Anhängern gerichtete Tätigkeit, die keinen Erfolg voraussetze [525]. Im Anschluß daran einigte sich der Ausschuß darauf, zu dieser

---

519 Deutscher Bundestag, Sonderausschuß für Strafrechtsreform, Prot. 4/11. Sitzung, **Lüttger**, S. 209.

520 Deutscher Bundestag, Sonderausschuß für Strafrechtsreform, Prot. 4/11. Sitzung, **Güde**, S. 210.

521 Bericht des Ausschusses für Inneres zum Regierungsentwurf eines Vereinsgesetzes, BT-Drucksache 4/Nr. 2145 (neu), S. 6. Vgl. zur Begründung des Entwurfs eines Strafgesetzbuchs von 1962 auch **Fürst**, Grundlagen und Grenzen, S. 129; **Giehring**, Strafverteidiger 1983, 296 (301).

522 Entwurf eines Strafgesetzbuches von 1962, S. 565.

523 Entwurf eines Strafgesetzbuches von 1962, S. 466.

524 Deutscher Bundestag, Sonderausschuß für Strafrechtsreform, Prot. 7/77. Sitzung, **Laufhütte**, S. 2442.

525 Deutscher Bundestag, Sonderausschuß für Strafrechtsreform, Prot. 7/78. Sitzung, **Laufhütte**, S. 2464.

Frage keine Stellungnahme abzugeben, da insoweit Einverständnis mit der vorgesehenen Vorschrift bestehe [526]. Die Beschränkung des Merkmals des Werbens auf die erfolgreiche Werbung läßt sich mithin mit den eindeutigen Vorstellungen des Gesetzgebers nicht vereinbaren. Der Gesetzgeber hat für die Verwirklichung der Tathandlung des Werbens gerade nicht die unmittelbare Stärkung des Gefährdungspotentials der Vereinigung durch die erfolgreiche Gewinnung von Mitgliedern verlangt, sondern eben auch solche Handlungen erfassen wollen, bei denen keine irgendwie günstigen Wirkungen für die Vereinigung nachweisbar sind [527]. Auch die Beschränkung des Werbens auf die Massenkommunikation findet in den Materialien keine Stütze [528]. Die von **Ostendorf** und **Langer-Stein** für die Beschränkung des Werbens auf die erfolgreiche Werbung und von **Giehring** für die Beschränkung des Werbens auf die Massenkommunikation angeführten dogmatischen und systematischen Argumente [529] vermögen - abgesehen von der Frage, ob und gegebenenfalls unter welchen Voraussetzungen dies überhaupt zulässig ist [530] - eine Reduktion des Anwendungsbereichs des § 129 Abs. 1, 3. Alt. StGB entgegen dem Wortlaut der Bestimmung und dem Willen des Gesetzgebers nicht zu begründen. Es steht dem Gesetzgeber frei, durch Bildung eines Tätigkeitsdelikts die Vollendung eines Tatbestands von möglicherweise eintretenden Erfolgen unabhängig zu machen [531] und bestimmte Verhaltensweisen durch Einführung von Tatbeständen unter Strafe zu stellen, die Parallelen zu den Teilnahmeformen des Allgemeinen Teils des Strafrechts nicht zugänglich sind [532]. Das Argument, die Herbeiführung einer über den strafbaren Versuch des Gründens hinausgehenden Versuchsstrafbarkeit durch die Einstufung der Tathandlung des Werbens als unechtes Unternehmensdelikt genüge nicht den Anforderungen der §§ 11 Abs. 1 Nr. 6, 23 Abs. 1 StGB sowie den Anforderungen des Bestimmtheitsgrundsatzes, ist daher nicht überzeugend. Dies gilt auch hinsichtlich der Erwägungen, die sich auf die nur ausnahmsweise vorgesehene Strafbarkeit der versuchten Anstiftung stützen. Nicht von der Hand zu weisen ist

---

526 Deutscher Bundestag, Sonderausschuß für Strafrechtsreform, Prot. 7/78. Sitzung, S. 2464.

527 **Giehring**, Strafverteidiger 1983, 296 (306).

528 **Fürst**, Grundlagen und Grenzen, S. 141.

529 Siehe oben S. 103-105.

530 Vgl. dazu **Eser** in Schönke/Schröder, § 1 Rn. 41-44; **Jescheck**, Strafrecht AT, S. 139 f.

531 **Fürst**, Grundlagen und Grenzen, S. 139 f.; **Giehring**, Strafverteidiger 1983, 296 (300 f., 306).

532 **Fürst**, Grundlagen und Grenzen, S. 126.

allerdings das Argument von **Giehring** [533], bei der Einbeziehung auch individueller Beeinflussungsversuche wäre zwar der Versuch straflos, Mitglied einer kriminellen Vereinigung zu werden, strafbar dagegen der erfolglose Versuch, eine andere Einzelperson als Mitglied zu werben. Diesem Argument kommt jedoch in Anbetracht des Wortlauts und der Entstehungsgeschichte der Begehungsform des Werbens für eine kriminelle Vereinigung letztlich nicht solches Gewicht zu, daß allein damit entgegen dem in den Materialien zum Ausdruck gekommenen Willen des Gesetzgebers eine Beschränkung des Werbens auf die Massenkommunikation begründet werden könnte.

bbb) Das Werben um Unterstützung

1) Darstellung der Kontroverse

Nach herrschender Auffassung [534] erfaßt die Tathandlung des Werbens für eine kriminelle Vereinigung auch das Werben um Unterstützung. **Lenckner** [535] führt aus, das Werben müsse unter dem Gesichtspunkt seiner Gefährlichkeit den übrigen Begehungsmodalitäten in etwa entsprechen. Zu eng wäre es allerdings, das Werben nur zur 1. und 2. Alternative des § 129 StGB in Beziehung zu setzen und deshalb auf die Gründungs- und Mitgliederwerbung zu beschränken. Vielmehr müsse es auch genügen, wenn die Werbung erkennbar darauf gerichtet und dazu geeignet sei, für die Vereinigung Anhänger zu gewinnen, die gegebenenfalls auch zu Unterstützungshandlungen bereit seien. In die gleiche Richtung gehen die Ausführungen von **Fürst** [536], die Werbung um Unterstützung stabilisiere ebenso wie die Mitgliederwerbung das Gefährdungspotential krimineller Vereinigungen. **Ostendorf** [537] sieht die Werbung um Unterstützung grundsätzlich ebenfalls als tatbestandsmäßig an. Er verlangt jedoch - ebenso wie bei der Werbung von Mitgliedern [538] - die Begrenzung des Merkmals des Werbens auf die erfolgreiche

---

533 **Giehring**, Strafverteidiger 1983, 296 (306 f.).

534 BGHSt 28, 26 (28); **Dahs**, NJW 1976, 2145 (2148); **Fürst**, Grundlagen und Grenzen, S. 137 f.; **Lenckner** in Schönke/Schröder, § 129 Rn. 14 b; **Ostendorf**, JA 1980, 499 (502); **ders.** in AK, § 129 Rn. 19; **Tröndle**, § 129 Rn. 4 c.

535 **Lenckner** in Schönke/Schröder, § 129 Rn. 14 b.

536 **Fürst**, Grundlagen und Grenzen, S. 137 f.

537 **Ostendorf**, JA 1980, 499 (502); **ders.** in AK, § 129 Rn. 19.

538 Siehe oben S. 103 f.

personelle Unterstützung, also auf das tatsächliche Gewinnen von Unterstützern. Dagegen weist **Rudolphi** [539] darauf hin, daß die Einbeziehung des Werbens um Unterstützung zu fragwürdigen Ergebnissen führe. Denn danach wäre derjenige, der einen anderen zu einer versuchten Unterstützung veranlaßt habe, wegen Werbens nach §§ 129, 129 a StGB strafbar, während der andere wegen seiner nur versuchten Unterstützung nicht nach diesen Bestimmungen bestraft werden könne. **Langer-Stein** [540] hält das Werben um Unterstützung nicht für strafwürdig. Derjenige, der um Unterstützung werbe, wolle Dritte dazu bewegen, die Vereinigung zu fördern. Der Strafwürdigkeit nach entspreche dieses Verhalten der Anstiftung zur Beihilfe. Zudem sei in diesem Bereich eine Grenzziehung zwischen Handlungen, die kausal die Gefährlichkeit steigern würden, und solchen, die sich aus irgendwelchen Gründen nicht auswirken würden, unmöglich.

2) Stellungnahme

Der Wortlaut des § 129 Abs. 1 StGB und die Gesetzesmaterialien [541] sprechen nicht gegen die Einbeziehung des Werbens um Unterstützung [542]. Die Strafbarkeit des Werbens um Unterstützung ist auch mit dem Schutzzweck der Bestimmung vereinbar, da die Unterstützung eine Stabilisierung oder Stärkung des Gefährdungspotentials der kriminellen Vereinigung bewirkt [543]. Jedoch ist das Argument von **Rudolphi** [544] nicht von der Hand zu weisen, die Einbeziehung des Werbens um Unterstützung führe dazu, daß derjenige, der einen anderen zu einer versuchten Unterstützung veranlaßt habe, wegen Werbens strafbar wäre, während der andere wegen seiner nur versuchten Unterstützung nicht bestraft werden könne. Dieses fragwürdige Ergebnis hat **Fürst** [545] mit der Erwägung zu erklären

---

539 **Rudolphi** in SK, § 129 Rn 18; **ders.**, JR 1979, 33 (36); **ders.**, ZRP 1979, 214 (219). Ihm folgend **Lampe**, ZStW 106 (1994), 683 (726); **Schlothauer/Tscherch**, Strafverteidiger 1981, 22 (23). Auf diese Erwägung stützt auch **Giehring**, Strafverteidiger 1983, 296 (306 f.), seine Auffassung, die Begehungsform des Werbens sei auf die Massenkommunikation zu beschränken; siehe dazu oben S. 105.

540 **Langer-Stein**, Legitimation und Interpretation, S. 229.

541 Siehe dazu oben S. 105 ff.

542 Vgl. **Rudolphi**, JR 1979, 33 (35).

543 **Fürst**, Grundlagen und Grenzen, S. 138; **Rudolphi**, JR 1979, 33 (36).

544 **Rudolphi** in SK, § 129 Rn 18; **ders.**, JR 1979, 33 (36); **ders.**, ZRP 1979, 214 (219).

545 **Fürst**, Grundlagen und Grenzen, S. 138.

versucht, daß nach der ratio der Organisationsdelikte derjenige, der eine Multiplikatorfunktion für die Organisation übernehme, eine größere Gefährlichkeit an den Tag lege als ein Außenstehender, der mit einzelnen organisationsbezogenen Tätigkeiten im Ansatz scheitere. Dieser Erwägung kann jedoch bereits deshalb kein entscheidendes Gewicht zukommen, weil bei Einbeziehen des Werbens um Unterstützung auch derjenige wegen Werbens für eine kriminelle Vereinigung strafbar wäre, der eine einzelne Person als Unterstützer wirbt. In diesem Fall hat der Werbende als Außenstehender selbst nur eine einzelne organisationsbezogene Tätigkeit entfaltet, mit der er nicht zwangsläufig einer größere Gefährlichkeit an den Tag legt. Für das Werben im Gründungsstadium kommt dem Argument von **Rudolphi** zudem ein besonderes Gewicht zu. Denn die Tathandlung des Unterstützens einer kriminellen Vereinigung kann - wie oben bereits ausgeführt worden ist [546] - nur dann verwirklicht werden, wenn die kriminelle Vereinigung bereits besteht. Im Gründungsstadium erfolgende Unterstützungshandlungen können daher - sofern sie nicht die Voraussetzungen des § 129 Abs. 1, 1. Alt. StGB erfüllen - nur als Beihilfe zum Gründen einer kriminellen Vereinigung strafbar sein [547]. Hat die Unterstützungshandlung Erfolg - ist also der Tatbeitrag des Beteiligten für die Schaffung oder Stärkung des konkreten Gefährdungspotentials der kriminellen Vereinigung mitursächlich geworden [548] - so ist der Beteiligte wegen Beihilfe zum Gründen einer kriminellen Vereinigung strafbar. Dabei kommt ihm jedoch die in § 27 Abs. 2 Satz 2 StGB vorgesehene Strafmilderung zugute. Hat die Unterstützungshandlung keinen Erfolg, so bleibt der Beteiligte straflos, da die versuchte Beihilfe nicht strafbar ist. Dagegen wäre bei einer Strafbarkeit des Werbens um Unterstützung im Gründungsstadium der Beteiligte, der den Gehilfen geworben hat, ohne Rücksicht auf Erfolg oder Mißerfolg der Unterstützungshandlung stets strafbar. Dabei würde ihm weder die in § 27 Abs. 2 Satz 2 StGB vorgesehene Strafmilderung, noch der Umstand zugute kommen, daß die versuchte Beihilfe straflos ist. Dies stellt in der Tat ein fragwürdiges Ergebnis dar. Ferner trifft das Argument von **Langer-Stein** [549], die Werbung um Unterstützung entspreche der Strafwürdigkeit nach der von dem Gesetzgeber nicht unter Strafe gestellten Anstiftung zur Beihilfe, jedenfalls für die Werbung im Gründungsstadium zu, da in diesem Stadium erfolgende Unterstützungshandlungen nur als Beihilfe zum Gründen einer kriminellen Vereinigung strafbar sein können. Insgesamt sprechen die besseren Gründe dafür, das Werben um

546 Siehe oben S 99.

547 Siehe unten S. 160 ff.

548 Zu den Anforderungen an die Qualität der Beihilfehandlungen siehe unten S. 153 ff.

549 **Langer-Stein**, Legitimation und Interpretation, S. 229.

Unterstützung, jedenfalls soweit es im Gründungsstadium erfolgt und daher tatsächlich nur ein Werben um Leistung von Beihilfe zum Gründen darstellt, nicht in die Begehungsmodalität des Werbens für eine kriminelle Vereinigung einzubeziehen. Eine Strafbarkeitslücke entsteht dadurch nicht. Denn der Beteiligte, der einen Gehilfen geworben hat und mittels dessen Beitrags für die Schaffung oder Stärkung des konkreten Gefährdungspotentials der kriminellen Vereinigung in ihm zurechenbarer Weise mitursächlich geworden ist, kann - worauf unten noch näher einzugehen ist [550] - ebenso wie der Gehilfe wegen Beihilfe zum Gründen einer kriminellen Vereinigung bestraft werden.

bb) Abgrenzung zwischen Gründen und Werben

Die Tathandlung des Werbens für eine kriminelle Vereinigung kann im Gründungsstadium wie dargelegt lediglich durch das Werben von Mitgliedern und das Herbeiführen der Gründung der Vereinigung verwirklicht werden. Da das Merkmal des Werbens keinen Erfolg voraussetzt, kann die Tathandlung sowohl durch die vollendete und versuchte Anstiftung, als auch durch die erfolgreiche und erfolglose öffentliche Aufforderung zur Gründung einer kriminellen Vereinigung oder zu einer mitgliedschaftlichen Beteiligung an einer solchen Vereinigung verwirklicht werden [551]. Dagegen ist für eine Strafbarkeit wegen Gründens einer kriminellen Vereinigung erforderlich, daß der Täter beim ursprünglichen Gründungsakt in zumindest stillschweigender Übereinstimmung mit den am Gründungsvorgang beteiligten Personen führend und richtungsweisend mitgewirkt hat [552]. Für die Strafbarkeit eines Beteiligten wegen Werbens für eine kriminelle Vereinigung ist daher nur dann Raum, wenn er nicht dem Kreis der Gründer - also der führend und richtungsweisend tätigen Personen - angehört [553]. Dies gilt auch für das Verhältnis der Tathandlung des Werbens zum Versuch des Gründens einer kriminellen Vereinigung. Ein Beteiligter kann sich also im Gründungsstadium nur dann wegen Werbens für eine kriminelle Vereinigung strafbar machen, wenn er als Außenstehender Personen dazu bestimmt oder zu bestimmen versucht, die kriminelle Vereinigung zu gründen oder sich an der zu gründenden

550 Siehe unten S. 162.

551 **Fürst**, Grundlagen und Grenzen, S. 142; **Lenckner** in Schönke/Schröder, § 129 Rn. 14 a; **Rudolphi** in SK, § 129 Rn 18; **ders.**, JR 1979, 33 (34). Siehe dazu oben S. 105 ff.

552 Siehe oben S. 91.

553 Vgl. **Cording**, Strafklageverbrauch, S. 108; **Haberstumpf**, MDR 1979, 977 (979).

Vereinigung als Mitglied zu beteiligen. So verwirklicht zum Beispiel ein sich im Hintergrund haltender Beteiligter, der andere Beteiligte dazu bewegt, sich zusammenzufinden und sodann eine kriminelle Vereinigung zu gründen, als Außenstehender - nämlich nicht führend tätige Person - nicht die Tathandlung des Gründens, sondern die Tathandlung des Werbens für eine kriminelle Vereinigung. Dagegen verwirklicht der Beteiligte, der andere Personen um sich schart und sie dazu bewegt, sich der organisierten Willensbildung zu unterwerfen, auch dann die Tathandlung des Gründens, wenn er sich nicht anschließend als Mitglied an der kriminellen Vereinigung beteiligt [554].

Für die Frage, welche Begehungsform ein Beteiligter verwirklicht, der Mitglieder für die zu gründende Vereinigung wirbt, kommt es ebenfalls entscheidend darauf an, ob er mit diesen Beiträgen führend und richtungsweisend tätig geworden ist. Das ist dann der Fall, wenn der Beteiligte die zu werbenden Mitglieder ausgewählt hat [555]. Denn damit hat er den Gründungsvorgang maßgeblich gefördert und auf die Qualität der zu gründenden Vereinigung richtungsweisend Einfluß genommen. Ein Beteiligter, der mit verbindlicher Wirkung für die anderen Beteiligten die späteren Mitglieder auswählt und persönlich Einfluß auf sie nimmt, um sie zu bewegen, sich der organisierten Willensbildung zu unterwerfen, verwirklicht daher die Tathandlung des Gründens einer kriminellen Vereinigung. Dies gilt aber auch dann, wenn aufgrund der Anweisung des Beteiligten ein anderer Mitwirkender das ausgewählte Mitglied wirbt. Der die Anweisung ausführende Mitwirkende verwirklicht dagegen mangels eines führenden und richtungsweisenden Beitrags lediglich die Begehungsform des Werbens für eine kriminelle Vereinigung.

II. Das Gründen einer kriminellen Vereinigung als Rädelsführer oder Hintermann

§ 129 Abs. 4 StGB nennt als zwingende [556] Beispiele für einen besonders schweren Fall, daß der Täter zu den Rädelsführern oder Hintermännern gehört. Die Vorschrift beschränkt die für Rädelsführer und Hintermänner oder für sonstige besonders schwere Fälle [557] vorgesehene Strafschärfung nicht auf bestimmte

---

554 Siehe oben S. 94.

555 Siehe dazu oben S. 93 f.

556 **v. Bubnoff** in LK, § 129 Rn. 22; **Lenckner** in Schönke/Schröder, § 129 Rn. 25.

557 Hinsichtlich der sonstigen besonders schweren Fälle hat § 129 Abs. 4 StGB durch die Einführung des § 129 a StGB an Bedeutung verloren; vgl. BGH, NJW 1978, 174;

Tathandlungen des § 129 Abs. 1 StGB. Nach dem Wortlaut kommt daher die Strafschärfung für Rädelsführer und Hintermänner auch im Hinblick auf die Tathandlung des Gründens einer kriminellen Vereinigung in Betracht.

1. Rädelsführer

Der BGH [558] hat als Rädelsführer die Personen bezeichnet, die innerhalb der kriminellen Vereinigung eine maßgebliche Führungsrolle innehaben oder sonst in vergleichbarer Weise geistig oder wirtschaftlich erhebliches Gewicht bzw. beträchtlichen Einfluß besitzen. Dabei müsse der von dem Täter ausgeübte Einfluß sowohl hinsichtlich der Größe der von ihm geführten Gruppe als auch der Sache nach beträchtlich sein [559]. Diese Auffassung wird allgemein auch im Schrifttum [560] vertreten. Der in § 129 Abs. 4 StGB verwendete Begriff des Rädelsführers ist ebenso wie in § 84 Abs. 1 StGB zu verstehen [561]. Erfaßt werden damit die Führungskräfte, Drahtzieher und Personen, die kraft einer sonstigen Schlüsselstellung einen bestimmenden Einfluß innerhalb der Vereinigung haben [562]. Dabei wird davon ausgegangen, daß der Rädelsführer

---

v. Bubnoff in LK, § 129 Rn. 25. Ein besonders schwerer Fall kann sich aus der besonderen Schwere der geplanten Taten, dem besonderen Umfang der von der Vereinigung entwickelten verbrecherischen Aktivitäten oder aus der besonders gefährlichen Zielsetzung ergeben; vgl. **Lenckner** in Schönke/Schröder, § 129 Rn. 25; **Rudolphi** in SK, § 129 Rn. 23. Der BGH, NJW 1978, 174, führt aus, bei einer strafbaren Betätigung für schwerkriminelle Vereinigungen sei in der Regel von einem besonders schweren Fall im Sinne des § 129 Abs. 4 StGB auszugehen. **v. Bubnoff** in LK, § 129 Rn. 25, nennt als Beispiel bezüglich Vereinigungen, deren Bestrebungen auf die Begehung von Straftaten der mittleren Kriminalität gerichtet sind, daß mit der Realisierung der Taten ein außergewöhnlicher Schaden bezweckt bzw. verbunden ist.

558 BGHSt 20, 74 (76), 121 (123 f.), zu § 90 a a. F. StGB. Der zuvor von dem BGH verwendete Begriff des Rädelsführers war weitergehender und erfaßte bereits den Einfluß auf eine nicht ganz unwesentliche Anzahl von Mitgliedern; vgl. BGHSt 19, 109 (110); BGH, NJW 1954, 1253.

559 BGHSt 20, 121 (124).

560 Vgl. nur **v. Bubnoff** in LK, § 129 Rn. 23; **Rudolphi** in SK, § 129 Rn. 23.

561 **Laufhütte** in LK, § 84 Rn. 7.

562 Vgl. BGHSt 19, 109 (110), zu § 90 a a. F. StGB; **v. Bubnoff** in LK, § 129 Rn. 23; **Heyer**, Die Entwicklung des politischen Strafrechts, S. 102.

sich innerhalb der Organisation betätigt [563]. Die Definition des Begriffs des Rädelsführers orientiert sich also an der Tathandlung der Beteiligung als Mitglied an einer kriminellen Vereinigung. Wie oben bereits ausgeführt worden ist [564], differenziert § 129 Abs. 4 StGB nicht zwischen den Tathandlungen des § 129 Abs. 1 StGB. Der Bestimmung sind auch keine Anhaltspunkte dafür zu entnehmen, daß der Täter Rädelsführer oder Hintermann einer bereits bestehenden Vereinigung sein muß. Die an der Tathandlung der Beteiligung als Mitglied ausgerichteten Anforderungen für die Bejahung der Eigenschaft als Rädelsführer lassen sich daher auch im Zusammenhang mit der Verwirklichung der Tathandlung des Gründens einer kriminellen Vereinigung heranziehen. Dabei ist jedoch zu berücksichtigen, daß nach der hier vertretenen Auffassung [565] bereits die Strafbarkeit wegen Gründens einer kriminellen Vereinigung eine führende und richtungsweisende Mitwirkung beim Gründungsakt voraussetzt. Die Verwirklichung der Tathandlung des Gründens einer kriminellen Vereinigung als Rädelsführer kommt daher nur dann in Betracht, wenn ein Beteiligter oder mehrere Beteiligte über die führende und richtungsweisende Mitwirkung beim Gründungsakt hinaus eine besonders zentrale, führende Position innerhalb des Kreises der am Gründungsvorgang Mitwirkenden einnehmen oder sonst in vergleichbarer Weise einen beträchtlichen Einfluß innerhalb dieses Kreises besitzen. Erfaßt werden damit die Personen, von denen aufgrund ihrer Autorität die entscheidenden Impulse für das Zustandekommen der Vereinigung ausgehen. Dies ist beispielsweise der Fall bei Personen, die die Beiträge der Gründer koordinieren oder die maßgeblichen Führungs- und Entscheidungsstrukturen der Vereinigung mit verbindlicher Wirkung für die übrigen an dem Gründungsvorgang beteiligten Personen festlegen.

2. Hintermann

Die Tathandlung des Gründens einer kriminellen Vereinigung kann dagegen nicht als Hintermann verwirklicht werden. Nach allgemeiner Ansicht [566] ist Hintermann, wer als Außenstehender geistig oder wirtschaftlich maßgebenden Einfluß

---

563 Vgl. BGHSt 18, 296 (299); 20, 121 (123 f.) zu §§ 90 a, 128 a. F. StGB; **v. Bubnoff** in LK, § 129 Rn. 24; **Laufhütte** in LK, § 84 Rn. 7.

564 Siehe oben S. 113 f.

565 Siehe oben S. 91.

566 Vgl. BGHSt 20, 121 (123), zu § 90 a a. F. StGB; **Heyer**, Die Entwicklung des politischen Strafrechts, S. 102; **Laufhütte** in LK, § 84 Rn. 7; **Rudolphi** in SK, § 129 Rn. 23.

auf die Führung der kriminellen Vereinigung ausübt. Der Hintermann unterscheidet sich mithin von dem Rädelsführer dadurch, daß er nicht Mitglied ist, sondern die Vereinigung von außen fördert [567]. Ein Außenstehender kann die Tathandlung des Gründens einer kriminellen Vereinigung jedoch nicht verwirklichen, da ein Beteiligter außerhalb des Kreises der beim Gründungsvorgang mitwirkenden Personen zwar möglicherweise einen richtungsweisenden Beitrag leisten, jedoch nicht am ursprünglichen Gründungsakt führend mitwirken kann [568]. Da die Tathandlung des Unterstützens einer kriminellen Vereinigung im Gründungsstadium nicht verwirklicht werden kann, kommt in diesem Stadium die Begehung einer der Tathandlungen des § 129 Abs. 1 StGB als Hintermann nur dann in Betracht, wenn der Täter für die kriminelle Vereinigung wirbt. Der für eine kriminelle Vereinigung werbende Täter ist - entsprechend der oben wiedergegebenen Definition - Hintermann, wenn er geistig oder wirtschaftlich maßgebenden Einfluß auf die Gruppe der Gründer ausübt. Das ist beispielsweise der Fall, wenn der Täter der "geistige Ziehvater" [569] der kriminellen Vereinigung ist und als solcher ausschlaggebenden Einfluß auf die Gründer ausübt, ohne selbst zum Kreis der Gründer zu gehören. Hintermann ist auch der Beteiligte, der als Außenstehender andere Beteiligte dazu bewegt, eine kriminelle Vereinigung zu gründen [570], und darüberhinaus für die Gründung der Vereinigung ausschlaggebende finanzielle Zuwendungen an die Gründer leistet.

III. Anforderungen an den Vorsatz des Täters

Wie oben [571] bereits ausgeführt worden ist, muß der Täter bei der Tathandlung des Gründens einer kriminellen Vereinigung Kenntnis von den Umständen haben, die das künftige Bestehen einer kriminellen Vereinigung ausmachen, und zumindest in Kauf nehmen, daß eine kriminelle Vereinigung gegründet wird. Dabei muß der Vorsatz auch die Strafbarkeit der von der kriminellen Vereinigung geplanten Taten umfassen. **Lenckner** [572] verlangt darüberhinaus eine auf das Zustande-

567 **v. Bubnoff** in LK, § 129 Rn. 24; vgl. auch BGHSt 20. 121 (123).

568 Siehe oben S. 92 f.

569 Vgl. dazu BGHSt 29, 114 (119); siehe oben Fußnote 463.

570 Die Anstiftung zum Gründen einer kriminellen Vereinigung wird von der Tathandlung des Werbens erfaßt; siehe oben S. 112 und unten S. 126.

571 Siehe oben S. 83 f.

572 **Lenckner** in Schönke/Schröder, § 129 Rn. 16.

kommen der Vereinigung gerichtete Absicht im Sinne von zielgerichtetem Handeln. Dieser Auffassung ist zu folgen. Der BGH [573] hat im Zusammenhang mit der Tathandlung des Werbens für eine terroristische Vereinigung ausgeführt, der Begriff des Werbens setze als subjektives Element voraus, daß der Täter selbst auf eine Unterstützung der Vereinigung hinziele. Bedingter Vorsatz genüge dazu nicht. Diese Erwägung läßt sich auch für die subjektive Seite der Tathandlung des Gründens einer kriminellen Vereinigung heranziehen. Denn das Gründen einer kriminellen Vereinigung - also das führende und richtungsweisende Mitwirken am Gründungsvorgang - ist nicht denkbar, ohne daß es dem Täter auf den Erfolg - nämlich das Zustandekommen der Vereinigung - ankommt. Der Begriff des Gründens beinhaltet also in subjektiver Hinsicht, daß der Täter mit direktem Vorsatz im Hinblick auf das Zustandekommen der Vereinigung handelt. Der Gründer muß daher an dem Gründungsvorgang mit dem Ziel führend und richtungsweisend mitwirken, das Zustandekommen der Vereinigung zu bewirken. Dabei braucht er zwar eine wertende Einschätzung seiner Tätigkeit als führend und richtungsweisend nicht zu vollziehen, jedoch muß er die sachliche Bedeutung seiner Mitwirkung übersehen [574]. Dies gilt auch hinsichtlich der Rädelsführerschaft. Der Rädelsführer muß daher mit dem Willen handeln, für das Zustandekommen der Vereinigung wirksam und nachhaltig in der erforderlich erscheinenden Weise tätig zu werden [575].

B. Das Gründen durch Umwandeln einer legalen in eine kriminelle Vereinigung

I. Das Gründen durch Ändern des Zwecks oder der Tätigkeit einer bereits bestehenden Vereinigung

Das Schaffen von Teilorganisationen einer bereits bestehenden kriminellen Vereinigung ist - wie oben bereits ausgeführt worden ist [576] - keine Gründung einer neuen kriminellen Vereinigung. Dagegen kann eine Verwirklichung der Tathandlung des Gründens einer kriminellen Vereinigung durch die Umwandlung eines

---

573 BGH, Strafverteidiger 1987, 481; BGHR StGB, § 129 a Abs. 3 Werben 4; vgl. auch OLG Schleswig, NJW 1988, 352; OLG Koblenz, Strafverteidiger 1989, 205 (206).

574 Vgl. **Laufhütte** in LK, § 84 Rn. 14, zu den insoweit vergleichbaren Tathandlungen des § 84 Abs. 1, 2 StGB.

575 Vgl. BGHSt 15, 259 (262).

576 Siehe oben S. 98.

bisher legalen Zwecken dienenden Zusammenschlusses in eine Vereinigung in Betracht kommen, deren Zwecke oder Tätigkeit darauf gerichtet sind, Straftaten zu begehen. Der BGH [577] hat bereits in einer Entscheidung zu § 90 a a. F. StGB ausgeführt, diese Bestimmung beziehe sich nicht nur auf Vereinigungen, die schon im Zeitpunkt ihrer Gründung verfassungswidrige Ziele verfolgen würden; vielmehr könnten sich diese Ziele auch erst später ergeben. Diese Auffassung hat der BGH [578] in einer späteren Entscheidung auch im Hinblick auf § 129 StGB vertreten. Ein Zusammenschluß von Personen, der legalen Zwecken diene, könne sich dadurch, daß sich die von ihm verfolgten Zwecke zu einem späteren Zeitpunkt auf die Begehung von Straftaten richten würden, zu einer kriminellen Vereinigung im Sinne des § 129 StGB wandeln. Die Umwandlung des legalen Zwecken dienenden Zusammenschlusses in eine kriminelle Vereinigung sei als Gründung einer kriminellen Vereinigung anzusehen. Dem stehe die eventuelle Personenidentität der zunächst legalen und sodann illegalen Vereinigung nicht entgegen, da mit der Änderung der Zweckrichtung erst die kriminelle Vereinigung, die allein von § 129 StGB erfaßt werde, entstehe. Derjenige, der einen solchen Gründungsakt führend und richtungsweisend bewirke, sei daher als Gründer einer kriminellen Vereinigung strafbar; derjenige, der dies als "führender Kopf" einer bestehenden Vereinigung versuche, sei nach § 129 Abs. 3 StGB mit Strafe bedroht [579]. Dieser Auffassung ist das Schrifttum [580] zu Recht gefolgt. Die Strafbarkeit der Umwandlung eines legalen Zwecken dienenden Zusammenschlusses in eine kriminelle Vereinigung entspricht dem Wortlaut des § 129 Abs. 1, 1. Alt. StGB. Denn die Tathandlung des Gründens bezieht sich nicht allein auf die Vereinigung, sondern umfaßt auch ihren Zweck oder ihre künftige Tätigkeit. Die Tathandlung des Gründens einer kriminellen Vereinigung ist daher auch dann verwirklicht, wenn der Zweck oder die Tätigkeit einer bestehenden

---

577 BGH bei Wagner, GA 1960, 194 (Ziffer 6).

578 BGHSt 27, 325 (326 f.). In dem von dem BGH entschiedenen Fall war das Bestreben der Gruppe um den Angeklagten zunächst darauf gerichtet gewesen, die Haftbedingungen zu verbessern. Später änderte sich die Zielsetzung dahingehend, daß auf der Grundlage linksradikal-anarchistischer Anschauungen die Gefängnisse überhaupt beseitigt und die bestehende Gesellschaftsordnung umgestürzt werden sollte. Der beabsichtigte Kampf gegen die Gesellschaft sollte sich nach dem Vorbild terroristischer Gewalttaten vollziehen.

579 BGHSt 27, 325 (327).

580 **v. Bubnoff** in LK, § 129 Rn. 8; **Fleischer**, NJW 1979, 1337; **Fürst**, Grundlagen und Grenzen, S. 95; **Haberstumpf**, MDR 1979, 977 (978); **Lenckner** in Schönke/ Schröder, § 129 Rn. 12; **Ostendorf**, JA 1980, 499, (501); **Rudolphi** in SK, § 129 Rn. 15; **Tröndle**, § 129 Rn. 4.

Vereinigung geändert wird [581]. Dies entspricht auch dem Strafgrund des § 129 StGB, da die besondere Gefährlichkeit krimineller Vereinigungen unabhängig davon besteht, ob sie durch Neugründung oder durch Änderung des Zwecks oder der Tätigkeit einer bereits bestehenden Vereinigung gebildet worden sind.

II. Anforderungen an das Gründen durch Umwandeln einer legalen in eine kriminelle Vereinigung

Besondere Voraussetzungen für eine Strafbarkeit nach § 129 Abs. 1, 1. Alt. StGB im Fall der Änderung des Zwecks oder der Tätigkeit eines bereits bestehenden Zusammenschlusses ergeben sich nicht. Wer die Umwandlung einer bestehenden, auf legale Ziele ausgerichteten Vereinigung in eine kriminelle Vereinigung führend und richtungsweisend bewirkt, verwirklicht die Tathandlung des Gründens einer kriminellen Vereinigung [582]. In Betracht kommen als strafbare Verhaltensweisen - ebenso wie bei der Neugründung - die Auswahl und die Gewinnung von Mitgliedern und die aktive Mitarbeit an der Entwicklung der Struktur der kriminellen Vereinigung, aber auch die Bereitstellung von Sachmitteln und die Auswahl und Gewinnung von Unterstützern, sofern dadurch die Entwicklung der Struktur der Vereinigung und die Verfolgung der kriminellen Zielsetzung wesentlich gefördert werden. Ferner ist nicht erforderlich, daß die Änderung der Zielsetzung von allen Mitgliedern der bestehenden Vereinigung gebilligt wird. Vielmehr genügt es, daß aufgrund der Änderung des Zwecks oder der Tätigkeit eine Vereinigung entsteht, die die oben dargestellten Anforderungen [583] für das Vorliegen einer kriminellen Vereinigung erfüllt. Ausreichend kann daher ein Mehrheitsentscheid der Mitglieder des bereits bestehenden Zusammenschlusses oder die Entscheidung der maßgebenden Führer und Funktionäre sein [584]. Diejenigen Mitglieder des legalen Zusammenschlusses, die die Änderung der Zielsetzung nicht billigen und sich nicht der auf die Begehung von Straftaten gerichteten organisierten Willensbildung unterwerfen, können jedoch der neugebildeten kriminellen Vereinigung nicht als Mitglieder zugerechnet werden [585]. Vom Tatsächlichen her werden bei der Gründung einer kriminellen Vereinigung durch Änderung des

---

581 **Fleischer**, NJW 1979, 1337, der in diesem Zusammenhang von Umgründung in eine kriminelle Vereinigung spricht.

582 Vgl. BGHSt 27, 325 (327); **v. Bubnoff** in LK, § 129 Rn. 8.

583 Siehe oben S. 31 ff., 84 ff.

584 **v. Bubnoff** in LK, § 129 Rn. 8; **Rudolphi** in SK, § 129 Rn. 15.

585 **v. Bubnoff** in LK, § 129 Rn. 8; **Rudolphi** in SK, § 129 Rn. 15.

Zwecks oder der Tätigkeit eines bereits bestehenden Zusammenschlusses vor allem Schwierigkeiten bei der Feststellung im Vordergrund stehen, daß die Vereinigung nunmehr das Ziel verfolgt, strafbare Handlungen zu begehen, und daraufhin auch ihrer inneren Struktur nach angelegt ist. Dies gilt insbesondere im Hinblick auf den in § 129 Abs. 2 Nr. 2 StGB geregelten Tatbestandsausschluß. Entschließt sich eine Vereinigung, ihre bisherige Zielsetzung nunmehr auch durch die Begehung strafbarer Handlungen zu verfolgen, so ist für eine Strafbarkeit erforderlich, daß die Begehung von Straftaten für die Vereinigung ein solches Gewicht hat, daß sie dadurch in ihrer Zielsetzung und Struktur zumindest mitgeprägt ist [586]. Zu verlangen ist daher die Feststellung, daß sich die Zielsetzung der bestehenden Vereinigung eindeutig auf die Begehung von Straftaten verlagert hat [587].

C. Ergebnis

Als Ergebnis der Ausführungen in diesem Kapitel ist folgendes festzuhalten:

1. Die Verwirklichung der Tathandlung des Gründens einer kriminellen Vereinigung setzt zunächst voraus, daß der Täter durch seinen Beitrag mit dafür ursächlich wird, daß die kriminelle Vereinigung in ihrer konkreten Gestalt entsteht [588]. Darüberhinaus muß der Täter beim ursprünglichen Gründungsakt führend und richtungsweisend mitwirken. Der Täter muß mithin den ursprünglichen Gründungsakt der Vereinigung wesentlich gefördert haben. Ferner ist erforderlich, daß der Täter sich in zumindest stillschweigender Übereinstimmung mit den beim Gründungsvorgang mitwirkenden Personen als Gründer am Gründungsakt beteiligt und in dieser Eigenschaft seine Beiträge zum Zustandekommen der kriminellen Vereinigung leistet. Nicht ausreichend sind daher Unterstützungshandlungen von Beteiligten außerhalb des Kreises der beim Gründungsvorgang mitwirkenden Personen.

2. Als Beiträge der Gründer kommen zunächst die Auswahl und die Gewinnung geeignet erscheinender Mitglieder und die aktive Mitarbeit an der Entwicklung der Struktur der kriminellen Vereinigung, insbesondere an der Bildung der für die organisierte Willensbildung maßgeblichen Führungs-

---

586 Siehe dazu oben S. 71, 82.

587 **Ostendorf**, JA 1980, 499 (501).

588 Siehe oben S. 92 ff.

und Entscheidungsstrukturen in Betracht [589]. Ferner kann das Bereitstellen von Sachmitteln im Gründungsstadium eine führende und richtungsweisende Tätigkeit sein, wenn dadurch die Entwicklung der Struktur der Vereinigung und die Verfolgung der kriminellen Zielsetzung wesentlich gefördert werden [590]. Die Bereitstellung einzelner Sachmittel - wie etwa die regelmäßige Zahlung von Mitgliedsbeiträgen, die Überlassung von Waffen, Werkzeugen, technischem Gerät und Ausweisen an einzelne Beteiligte oder die vorübergehende Bereitstellung von Räumen als Unterschlupf - stellt dagegen keine führende und richtungsweisende Mitwirkung am Gründungsvorgang dar. Die Auswahl und die Gewinnung von Personen, die als Außenstehende die Vereinigung mit Sachmitteln oder mit besonderen Kenntnissen und Fähigkeiten unterstützen, kann unter den gleichen Voraussetzungen wie das Bereitstellen von Sachmitteln eine führende und richtungsweisende Tätigkeit sein [591]. Die bloße Mitgliedschaft im Gründungsstadium verwirklicht die Tathandlung des Gründens einer kriminellen Vereinigung nicht [592]. Dies gilt auch dann, wenn eine herausragende Persönlichkeit im Gründungsstadium zusagt, innerhalb der Vereinigung eine Führungsposition einzunehmen. Eine Strafbarkeit wegen Gründens einer kriminellen Vereinigung kommt daher auch im Hinblick auf die Mitwirkung herausragender und anerkannter Persönlichkeiten erst dann in Betracht, wenn diese im Gründungsstadium wesentliche Beiträge zum Aufbau der kriminellen Vereinigung - wie beispielsweise die Werbung von Mitgliedern unter Ausnutzung ihrer Bekanntheit und ihres besonderen Einflusses - geleistet haben.

3. Das Schaffen von Teilorganisationen einer bereits bestehenden kriminellen Vereinigung ist keine Gründung einer neuen kriminellen Vereinigung [593]. Eine Mitwirkung bei der Schaffung von Teilorganisationen verwirklicht daher nicht die Tathandlung des Gründens einer kriminellen Vereinigung, sondern es handelt sich dabei gegebenenfalls um einen weiteren Akt der Beteiligung als Mitglied an der bereits bestehenden Vereinigung oder um die Begehung der Tathandlungen des Werbens oder Unterstützens. Da kriminelle Vereinigungen mit Sitz im Ausland nach Maßgabe der §§ 3 bis 9

---

589 Siehe oben S. 93 ff.

590 Siehe oben S. 95.

591 Siehe oben S. 96.

592 Siehe oben S. 96 ff.

593 Siehe oben S. 98.

StGB von § 129 StGB erfaßt werden, wenn sie auch im Ausland von deutschem Strafrecht geschützte Rechtsgüter anzugreifen planen oder Vorbereitungen für Straftaten im Inland treffen, kann das Schaffen von Teilorganisationen solcher Vereinigungen im Inland nicht wegen Gründens einer kriminellen Vereinigung, sondern lediglich wegen Verwirklichung einer der übrigen Tathandlungen des § 129 Abs. 1 StGB strafbar sein.

4. Im Gründungsstadium kann neben der Tathandlung des Gründens lediglich noch die Tathandlung des Werbens für eine kriminelle Vereinigung verwirklicht werden [594]. Die Begehungsform des Werbens umfaßt das Werben von Mitgliedern und das Herbeiführen der Gründung der Vereinigung; für das Gründungsstadium ist jedoch nicht das Werben um Unterstützung einzubeziehen [595]. Da das Merkmal des Werbens keinen Erfolg voraussetzt, kann die Tathandlung sowohl durch die vollendete und versuchte Anstiftung, als auch durch die erfolgreiche und erfolglose öffentliche Aufforderung zur Gründung einer kriminellen Vereinigung oder zu einer mitgliedschaftlichen Beteiligung an einer solchen Vereinigung verwirklicht werden. Für die Strafbarkeit eines Beteiligten wegen Werbens für eine kriminelle Vereinigung ist jedoch nur dann Raum, wenn er nicht dem Kreis der Gründer - also der führend und richtungsweisend tätigen Personen - angehört [596]. Ein Beteiligter kann sich also im Gründungsstadium nur dann wegen Werbens für eine kriminelle Vereinigung strafbar machen, wenn er als Außenstehender Personen dazu bestimmt oder zu bestimmen versucht, die kriminelle Vereinigung zu gründen oder sich an der zu gründenden Vereinigung als Mitglied zu beteiligen.

5. Die Verwirklichung der Tathandlung des Gründens einer kriminellen Vereinigung als Rädelsführer im Sinne des § 129 Abs. 4 StGB kommt nur dann in Betracht, wenn ein Beteiligter oder mehrere Beteiligte über die führende und richtungsweisende Mitwirkung beim Gründungsakt hinaus eine besonders zentrale, führende Position innerhalb des Kreises der am Gründungsvorgang Mitwirkenden einnehmen oder sonst in vergleichbarer Weise einen beträchtlichen Einfluß innerhalb dieses Kreises besitzen [597]. Erfaßt werden damit die Personen, von denen aufgrund ihrer Autorität die ent-

---

594 Siehe oben S. 99 ff., 112 f.

595 Siehe oben S. 110 ff.

596 Siehe oben S. 112 f.

597 Siehe oben S. 114 f.

scheidenden Impulse für das Zustandekommen der Vereinigung ausgehen. Die Tathandlung des Gründens einer kriminellen Vereinigung kann dagegen nicht als Hintermann verwirklicht werden [598]. Eine Strafbarkeit als Hintermann kommt im Gründungsstadium nur dann in Betracht, wenn der Täter für die kriminelle Vereinigung wirbt.

6. In subjektiver Hinsicht muß der Täter mit direktem Vorsatz im Hinblick auf das Zustandekommen der Vereinigung handeln. Dagegen genügt hinsichtlich der Umstände, die das künftige Bestehen einer kriminellen Vereinigung ausmachen, bedingter Vorsatz. Der Gründer muß also an dem Gründungsvorgang mit dem Ziel führend und richtungsweisend mitwirken, das Zustandekommen der Vereinigung zu bewirken, wobei er zumindest in Kauf nehmen muß, daß es sich bei dem zu gründenden Zusammenschluß um eine kriminelle Vereinigung handelt [599].

7. Die Tathandlung des Gründens einer kriminellen Vereinigung kann durch die Umwandlung eines bisher legalen Zwecken dienenden Zusammenschlusses in eine Vereinigung verwirklicht werden, deren Zwecke oder Tätigkeit darauf gerichtet sind, Straftaten zu begehen [600]. Besondere Voraussetzungen für eine Strafbarkeit nach § 129 Abs. 1, 1. Alt. StGB im Fall der Änderung des Zwecks oder der Tätigkeit eines bereits bestehenden Zusammenschlusses ergeben sich nicht. In Betracht kommen als strafbare Verhaltensweisen - ebenso wie bei der Neugründung - die Auswahl und die Gewinnung von Mitgliedern und die aktive Mitarbeit an der Entwicklung der Struktur der kriminellen Vereinigung, aber auch die Bereitstellung von Sachmitteln und die Auswahl und Gewinnung von Unterstützern, sofern dadurch die Entwicklung der Struktur der Vereinigung und die Verfolgung der kriminellen Zielsetzung wesentlich gefördert werden. Vom Tatsächlichen her ist bei der Gründung einer kriminellen Vereinigung durch Änderung des Zwecks oder der Tätigkeit eines bereits bestehenden Zusammenschlusses - insbesondere auch im Hinblick auf den in § 129 Abs. 2 Nr. 2 StGB geregelten Tatbestandsausschluß - die Feststellung von Bedeutung, daß sich die Zielsetzung der bestehenden Vereinigung eindeutig auf die Begehung von Straftaten verlagert hat und die Vereinigung daraufhin auch ihrer inneren Struktur nach angelegt ist.

---

598 Siehe oben S. 115 f.

599 Siehe oben S. 116 f.

600 Siehe oben S. 117 ff.

3. Kapitel

- Teilnahme am Gründen einer kriminellen Vereinigung -

Bedenken gegen eine strafbare Teilnahme am Gründen einer kriminellen Vereinigung können sich in systematischer Hinsicht und aufgrund allgemeiner teleologischer Erwägungen ergeben. Zum einen stellt sich die Frage, ob im Hinblick auf die mit den Tathandlungen des Werbens und Unterstützens selbständig als Täterschaft unter Strafe gestellten Teilnahmehandlungen die Anwendung der in §§ 26, 27 StGB geregelten allgemeinen Teilnahmeformen noch möglich ist. Zum anderen ist zu erwägen, ob der Schutzzweck des § 129 StGB die Anwendung der allgemeinen Teilnahmeformen und den damit verbundenen Umfang der Strafbarkeit im Bereich der Mitwirkung an der Gründung einer kriminellen Vereinigung rechtfertigt.

A. Anstiftung

Tröndle [601] hält eine strafbare Anstiftung zum Gründen einer kriminellen Vereinigung für möglich. Diese Auffassung wird allerdings nicht näher begründet; insbesondere ist nicht ersichtlich, in welchen Fällen die Tathandlung des Werbens für die allgemeine Teilnahmeform der Anstiftung Raum lassen soll [602].

Dagegen ist nach ganz überwiegender Ansicht [603] eine Strafbarkeit wegen Anstiftung zum Gründen einer kriminellen Vereinigung nicht möglich. Die Anstiftung zum Gründen einer kriminellen Vereinigung werde von der Tathandlung des

601 **Tröndle**, § 129 Rn. 4 d.

602 Dies ist auch der Kommentierung der Tathandlung des Werbens für eine kriminelle Vereinigung nicht zu entnehmen; vgl. **Tröndle**, § 129 Rn. 4 c.

603 v. **Bubnoff** in LK, § 129 Rn. 21; **Fürst**, Grundlagen und Grenzen, S. 235; **Haberstumpf**, MDR 1978, 977 (978 f.); **Lenckner** in Schönke/Schröder, § 129 Rn. 24; **Rudolphi** in SK, § 129 Rn. 21.

Werbens erfaßt [604]. Der Sache nach handele es sich insoweit um eine tatbestandlich verselbständigte Anstiftung [605].

Der herrschenden Ansicht ist zu folgen. Wie oben [606] bereits ausgeführt worden ist, erfaßt die Tathandlung des Werbens auch die vollendete und versuchte Anstiftung zum Gründen einer kriminellen Vereinigung. Der Beteiligte, der zum Gründen einer kriminellen Vereinigung anstiftet, ist daher bereits als Täter nach § 129 Abs. 1 StGB strafbar. Daneben kommt eine Strafbarkeit nach der allgemeinen Teilnahmeform der Anstiftung nicht in Betracht. Eine Strafbarkeitslücke entsteht dadurch nicht. Insbesondere ergibt sich eine Strafbarkeitslücke nicht aufgrund des Umstands, daß wegen Werbens für eine kriminelle Vereinigung nur Beteiligte strafbar sein können, die nicht zum Kreis der Gründer gehören [607]. Die Werbung - also auch die vollendete und versuchte Anstiftung - für eine kriminelle Vereinigung durch Gründer ist - wie oben [608] bereits ausgeführt worden ist - als Gründen bzw. versuchtes Gründen einer kriminellen Vereinigung strafbar. Für eine Strafbarkeit des eine vollendete oder versuchte Anstiftung begehenden Beteiligten wegen Werbens für eine kriminelle Vereinigung ist daher ohnehin nur dann Raum, wenn er mit diesem Beitrag nicht führend und richtungsweisend tätig wird, also nicht Gründer ist, beziehungsweise nicht dem Kreis der Gründer angehört. Ein Beteiligter macht sich daher im Gründungsstadium wegen Werbens für eine kriminelle Vereinigung strafbar, wenn er als Außenstehender Personen dazu bestimmt oder zu bestimmen versucht, die kriminelle Vereinigung zu gründen oder sich an der zu gründenden Vereinigung als Mitglied zu beteiligen [609]. Ein sich im Hintergrund haltender Beteiligter, der andere Beteiligte in persönlichen Unterredungen dazu bewegt, sich zusammenzufinden und sodann eine kriminelle Vereinigung zu gründen, ist mithin bereits wegen Werbens für eine kriminelle Vereinigung und nicht etwa wegen Anstiftung zum Gründen strafbar. Wenn dieser Beteiligte geistig oder wirtschaftlich maßgebenden Einfluß auf die Gruppe der

---

604 **Fürst**, Grundlagen und Grenzen, S. 142, 235; **Lenckner** in Schönke/Schröder, § 129 Rn. 24; **Rudolphi** in SK, § 129 Rn. 21; **Schlothauer/Tscherch**, Strafverteidiger 1981, 22 (23).

605 **v. Bubnoff** in LK, § 129 Rn. 21; **Dahs**, NJW 1976, 2145, (2148); **Ostendorf** in AK, § 129 Rn. 19.

606 Siehe oben S. 112 f.

607 Vgl. **Haberstumpf**, MDR 1979, 977 (979). Siehe dazu auch oben S. 112 f.

608 Siehe oben S. 93 f., 112 f.

609 Siehe oben S. 112 f.

Gründer ausübt, ist er als Hintermann nach § 129 Abs. 4 StGB zu bestrafen [610]. Das kommt zum Beispiel dann in Betracht, wenn der Beteiligte für die Gründung der kriminellen Vereinigung ausschlaggebende finanzielle Zuwendungen an die Gründer leistet.

B. Beihilfe

I. Anwendbarkeit der allgemeinen Teilnahmeform der Beihilfe

Der eine Anwendung der allgemeinen Teilnahmeform der Anstiftung ausschließende systematische Gesichtspunkt gilt nicht gleichermaßen für die Beihilfe im Gründungsstadium einer kriminellen Vereinigung. Denn die Tathandlung des Unterstützens einer kriminellen Vereinigung kann - anders als die Tathandlung des Werbens - nur dann verwirklicht werden, wenn die kriminelle Vereinigung bereits besteht [611]. Unterstützungshandlungen im Gründungsstadium werden daher nicht durch die Tathandlung des Unterstützens einer kriminellen Vereinigung erfaßt. Es stellt sich daher die Frage, ob der Anwendbarkeit der allgemeinen Teilnahmeform der Beihilfe andere Gesichtspunkte entgegenstehen. Hinsichtlich dieser Frage besteht Streit. Die Frage betrifft nicht nur die Beihilfe zum Gründen einer kriminellen Vereinigung, sondern auch die Beihilfe zum Werben. Im folgenden soll die Untersuchung auch auf die Beihilfe zum Werben erstreckt werden, da sie für den Umfang der Strafbarkeit im Gründungsstadium von Bedeutung ist und gegebenenfalls eine Abgrenzung zwischen Beihilfe zum Gründen und Beihilfe zum Werben vorzunehmen wäre.

1. Darstellung der Kontroverse

a) Die Position der Rechtsprechung

Der BGH [612] hat die Strafbarkeit der Beihilfe zum Werben im Sinne der §§ 129, 129 a StGB bejaht. Diese Auffassung hat er im wesentlichen mit der Entwick-

---

610 Siehe dazu oben S. 115 f.

611 **Fleischer**, NJW 1979, 1337 (1339); **Fürst**, Grundlagen und Grenzen, S. 111, 235 f.; **Haberstumpf**, MDR 1979, 977 (979). Siehe dazu auch oben S. 100.

612 BGHSt 29, 258 (263 ff.). In dem von dem BGH entschiedenen Fall hatte das Kammergericht Berlin Drucker und Setzer einer Zeitschrift wegen Beihilfe zum Werben für eine terroristische Vereinigung, Beihilfe zur öffentlichen Aufforderung zu Straftaten sowie Beihilfe zur Billigung von Straftaten verurteilt.

lungsgeschichte der Bestimmungen begründet. Der Entwicklungsgeschichte der §§ 129, 129 a StGB sei nicht zu entnehmen, daß der Gesetzgeber die Strafbarkeit ausnahmsweise auf die Fälle der Täterschaft habe beschränken wollen. Nach der Fassung, die § 129 StGB durch das 1. StÄG vom 30. August 1951 [613] erhalten habe, sei die Beihilfe zum Unterstützen als Unterstützen im Sinne der Täterschaft strafbar. Mit dieser Neufassung sei auch jede Unterstützung der Vereinigung als solcher, die nicht in der Unterstützung der Beteiligung eines Mitglieds bestanden habe, mit Strafe bedroht worden. Durch das Vereinsgesetz vom 5. August 1964 sei § 129 StGB zusätzlich auf das Werben für eine kriminelle Vereinigung ausgedehnt worden. Mit der Erweiterung des Tatbestands habe über das Unterstützen der Vereinigung hinaus auch der erfolglos gebliebene Versuch der Unterstützung, soweit er in der Form des Werbens für die Vereinigung unternommen wurde, mit Strafe bedroht werden sollen. Die auf Ausweitung der Strafbarkeit gerichtete Tendenz des Gesetzgebers gebe keinen Anlaß zu der Annahme, daß die Strafbarkeit von Beihilfehandlungen habe ausgeschlossen werden sollen. Es spreche daher nichts dafür, daß nach dem Willen des Gesetzgebers Beihilfe zum Werben für eine kriminelle Vereinigung - entgegen der allgemeinen Regel - nicht auch strafbar sein sollte [614]. Vielmehr sei auch der Sonderausschuß des Bundestags für die Strafrechtsreform bei der Beratung des § 129 a StGB [615] davon ausgegangen, daß Beihilfe zum Werben rechtlich möglich sei. Ferner stützt der BGH seine Auffassung darauf, daß der Gesetzgeber seinen Willen, die Beihilfe zu Straftaten nach § 84 Abs. 2 StGB nicht mit Strafe zu bedrohen, durch eine entsprechende Fassung dieser Bestimmung zum Ausdruck gebracht habe, während § 129 StGB eine solche Einschränkung nicht erfahren habe [616]. In einer jüngeren Entscheidung ist der BGH [617] ebenfalls - ohne dies näher zu begründen - von der Strafbarkeit der Beihilfe zum Werben für eine terroristische Vereinigung ausgegangen.

613 BGBl. I, S. 739.

614 BGHSt 29, 258 (265).

615 Vgl. Deutscher Bundestag, Sonderausschuß für Strafrechtsreform, Prot. 7/2463 f.

616 BGHSt 29, 258 (265 f.).

617 BGHSt 36, 363 (365 f., 368, 371). In dem von dem BGH entschiedenen Fall hatte das Kammergericht Berlin die beiden Angeklagten wegen fortgesetzter gemeinschaftlicher öffentlicher Aufforderung zu Straftaten in Tateinheit mit gemeinschaftlicher Billigung von Straftaten und Werbung für eine terroristische Vereinigung verurteilt. Die Angeklagten hatten bei der Herstellung und Verbreitung von 11 Ausgaben der Zeitschrift "Radikal" mitgewirkt. Der BGH hat ausgeführt, das Kammergericht hätte prüfen müssen, ob die von den Angeklagten geleisteten Tatbeiträge lediglich als Beihilfe zu den von den zuständigen Redakteuren, Herausgebern oder Verlegern begangenen Delikten zu werten seien. Eine solche Prüfung habe nahegelegen, weil davon auszugehen sei, daß die Angeklagten in dem Tatzeitraum weder zu den Verlegern oder Herausgebern noch zu den Re-

b) Die eine Strafbarkeit wegen Beihilfe bejahende Auffassung im Schrifttum

Der Auffassung des BGH haben sich **v. Bubnoff** [618], **Lenckner** [619] und **Tröndle** [620] angeschlossen; sie halten eine Strafbarkeit wegen Beihilfe sowohl zum Werben als auch zum Gründen für möglich. **Lenckner** begründet dies mit der besonderen Gefährlichkeit krimineller Vereinigungen; andererseits bestehe aber auch kein Anlaß, jede nur mittelbare Unterstützung als Täterschaft im Sinne des § 129 StGB anzusehen und damit die Möglichkeit einer Strafmilderung nach § 27 StGB zu verbauen [621]. Bereits vor der oben dargestellten Entscheidung des BGH hat **Dahs** [622] Beihilfe zu den Tathandlungen des Gründens, des Werbens und des Unterstützens für möglich gehalten. **Jakobs** [623] hält ebenfalls eine strafbare Beihilfe zu den in §§ 129, 129 a StGB verselbständigten Beihilfehandlungen für möglich. Das gelte auch unter Berücksichtigung der zugleich erfolgenden Vorverlagerung der Strafbarkeit in den Bereich der Vorbereitung. Da Vollendung ein formeller Begriff sei, hänge die Beurteilung der Vorverlagerung von der Perspektive ab. Nicht erst die Aktivität, sondern bereits der Bestand der Vereinigung sei ein störendes Ereignis, so daß eine krasse Vorverlagerung nicht stattfinde [624]. Der Auffassung des BGH folgt auch

---

dakteuren gehört hätten, die für den Inhalt und die Veröffentlichung der Artikel verantwortlich gewesen seien, sie auf diese Personen keinen bestimmenden Einfluß gehabt und die Inhalte der Artikel vor deren Veröffentlichung nicht gekannt hätten. Der BGH hat ferner ausgeführt, auch wenn die Tatbeiträge der Angeklagten lediglich als Beihilfe zu den Tatbeiträgen der für die Veröffentlichung unmittelbar Verantwortlichen zu werten seien, müsse geklärt werden, ob die für die Veröffentlichung unmittelbar verantwortlichen Redaktionsmitglieder etwaige Äußerungsdelikte als Täter oder ihrerseits nur als Gehilfen außenstehender Verfasser oder Einsender begangen hätten. Im letzteren Fall läge nur Beihilfe der Angeklagten zur Beihilfe der für die Veröffentlichung verantwortlichen Redaktionsmitglieder vor.

618 **v. Bubnoff** in LK, § 129 Rn. 21.

619 **Lenckner** in Schönke/Schröder, § 129 Rn. 24.

620 **Tröndle**, § 129 Rn. 4 d.

621 **Lenckner** in Schönke/Schröder, § 129 Rn. 24.

622 **Dahs**, NJW 1976, 2145, (2148).

623 **Jakobs**, Strafrecht AT, S. 677 Rn. 43.

624 **Jakobs**, Strafrecht AT, S. 677 (Fußnote 88).

Lackner [625], der ausführt, Beihilfe zum Werben bestimme sich nach den allgemeinen Regeln und sei daher von der Strafbarkeit nicht ausgenommen.

c) Die eine Strafbarkeit wegen Beihilfe ablehnende Auffassung im Schrifttum

Die Auffassung des BGH hat im Schrifttum zum Teil auch Kritik gefunden, die sich auf systematische und teleologische Gesichtspunkte stützt [626]. **Ostendorf** [627] hält eine Anwendung der allgemeinen Teilnahmeformen im Zusammenhang mit den Tathandlungen des Werbens und des Unterstützens nicht für möglich. Wenn es auch eine Teilnahme an strafrechtlich verselbständigten Vorbereitungshandlungen gebe, so verwirkliche doch eine Anstiftung oder Beihilfe diese Handlungsmodalitäten selbst oder sei strafrechtlich irrelevant. Anstiftung zur Anstiftung oder Beihilfe zur Beihilfe sei entweder Anstiftung bzw. Beihilfe oder rechtlich ein "nullum". Auch eine gewollte Vorverlagerung der Grenzen der Strafbarkeit könne sich nicht über diese begrifflich-logische Argumentation hinwegsetzen. In die gleiche Richtung geht auch die von **Schlothauer/Tscherch** [628] geäußerte Kritik. Sie weisen darauf hin, daß der BGH [629] in der Werbung einen erfolglos gebliebenen Versuch einer Unterstützung und damit einen Unterfall der in der Form der Unterstützung zur Täterschaft verselbständigten Beihilfe gesehen habe. Der BGH [630] sei davon ausgegangen, daß der Begriff des Unterstützens nach den für Beihilfe geltenden Grundsätzen auszulegen sei. Gleichgültig, ob man das Merkmal des Werbens als zur Täterschaft verselbständigte Form der Anstiftung oder Beihilfe auffasse, sei daher auch der Begriff des Werbens nach den für die Beihilfe bzw. die Anstiftung geltenden Grundsätzen auszulegen. Daraus ergebe sich die Konsequenz, daß Beihilfe zum Werben sich materiell als Beihilfe zur versuchten Anstiftung bzw. versuchten Beihilfe - nämlich dem erfolglos gebliebenen Versuch einer Unterstützung - darstellen würde. Da nach ganz überwiegender Meinung die Beihilfe zu einer versuchten Tat nach § 30 StGB generell

---

625 **Lackner**, § 129 Rn. 8.

626 Vgl. **Fürst**, Grundlagen und Grenzen, S. 240 ff.; **Ostendorf** in AK, § 129 Rn. 28; **Rudolphi** in SK, § 129 Rn. 21; **Schlothauer/Tscherch**, Strafverteidiger 1981, 22 f.; **Sommer**, JR 1981, 490 (492 ff.).

627 **Ostendorf** in AK, § 129 Rn. 28.

628 **Schlothauer/Tscherch**, Strafverteidiger 1981, 22 (23).

629 BGHSt 20, 89 (90); 28, 26 (27); 29, 258 (263).

630 BGHSt 20, 89 f.

straflos sei, müsse dies auch für die Beihilfe zum Werben gelten, wenn dieser Begriff ebenso wie der des Unterstützens - entsprechend der Ansicht des BGH - nach den für die Beihilfe geltenden Rechtsgrundsätzen auszulegen sei. **Rudolphi** [631] lehnt generell die Möglichkeit strafbarer Teilnahme zu den Taten des § 129 StGB ab. Zur Begründung führt er aus, der Gesetzgeber habe mit dem Werben und dem Unterstützen bereits Teilnahmeformen selbständig unter Strafe gestellt. Daraus sei zu folgern, daß nach seinem Willen alle anderen Teilnahmehandlungen straflos bleiben sollten. **Sommer** [632] führt in diesem Zusammenhang aus, die Verdrängung des § 27 StGB werde sich insbesondere dann anbieten, wenn der Gesetzgeber Tatbestandsalternativen wie die des "Unterstützens" und "Förderns" innerhalb einer Vorschrift oder Vorschriftengruppe neben einer primär inkriminierten Handlungsweise pönalisiere. Stelle bereits die primäre Handlungsumschreibung eine erkennbare Vorverlagerung des Rechtsgüterschutzes dar, so liege die Annahme nahe, der Gesetzgeber habe durch die ergänzende tatbestandliche Ausdehnung auf Randfiguren des Geschehens einen abschließenden Tatbestandsbereich normiert. Bei der Auslegung der §§ 129, 129 a StGB komme dem Gesichtspunkt entscheidende Bedeutung zu, daß diese Bestimmungen nicht unmittelbar rechtsgutsverletzende Handlungen abdecken, sondern lediglich der Gefährlichkeit bestimmter Gruppenbildungen Rechnung tragen würden. Die Tatbestandsmerkmale des Werbens und Unterstützens stellten gegenüber den im entfernten Vorbereitungsstadium von Rechtsgutsverletzungen angesiedelten Gründungen krimineller Vereinigungen eine abermalige weite Vorverlegung des Strafrechtsschutzes dar. Bei einer weiteren Ergänzung des strafbaren Bereichs durch § 27 StGB entferne man sich bereits so weit von der als Unrechtskern gedachten Rechtsgutverletzung, daß der Schutzbereich der §§ 129, 129 a StGB überschritten sei. § 27 StGB sei daher im Rahmen dieser Bestimmungen nicht anwendbar. Auf teleologische Gesichtspunkte stützen auch **Fürst** [633], **Ostendorf** [634], **Rudolphi** [635] und **Schlothauer/Tscherch** [636] ihre Auffassung,

---

631 **Rudolphi** in SK, § 129 Rn. 21; ebenso **Schlothauer/Tscherch**, Strafverteidiger 1981, 22 (23); vgl. auch **Schmitt**, NJW 1977, 1811 (1812), der im Zusammenhang mit § 281 StGB die Auffassung vertritt, bei der Annahme zusätzlicher Teilnahmehandlungen sei größte Zurückhaltung geboten, wenn der Gesetzgeber die typischen Beteiligungsformen bei der Verwirklichung eines kriminellen Sachverhalts tatbestandlich umschrieben habe.

632 **Sommer**, JR 1981, 490 (494).

633 **Fürst**, Grundlagen und Grenzen, S. 241 f.

634 **Ostendorf** in AK, § 129 Rn. 28.

635 **Rudolphi** in SK, § 129 Rn. 21.

daß eine Anwendung der allgemeinen Teilnahmeformen bei §§ 129, 129 a StGB nicht in Betracht komme. Die weitere Ausdehnung der ohnehin sehr weiten Vorverlegung der Strafdrohung durch die Zulassung einer Strafbarkeit wegen Beihilfe würde endgültig jeden Bezug zu dem konkreten kriminellen Potential verlieren, das Ursache der selbständigen Inkriminierung krimineller und terroristischer Vereinigungen sei [637]. Nur durch eine Beschränkung auf die Tathandlungen des § 129 Abs. 1 StGB lasse sich die Strafbarkeit von reinen Vorbereitungshandlungen noch in rechtsstaatlich erträglichen Grenzen halten und auf Handlungen beschränken, die die von der Bestimmung nach ihrer ratio vorausgesetzte Gefährlichkeit aufweisen würden [638].

2. Stellungnahme

Wie bereits oben ausgeführt worden ist, betrifft die Frage, ob die allgemeine Teilnahmeform der Beihilfe auf Handlungen im Gründungsstadium Anwendung finden kann, zwei Bereiche, nämlich die Beihilfe zum Werben und die Beihilfe zum Gründen [639]. Ausgangspunkt der Überlegungen hinsichtlich beider Bereiche ist der Umstand, daß die Regeln der Teilnahme - also auch § 27 StGB - ausdrücklich für jeden Straftatbestand gelten [640]. Die sich auch aus der eindeutigen systematischen Stellung ergebende umfassende Geltung des § 27 StGB zwingt daher die hiervon abweichende Auffassung zur Darlegung, warum diese Bestimmung ausnahmsweise im Zusammenhang mit § 129 StGB keine Anwendung finden soll [641].

---

636 **Schlothauer/Tscherch**, Strafverteidiger 1981, 22 (23).

637 **Fürst**, Grundlagen und Grenzen, S. 241.

638 **Rudolphi** in SK, § 129 Rn. 21; **Schlothauer/Tscherch**, Strafverteidiger 1981, 22 (23).

639 Die Auffassung, die eine Anwendung der allgemeinen Teilnahmeform der Beihilfe bei § 129 StGB ganz oder teilweise nicht für möglich hält, stellt überwiegend die Beihilfe zum Werben in den Vordergrund ihrer Argumentation. **Schlothauer/Tscherch**, Strafverteidiger 1981, 22 (23), führen lediglich aus, die Beihilfe zum Gründen gehe in der Tathandlung des Unterstützens auf. **Sommer** , JR 1981, 490 (494 f.), befaßt sich nur mit der Beihilfe zum Werben und Unterstützen. **Ostendorf** in AK, § 129 Rn. 28, hält eine strafbare Teilnahme an den verselbständigten Teilnahmeformen Werben und Unterstützen nicht für möglich; auf die Beihilfe zum Gründen geht er in diesem Zusammenhang nicht ein.

640 BGHSt 29, 258 (263); **Lackner**, § 129 Rn. 8.

641 **Sommer**, JR 1981, 490 (491); ihm folgend **Fürst**, Grundlagen und Grenzen, S. 240.

a) Beihilfe zum Werben

Der Umstand, daß mit den Tathandlungen des Werbens und des Unterstützens bereits Teilnahmehandlungen selbständig unter Strafe gestellt sind, bietet keinen hinreichenden Anhaltspunkt dafür, daß der Gesetzgeber die Anwendung von § 27 StGB im Zusammenhang mit dem Werben für eine kriminelle Vereinigung ausschließen wollte. Es steht dem Gesetzgeber frei, bestimmte Verhaltensweisen durch Aufnahme in einen Tatbestand des Besonderen Teils als täterschaftlich verwirklichtes Unrecht unter Strafe zu stellen, ohne damit eine Modifizierung oder Verdrängung der allgemeinen Teilnahmeformen zu verbinden [642]. Dies gilt unabhängig davon, ob der hierdurch erfaßte Täter bei Fehlen dieses Tatbestands möglicherweise über die allgemeinen Teilnahmeformen hätte bestraft werden können [643]. In diesem Zusammenhang ist ferner zu berücksichtigen, daß die allgemeine Teilnahmeform der Beihilfe erst durch die Anknüpfung an einen Tatbestand des Besonderen Teils Inhalt gewinnt. Erst nach Ermittlung des Umfangs des mit Strafe bedrohten täterschaftlichen Verhaltens läßt sich bestimmen, ob und gegebenenfalls in welchem Umfang strafbare Teilnahmehandlungen möglich sind. Die Charakterisierung eines Tatbestands des Besonderen Teils als täterschaftlich verselbständigte Beihilfe [644] schließt daher eine Anwendung der allgemeinen Teilnahmeform der Beihilfe nicht aus [645]. Ein Wille des Gesetzgebers, die Anwendung von § 27 StGB im Zusammenhang mit § 129 StGB auszuschließen, läßt sich auch nicht der Entwicklungsgeschichte der §§ 129, 129 a StGB entnehmen [646]. Der Sonderausschuß des Bundestags für die Strafrechtsre-

642 **Fürst**, Grundlagen und Grenzen, S. 240; **Sommer**, JR 1981, 490 (493).

643 **Sommer**, JR 1981, 490 (493).

644 Vgl. BGHSt 20, 89 ; **v. Bubnoff** in LK, § 129 Rn. 18, 21; **Ostendorf**, JA 1980, 499 (501); **Rudolphi**, Festschrift für Bruns, S. 315 (327); **ders.** in SK, § 129 Rn. 21; **Schlothauer/Tscherch**, Strafverteidiger 1981, 22; **Tröndle**, § 129 Rn. 4 b; **Werle**, JR 1979, 93 (96).

645 **Sommer**, JR 1981, 490 (493), hält den Begriff einer täterschaftlich verselbständigten Beihilfe für irreführend, wenn nicht gar unzulässig, weil die im Besonderen Teil geregelten Tatbestände Anknüpfungspunkte für eine Beihilfe seien, ohne selbst eine solche Anknüpfung an besondere Unrechtsumschreibungen aufzuweisen. **Lackner**, § 27 Rn. 12, weist in diesem Zusammenhang darauf hin, daß die Frage, ob die sogenannte verselbständigte Beihilfe zugleich als abschließende Strafbarkeitserweiterung zu verstehen sei, also eine Anwendung von § 27 StGB überhaupt sperre, nicht einheitlich, sondern nur aufgrund teleologischer Auslegung der einschlägigen Tatbestände zu beantworten sei.

646 BGHSt 29, 258 (263 ff.).

form [647] ging bei der Beratung des § 129 a StGB im Jahr 1976 von der Möglichkeit einer strafbaren Beihilfe zum Werben aus. Eine Ausschließung der allgemeinen Teilnahmeform der Beihilfe im Bereich der Tathandlung des Werbens für eine kriminelle Vereinigung läßt sich daher nur auf teleologische Gesichtspunkte stützen [648].

Die Kritik im Schrifttum [649], die die Möglichkeit einer strafbaren Beihilfe zum Werben für eine kriminelle Vereinigung ablehnt, weist allerdings zu Recht darauf hin, daß eine weitere Vorverlegung der Strafdrohung durch die Zulassung einer Strafbarkeit wegen Beihilfe zum Werben den Bezug zu dem konkreten kriminellen Potential verlieren würde, das Ursache der Inkriminierung bereits der bloßen Bildung krimineller Vereinigungen ist. Die Tathandlung des Werbens für eine kriminelle Vereinigung bewirkt eine weitere Ausdehnung der Strafbarkeit im Rahmen einer Bestimmung, die schon durch die Tathandlungen des Gründens und der Beteiligung als Mitglied nicht unmittelbar rechtsgutsverletzende Handlungen erfaßt, sondern als abstraktes Gefährdungsdelikt lediglich der besonderen Gefährlichkeit bestimmter Zusammenschlüsse Rechnung trägt. Durch eine Strafbarkeit der Beihilfe zum Werben würde der Schutz vor bloßer Gefährdung so weit vorverlagert werden, daß der Schutzbereich des § 129 StGB überschritten wäre [650]. Strafbar wären bereits das Fördern der erfolglosen Anstiftung und das Fördern der erfolglosen öffentlichen Aufforderung zum Gründen einer kriminellen Vereinigung [651]. Eine zuverlässige Abgrenzung zwischen strafbaren Handlungen

---

647 Deutscher Bundestag, Sonderausschuß für Strafrechtsreform, Prot. 7/2463 f. Der Abgeordnete **Penner** führte insoweit aus, § 129 a StGB statuiere die Strafbarkeit einer verselbständigten Teilnahme, an welcher wiederum Teilnahme möglich sei.

648 So auch **Fürst**, Grundlagen und Grenzen, S. 241. Vgl. auch **Lackner**, § 27 Rn. 12.

649 Vgl. **Fürst**, Grundlagen und Grenzen, S. 241 f.; **Ostendorf** in AK, § 129 Rn. 28; **Rudolphi** in SK, § 129 Rn. 21; **Schlothauer/Tscherch**, Strafverteidiger 1981, 22 (23); **Sommer**, JR 1981, 490 (495).

650 **Sommer**, JR 1981, 490 (495), führt in diesem Zusammenhang aus, bereits bei dem Täter, der eine Parole auf die Außenwand eines Justizgebäudes male, seien der weite Strafrahmen und die gravierenden prozessualen Konsequenzen der §§ 129, 129 a StGB auf äußerste strapaziert. Diese Sanktionen erwiesen sich bei der Person, die sich lediglich darauf beschränkt habe, dem Täter die dafür notwendige Farbe zu besorgen, als völlig unangemessene rechtsstaatliche Reaktion.

651 Auf die Frage, ob das Hilfeleisten bei der Gewinnung von Mitgliedern im Gründungsstadium strafbare Beihilfe zum Gründen einer kriminellen Vereinigung ist, wird im Rahmen der Untersuchung der in Betracht kommenden Beiträge der Gehilfen eingegangen werden; siehe unten S. 160 f.

und straflosen sozialüblichen Verhaltensweisen anhand objektiver Kriterien wäre in diesem Bereich kaum möglich [652]. Dies zeigen auch die Ausführungen des BGH [653], mit denen er die Auffassung begründet, daß strafbare Beihilfe zum Werben im Sinne der §§ 129, 129 a StGB möglich ist. Der BGH räumt ein, daß in Anbetracht der Weite der Tathandlung des Werbens für eine kriminelle Vereinigung die Strafbarkeit der Beihilfe zu Schwierigkeiten bei der Angrenzung im Einzelfall führen könne. Als Hilfsmittel zur Eingrenzung schlägt er eine besonders eingehende Prüfung der subjektiven Voraussetzungen strafbarer Beihilfe vor [654]. Dieses Korrektiv ist jedoch - worauf **Fürst** [655] und **Schlothauer/Tscherch** [656] hinweisen - für eine präzise Abgrenzung nicht geeignet. Eine bestimmte Umschreibung des strafbaren Verhaltens und ein zuverlässiger, Gleichbehandlung gewährleistender Abgrenzungsmaßstab werden hierdurch nicht geboten. Ferner besteht die Gefahr, daß letztlich die Gesinnung des Handelnden zum entscheidenden Kriterium der Strafbarkeit wird [657]. Es sprechen daher die gewichtigeren Gründe dafür, daß die allgemeine Teilnahmeform der Beihilfe im Zusammenhang mit der Tathandlung des Werbens für eine kriminelle Vereinigung keine Anwendung findet. Mithin ist eine Person, die einem Beteiligten bei der vollendeten oder versuchten Anstiftung zum Gründen einer kriminellen Vereinigung oder bei der erfolgreichen oder erfolglosen Aufforderung zur mitgliedschaftlichen Beteiligung an einer solchen Vereinigung Hilfe leistet, nicht wegen Beihilfe zum Werben strafbar.

b) Beihilfe zum Gründen

Bei der Frage, ob eine strafbare Beihilfe zum Gründen einer kriminellen Vereinigung möglich ist, vermag die Erwägung, daß durch die Tathandlungen des Werbens und des Unterstützens bereits Teilnahmehandlungen selbständig unter Strafe gestellt sind, noch weniger als im Rahmen der Untersuchung der Beihilfe zum Werben einen Anhaltspunkt dafür zu bieten, daß der Gesetzgeber die Anwendung

---

652 Vgl. **Fürst**, Grundlagen und Grenzen, S. 242; **Sommer**, JR 1981, 490 (495).

653 BGHSt 29, 258 (266).

654 BGHSt 29, 258 (266).

655 **Fürst**, Grundlagen und Grenzen, S. 242.

656 **Schlothauer/Tscherch**, Strafverteidiger 1981, 22 (23).

657 **Fürst**, Grundlagen und Grenzen, S. 242; **Schlothauer/Tscherch**, Strafverteidiger 1981, 22 (23).

von § 27 StGB ausschließen wollte. Denn die Tathandlung des Unterstützens einer kriminellen Vereinigung kann im Gründungsstadium nicht verwirklicht werden [658], so daß eine Verdrängung der allgemeinen Teilnahmeform der Beihilfe in diesem Bereich nicht naheliegt. Da eine Strafbarkeit wegen Unterstützens einer kriminellen Vereinigung voraussetzt, daß die kriminelle Vereinigung besteht, kann auch der Auffassung von **Schlothauer/Tscherch** [659] nicht gefolgt werden, die Beihilfe zum Gründen gehe in der Tathandlung des Unterstützens auf. Dagegen spricht auch der Umstand, daß nach § 129 Abs. 3 StGB bereits der Versuch strafbar ist, eine kriminelle Vereinigung zu gründen. Der Gründer und sein Gehilfe können sich daher auch dann strafbar machen, wenn eine kriminelle Vereinigung - die der Gehilfe mit seinem Beitrag gegebenenfalls hätte unterstützen können - nicht zustandegekommen ist. Hinsichtlich der Tathandlung des Gründens einer kriminellen Vereinigung ist eine Ausschließung des § 27 StGB auch nicht aus teleologischen Gesichtspunkten geboten. Anders als die Tathandlung des Werbens für eine kriminelle Vereinigung bewirkt die Tathandlung des Gründens keine erneute Vorverlagerung des Strafrechtsschutzes im Rahmen des § 129 StGB und entfernt sich daher nicht von dem Unrechtskern der Bestimmung. Vielmehr entspricht der durch die Tathandlung des Gründens unter Strafe gestellte Bereich unmittelbar dem Schutzzweck des § 129 StGB, die Schaffung und Aufrechterhaltung des konkreten Gefährdungspotentials krimineller Vereinigungen zu verhindern. Die Strafbarkeit der Personen, die durch ihre Beiträge den Gründern bei der Schaffung des Gefährdungspotentials einer kriminellen Vereinigung Hilfe geleistet haben, wegen Beihilfe zum Gründen überschreitet daher ebenfalls nicht den Schutzbereich der Vorschrift. Dies wird auch anhand des Beispiels deutlich, daß ein Beteiligter - ohne zum Kreis der Gründer zu gehören - der Gruppe im Gründungsstadium gezielt finanzielle Mittel zuwendet oder Waffen und Werkzeuge liefert und dadurch die Schaffung oder die Stärkung des Gefährdungspotentials verursacht. Da dieser Beteiligte nicht die Tathandlungen des Gründens und des Werbens verwirklicht, wäre sein Verhalten straflos, wenn er nicht wegen Beihilfe zum Gründen einer kriminellen Vereinigung bestraft werden könnte. Es besteht daher auch unter Berücksichtigung teleologischer Gesichtspunkte keine Veranlassung, bei Beteiligten, die als Gehilfen bei der Schaffung des Gefährdungspotentials einer kriminellen Vereinigung mitwirken, abweichend von der generellen Geltung des § 27 StGB die allgemeine Teilnahmeform der Beihilfe nicht anzuwenden. Für dieses Ergebnis spricht auch der Umstand, daß die oben als Beispiel dargestellten Beiträge im Fall einer bereits bestehenden Vereinigung unproblematisch zu einer Strafbarkeit des Beteiligten wegen - täter-

---

658 **Fleischer**, NJW 1979, 1337 (1339); **Fürst**, Grundlagen und Grenzen, S. 111, 235 f.; **Haberstumpf**, MDR 1979, 977 (979). Siehe dazu auch oben S. 100.

659 **Schlothauer/Tscherch**, Strafverteidiger 1981, 22 (23).

schaftlicher - Verwirklichung der Tathandlung des Unterstützens einer kriminellen Vereinigung führen würden [660]. Es ist jedoch nicht ersichtlich, daß zwischen einer Mitwirkung bei der Aufrechterhaltung oder der Stärkung eines bereits bestehenden Gefährdungspotentials und einer Mitwirkung bei der Schaffung eines Gefährdungspotentials ein Unterschied hinsichtlich des Ausmaßes der Gefährdung besteht, der es rechtfertigt, die gleiche Verhaltensweise im Gründungsstadium nicht mit Strafe zu bedrohen. Ein für die Straflosigkeit der Beihilfe zum Gründen sprechender Unterschied kann auch nicht der Entscheidung des Gesetzgebers entnommen werden, die Mitwirkung bei der Erhöhung des Gefährdungspotentials einer bereits bestehenden Vereinigung als Täterschaft unter Strafe zu stellen. Es steht dem Gesetzgeber - wie oben [661] bereits ausgeführt worden ist - frei, bestimmte Verhaltensweisen als täterschaftlich verwirklichtes Unrecht unter Strafe zu stellen, ohne damit eine Verdrängung der allgemeinen Teilnahmeformen zu verbinden. Zudem hat der Gesetzgeber durch die Inkriminierung des Gründens einer kriminellen Vereinigung deutlich gemacht, daß er auch die Schaffung des Gefährdungspotentials einer kriminellen Vereinigung als strafwürdiges und strafbedürftiges Unrecht betrachtet. Als Ergebnis ist daher festzuhalten, daß die allgemeine Teilnahmeform der Beihilfe im Zusammenhang mit der Tathandlung des Gründens einer kriminellen Vereinigung Anwendung findet.

II. Anforderungen an die Qualität der Beihilfehandlungen

Im Rahmen der Untersuchung der Frage, durch welche Beiträge Beihilfe zum Gründen einer kriminellen Vereinigung geleistet werden kann, sind zunächst die allgemein an die Beihilfehandlungen zu stellenden Anforderungen zu klären. Es ist daher zu untersuchen, ob der Tatbeitrag des Gehilfen für die Verwirklichung der Haupttat ursächlich geworden sein muß. Ferner ist zu prüfen, unter welchen Voraussetzungen der Unrechtserfolg der Haupttat dem Gehilfen zugerechnet werden kann. Außerdem ist zu klären, ob als Beihilfehandlungen neben technischen (physischen) Beiträgen auch intellektuelle (psychische) Beiträge - insbesondere das Bestärken des Tatentschlusses des Haupttäters - in Betracht kommen. Weiterhin ist der Frage nachzugehen, innerhalb welchen Zeitraums Beihilfe geleistet werden kann.

---

660 Vgl. **Fürst**, Grundlagen und Grenzen, S. 105; **Rudolphi** in SK, § 129 Rn 17;

661 Siehe oben S. 133.

1. Kausalität der Beihilfe

Nach § 27 Abs. 1 StGB ist Beihilfe vorsätzliches Hilfeleisten zu vorsätzlicher Tat. Das Gesetz verlangt mithin lediglich, daß zu einer Haupttat Hilfe geleistet worden ist. Der Begriff der Hilfeleistung läßt jedoch offen, welcher Art die Beziehungen zwischen Beihilfe und Haupttat sein müssen [662]. Der Wortlaut sagt daher nichts darüber aus, ob der Tatbeitrag des Gehilfen für die Verwirklichung der Haupttat ursächlich geworden sein muß oder ob eine irgendwie geartete Förderung der Handlung des Haupttäters genügt. Hinsichtlich dieser Frage besteht Streit.

a) Darstellung der Kontroverse

aa) Die Position der Rechtsprechung

Die Rechtsprechung verlangt nicht, daß der Beitrag des Gehilfen für die Haupttat ursächlich gewesen sein muß. Vielmehr soll es genügen, daß der Beitrag des Gehilfen die Handlung des Haupttäters gefördert hat [663]. Ausreichend ist danach, daß dem Haupttäter die Durchführung der Tat erleichtert wird. Der BGH [664] hat im Zusammenhang mit dem Merkmal des Unterstützens die für die Beihilfe geltenden Rechtsgrundsätze herangezogen. Auf dieser Grundlage hat er ausgeführt, es genüge, wenn die Organisation in ihren Bestrebungen oder in ihrer Tätigkeit gefördert, insbesondere bestärkt werde, oder wenn ihre Arbeit erleichtert worden sei [665]. Das sei unter anderem dann der Fall, wenn der Täter der Organisation Anhaltspunkte für die Fortsetzung, Ausdehnung oder weitere Ausgestaltung ihrer Arbeit verschafft habe. Die Hilfe müsse also, gleich ob sie der Organisation unmittelbar oder einem ihrer Mitglieder gewährt werde, an sich wirksam und für die

---

662 **Cramer** in Schönke/Schröder, § 27 Rn. 6; **Jescheck**, Strafrecht AT, S. 627; **Maurach/ Gössel/Zipf**, Strafrecht AT, S. 358; **Rudolphi**, Festschrift für Bruns, S. 315 (328).

663 RGSt 58, 113 (114 f.); 73, 52 (54); BGHSt 2, 129 (130 f.); 8, 390 (391); 20, 89 (90); BGH, VRS 8, 199 (201); BGH, Strafverteidiger 1981, 72 (73); BGH, NStZ 1985, 318; BGH bei Holtz, MDR 1985, 284; BayObLGSt 1984, 8; OLG Karlsruhe, NStZ 1985, 78.

664 BGHSt 20, 89 (90). In dem von dem BGH entschiedenen Fall ging es um die Unterstützung einer verbotenen Partei oder ihrer Ersatzorganisation (§ 90 a Abs. 2 a. F. StGB).

665 Vgl. aber OLG Stuttgart, Strafverteidiger 1984, 76 (77), das für die Tathandlung des Unterstützens einen wenn auch nicht meßbaren, so doch nachweisbaren Erfolg verlangt.

Organisation irgendwie vorteilhaft sein. Andererseits sei nicht erforderlich, daß der Organisation nachweisbar ein meßbarer Nutzen in Bezug auf ihr politisches Ziel oder ihre Tätigkeit entstanden sei [666].

bb) Die herrschende Auffassung im Schrifttum

Im Schrifttum wird überwiegend gefordert, daß der Tatbeitrag des Gehilfen für die Haupttat ursächlich geworden sein muß [667]. Dabei besteht Einigkeit darüber, daß eine Kausalität nicht nur dann zu bejahen ist, wenn ohne den Beitrag des Gehilfen der Erfolg entfallen wäre [668]. Die Feststellung eines Kausalzusammenhangs zwischen Hilfeleistung und Erfolg im Sinne einer condicio-sine-qua-non oder eines notwendigen Grund-Folge-Verhältnisses wird also nicht verlangt [669]. Vielmehr soll es genügen, wenn der Beitrag des Gehilfen für den konkreten Unrechtserfolg der Haupttat im Sinne der gesetzmäßigen Bedingung mitursächlich geworden ist [670], also zumindest die Art und Weise der Durchführung der Haupttat beeinflußt hat [671]. Daran werden teilweise - jedenfalls begrifflich - unterschiedliche Anforderungen gestellt. **Class** [672] dehnt den Begriff der Kausalität auf eine "Zufluß- oder Verstärkerkausalität" aus, die er für eine Beihilfe genügen

---

666 BGHSt 20, 89 (90); vgl. auch BGHSt 29, 99 (101); 32, 243 (244); 33, 16 (17); BGH, NJW 1975, 985 (986).

667 **Class**, Festschrift für Stock, S. 115 (126); **Cramer** in Schönke/Schröder, § 27 Rn. 7, 10; **Dreher**, MDR 1972, 553 (555 f.); **Jakobs**, Strafrecht AT, S. 672 (Rn. 34); **Jescheck**, Strafrecht AT, S. 628 f.; **Lackner**, § 27 Rn. 2; **Maurach/Gössel/ Zipf**, Strafrecht AT, S. 359; **Otto**, JuS 1982, 557 (563); **Roxin** in LK, § 27 Rn. 2 ff.; **Rudolphi**, Festschrift für Bruns, S. 315 (328); **ders.**, Strafverteidiger 1982, 518 (519); **Samson**, Hypothetische Kausalverläufe, S. 84 f.; **ders.**, Festschrift für Peters, S. 121 (132); **ders.** in SK, § 27 Rn. 9; **Seebald**, GA 1969, 193 (208 f.); **Spendel**, Festschrift für Dreher, S. 167 (185 ff.); **Tröndle**, § 27 Rn. 2.

668 **Jescheck**, Strafrecht AT, S. 628; **Lackner**, § 27 Rn. 2; **Otto**, JuS 1982, 557 (562); **Roxin** in LK, § 27 Rn. 3.

669 **Otto**, JuS 1982, 557 (563).

670 **Rudolphi**, Strafverteidiger 1982, 518 (520).

671 Vgl. **Cramer** in Schönke/Schröder, § 27 Rn. 7, 10; **Jescheck**, Strafrecht AT, S. 628 f.; **Maurach/ Gössel/Zipf**, Strafrecht AT, S. 359; **Otto**, JuS 1982, 557 (563); **Roxin** in LK, § 27 Rn. 3 f.; **Seebald**, GA 1969, 208.

672 **Class**, Festschrift für Stock, S. 115 (126); vgl. auch **Dreher**, MDR 1972, 553 (555 f.).

lassen will. **Jescheck** [673] bejaht die Kausalität der Beihilfe, wenn diese die Haupttat ermöglicht, erleichtert, beschleunigt oder intensiviert habe. In die gleiche Richtung gehen die Ausführungen von **Roxin** [674], es genüge eine Mitwirksamkeit des Beitrags des Gehilfen, eine die Begehung in irgendeiner Weise beeinflussende "Modifikationskausalität". Unter den die Ausführung modifizierenden Bedingungen sei unter Heranziehung des Risikoerhöhungsprinzips eine einschränkende Auswahl zu treffen, indem als Beihilfe nur solche Handlungen zu beurteilen seien, die den Erfolg ermöglichen, erleichtern, intensivieren oder sein Gelingen absichern, die also dem Täter bei der Ausführung der Tat nützlich seien, seine Lage verbesserten und ihm in diesem Sinn helfen würden [675]. **Samson** [676] nimmt die einschränkende Auswahl unter den für den Erfolg kausalen Bedingungen anhand der von ihm so bezeichneten Prinzipien der "Intensivierung" und der "Übernahme" vor. Beihilfe leiste danach, wer den Erfolg der Haupttat dadurch mitverursache, daß er die Rechtsgutsverletzung ermögliche oder intensiviere oder daß er dem Haupttäter sonst von diesem zu erbringende rechtswidrige Leistungen abnehme, indem er ihm die Durchführung der Tat erleichtere.

Zur Begründung für das Erfordernis der Kausalität der Beihilfe für den konkreten Unrechtserfolg der Haupttat wird auf den Strafgrund der Teilnahme und die sich aus dem Gesetz ergebende Straflosigkeit der versuchten Beihilfe verwiesen. Der Strafgrund der Teilnahme liege in der Mitwirkung an dem von dem Täter verwirklichten tatbestandlichen Unrecht [677]. An einer solchen fehle es, wenn der Teilnehmer keinen ursächlichen Beitrag für die Rechtsgutsverletzung durch den Täter leiste. Ein Verzicht auf die Kausalität der Hilfeleistung als Voraussetzung für die Beihilfe laufe letztlich darauf hinaus, die Beihilfe als ein selbständiges Teilnehmerdelikt in Gestalt eines konkreten oder abstrakten Gefährdungsdelikts zu betrachten. Dies führe dazu, die straflose versuchte Beihilfe auf diesem Wege

---

673 **Jescheck**, Strafrecht AT, S. 628.

674 **Roxin** in LK, § 27 Rn. 3.

675 **Roxin** in LK, § 27 Rn. 4; vgl. auch **Maurach/ Gössel/Zipf**, Strafrecht AT, S. 359 (Rn. 20); **Otto**, JuS 1982, 557 (563).

676 **Samson**, Hypothetische Kausalverläufe, S. 163 ff., 169 ff.; **ders.**, Festschrift für Peters, S. 121 (134 f.).

677 Vgl. **Cramer** in Schönke/Schröder, § 27 Rn. 10; **Jescheck**, Strafrecht AT, S. 628 ; **Maurach/ Gössel/Zipf**, Strafrecht AT, S. 359 (Rn. 19); **Rudolphi**, Festschrift für Bruns, S. 315 (328); **ders.**, Strafverteidiger 1982, 518 (519).

gleichwohl unter Strafe zu stellen [678]. Eine solche Verfälschung von Versuch in Vollendung würde die Beihilfe zu einem subjektiv-objektiv inkongruenten Delikt [679] werden lassen, da zum Vorsatz des Gehilfen Kenntnis von der Kausalität, nicht nur von der Solidarisierung gehöre. Zudem widerspräche ein Verzicht auf die Kausalität der Hilfeleistung der sich aus dem Gesetz ergebenden Forderung nach Akzessorietät der Beihilfe von der Haupttat [680]. Die Bestrafung von Hilfsversuchen als effektive Hilfe würde dazu führen, daß die verwirklichte tatbestandsmäßige Haupttat nicht dasjenige sei, zu dem der Gehilfe einen Beitrag geleistet habe; vielmehr gelte sein Beitrag in solchen Fällen einer anderen und eben ausgebliebenen Version der Haupttat [681]. Auf das Merkmal der Kausalität für die Haupttat und damit auf eine objektive Qualität des Beitrags des Gehilfen könne ferner auch deshalb nicht verzichtet werden, weil für die Beihilfe ein Zusammenwirken zwischen Täter und Teilnehmer nicht erforderlich sei [682].

cc) Abweichende Auffassungen im Schrifttum

Teilweise werden im Schrifttum anstelle des Erfordernisses der Kausalität des Beitrags des Gehilfen für die Haupttat andere Kriterien herangezogen. **Salamon** [683] und **Schaffstein** [684] sehen den Strafgrund der Beihilfe in der Erhöhung des Risikos für den Erfolg der Haupttat. Sie vertreten daher die Auffassung, daß Beihilfe ohne Rücksicht auf die Kausalität des Beitrags des Gehilfen bereits dann bejaht werden könne, wenn der Gehilfe den Erfolg der Haupttat wahrscheinlicher gemacht habe. In die gleiche Richtung geht die Auffassung von **Vogler** [685], der Beitrag des Gehilfen müsse den Angriff auf das

---

678 **Cramer** in Schönke/Schröder, § 27 Rn 10; **Jescheck**, Strafrecht AT, S. 628; **Roxin** in LK, § 27 Rn. 2, 27; **Rudolphi**, Festschrift für Bruns, S. 315 (328); **ders.**, Strafverteidiger 1982, 518 (519).

679 **Jakobs**, Strafrecht AT, S. 672 (Rn. 34).

680 **Cramer** in Schönke/Schröder, § 27 Rn 10; **Jakobs**, Strafrecht AT, S. 672 (Rn. 34); **Maurach/Gössel/Zipf**, Strafrecht AT, S. 359 (Rn. 19); **Roxin** in LK, § 27 Rn. 2; **Rudolphi**, Festschrift für Bruns, S. 315 (328).

681 **Jakobs**, Strafrecht AT, S. 672 (Rn. 34).

682 **Cramer** in Schönke/Schröder, § 27 Rn. 10.

683 **Salamon**, Beihilfe, S. 152 f.

684 **Schaffstein**, Festschrift für Honig, S. 169 (178 ff.).

685 **Vogler**, Festschrift für Heinitz, S. 295 (309, 311).

Rechtsgut durch den Haupttäter bezwecken und geeignet sein, die Verletzung des Rechtsguts mitzubewirken. Er stellt damit nicht auf den Erfolg der Haupttat, sondern schon auf die Handlung des Haupttäters ab. **Herzberg** [686] sieht die Beihilfe als abstraktes Gefährdungsdelikt an, das mit der Hilfeleistung erfüllt sei. Der Gesetzgeber habe sich dafür entschieden, das Helfen bei Deliktsbegehungen generell zu verbieten, weil es im Regelfall die Gefahr für das bedrohte Rechtsgut erhöhe. **Herzberg** läßt daher jede Hilfeleistung ohne Rücksicht darauf genügen, ob durch sie die Handlung oder der Erfolg der Haupttat tatsächlich gefördert worden sind.

b) Stellungnahme

Gegen die Einordnung der Beihilfe als abstraktes oder gemischt abstrakt-konkretes Gefährdungsdelikt spricht die Erwägung, daß eine abstrakte Gefährlichkeit nur an vom Gesetz detailliert gegebene Beschreibungen der Tat und der Situation anknüpfen kann [687]. Eine solche konkrete Beschreibung der Tat und der mit ihr in Zusammenhang stehenden Umstände fehlt für die Beihilfe jedoch, so daß ein hinreichend bestimmter Anknüpfungspunkt für eine abstrakte Gefährlichkeit von Hilfeleistungen nicht besteht. Ähnliche Bedenken ergeben sich gegen den Verzicht auf die Ursächlichkeit der Beihilfe für den Erfolg der Haupttat durch Anknüpfung an die Erhöhung des Risikos der Verwirklichung der Tat durch den Haupttäter oder an die zu irgendeinem Zeitpunkt erfolgende Förderung der Handlung des Haupttäters durch den Beitrag des Gehilfen. **Jakobs** [688] weist in diesem Zusammenhang zu Recht darauf hin, daß die Handlung des Haupttäters sich anders als durch Erfolgskausalität nur fördern lasse, wenn man von der exakten Bezeichnung der Ausführung des Verbrechens absehe und sich statt dessen mit einem vagen Gesamtgeschehen begnüge. Anders ausgedrückt wird - wie **Rudolphi** [689] ausführt - in der weitaus größten Zahl der Fälle, in denen die

---

686 **Herzberg**, GA 1971, 1 (7).

687 Vgl. **Jakobs**, Strafrecht AT, S. 672 (Rn. 35), der darauf hinweist, daß die Bestimmung, welches - nicht näher beschriebene - Verhalten für einen Erfolg abstrakt gefährlich sei, ohne Willkür schlechthin nicht erfolgen könne.

688 **Jakobs**, Strafrecht AT, S. 673 (Rn. 35).

689 **Rudolphi**, Festschrift für Bruns, S. 315 (328); vgl. auch **Jescheck**, Strafrecht AT, S. 628, der ausführt, ein objektiver Unterschied zwischen "fördern" und "verursachen" bestehe nicht, so daß der Unterschied in der Position der herrschenden Auffassung im Schrifttum zu der Rechtsprechung fast zu einem Streit um Worte werde; vgl. ferner **Herzberg**, GA 1971, 1 (5); **Roxin** in LK, § 27 Rn. 23 f.; **Samson**, Hypothetische Kausalverläufe, S. 55.

Haupttat durch den Gehilfen tatsächlich gefördert worden ist, dessen Tatbeitrag auch das konkrete tatbestandliche Unrecht der Haupttat mitverursacht haben. Gegen einen Verzicht auf die Kausalität der Hilfeleistung spricht ferner, daß dadurch in der Tat die sich aus dem Gesetz ergebende Anforderung der Akzessorietät der Beihilfe von der Haupttat umgangen würde. Die Strafbarkeit des Gehilfen beruht auf der von § 27 Abs. 1 StGB angeordneten Ausdehnung der in den einzelnen Straftatbeständen des Besonderen Teils geregelten Strafbarkeit des Täters [690]. Die Beihilfe empfängt ihren Unrechtsgehalt daher erst durch die Verknüpfung mit der Haupttat [691]. Der sich daraus ergebenden Abhängigkeit der Handlung des Gehilfen von der Haupttat wird jedoch nicht Rechnung getragen, wenn man auf das Erfordernis der Kausalität verzichtet. Denn ein Beitrag des Gehilfen, der nicht ursächlich für den Erfolg der Haupttat ist, stellt keine Hilfeleistung zu der von dem Haupttäter tatsächlich verwirklichten Tat dar. Vielmehr bezieht sich ein solcher Beitrag auf einen geplanten Ablauf der Haupttat, der sich gerade nicht realisiert hat [692]. Darüberhinaus würde die Bestrafung eines erfolglos gebliebenen Beitrags als Beihilfe in der Tat dazu führen, die nach dem Willen des Gesetzgebers [693] straflose versuchte Beihilfe dennoch unter Strafe zu stellen. Mit der herrschenden Auffassung im Schrifttum ist daher die Ursächlichkeit des Beitrags des Gehilfen für den konkreten Unrechtserfolg der Haupttat zu verlangen. Hiervon soll im folgenden bei der Untersuchung der in Betracht kommenden Beiträge der Gehilfen im Rahmen des Gründungsvorgangs ausgegangen werden. Dabei soll nicht übersehen werden, daß vom Tatsächlichen her die Feststellung der Kausalität der Beihilfe besondere Schwierigkeiten bereiten kann, weil die Hilfeleistung neben der Handlung des Haupttäters lediglich eine mitwirkende Ursache für den tatbestandsmäßigen Erfolg darstellt [694]. Dieser Umstand kann jedoch nicht zu einer Ablehnung des Erfordernisses der Kausalität führen. Sofern sich im Einzelfall der Nachweis der Kausalität des Beitrags des Gehilfen nicht führen läßt, ist vielmehr der Gehilfe unter Beachtung des in-dubio-pro-reo-Grundsatzes nicht zu

---

690 **Maurach/Gössel/Zipf**, Strafrecht AT, S. 359 (Rn. 19).

691 **Cramer** in Schönke/Schröder, § 27 Rn 10; **Otto**, JuS 1982, 557 (558 f.); **Roxin** in LK, § 27 Rn. 2.

692 Vgl. **Jakobs**, Strafrecht AT, S. 672 (Rn. 34).

693 Die im Jahr 1943 eingeführte Strafbarkeit der versuchten Beihilfe zum Verbrechen (§ 49 Abs. 3 a. F. StGB) wurde im Jahr 1953 durch das 3. Strafrechtsänderungsgesetz als zu weitgehend aufgehoben; vgl. BT-Drucksache 1/Nr. 3713, S. 31.

694 Vgl. **Jescheck**, Strafrecht AT, S. 629.

bestrafen, damit nicht eine nach dem Willen des Gesetzgebers straflose versuchte Beihilfe gleichwohl gestraft wird [695].

2. Objektive Zurechnung

Ebenso wie bei allen anderen Begehungsdelikten reicht allein die Kausalität des Beitrags des Gehilfen für den Erfolg der Haupttat nicht für die objektive Zurechnung des tatbestandlichen Unrechts aus [696]. Objektiv zurechenbar ist ein Erfolg vielmehr nur dann, wenn das Handeln des Beteiligten eine rechtlich mißbilligte Gefahr des Erfolgseintritts geschaffen oder eine solche Gefahr erhöht hat und diese Gefahr sich auch tatsächlich in dem konkreten erfolgsverursachenden Geschehen realisiert hat [697]. Das oben gefundene Ergebnis [698] ist daher wie folgt zu konkretisieren: erforderlich ist nicht nur, daß der Gehilfe den Erfolg der Haupttat mitverursacht hat, sondern auch, daß sich in diesem Erfolg zugleich eine von dem Gehilfen mitgeschaffene oder erhöhte Gefahr der Verwirklichung der Haupttat realisiert hat [699]. Das ist dann der Fall, wenn der Beitrag des Gehilfen die Herbeiführung des Erfolgs der Haupttat ermöglicht, erleichtert, beschleunigt, intensiviert oder abgesichert hat [700]. Diese Anforderungen - von denen im folgenden bei der Untersuchung der in Betracht kommenden Beiträge der Gehilfen im Rahmen des Gründungsvorgangs ausgegangen werden soll - entsprechen im wesentlichen auch den von einzelnen Autoren unterschiedlich formulierten Erfordernissen an die Kausalität der Beihilfe [701]. Denn durch die Begriffe "Zufluß- oder Verstärker-

695 Vgl. **Rudolphi**, Strafverteidiger 1982, 518 (520), im Zusammenhang mit der Strafbarkeit psychischer Beihilfe durch Stärkung des Tatentschlusses des Haupttäters.

696 Vgl. **Jakobs**, Strafrecht AT, S. 673 (Rn. 36); **Rudolphi**, Strafverteidiger 1982, 518 (519).

697 Vgl. dazu eingehend **Jakobs**, Strafrecht AT, S. 222 ff., 233 ff.; **Rudolphi** in SK, vor § 1 Rn. 57 ff. Vgl. ferner **Rudolphi**, Strafverteidiger 1982, 518 (519).

698 Siehe oben S. 143.

699 **Maurach/Gössel/Zipf**, Strafrecht AT, S. 359 (Rn. 20); **Otto**, JuS 1982, 557 (563); **Rudolphi**, Strafverteidiger 1982, 518 (520); vgl. auch **Roxin** in LK, § 27 Rn. 5, der Beihilfe als akzessorischen Rechtsgutsangriff durch kausale Risikoschaffung oder -erhöhung bezeichnet.

700 Vgl. **Jescheck**, Strafrecht AT, S. 628; **Roxin** in LK, § 27 Rn. 4.

701 Siehe dazu oben S. 139 f. Von einer Auseinandersetzung mit abweichenden Beurteilungen in einzelnen, besonders gelagerten Fällen soll abgesehen werden. Vgl. dazu **Jakobs**, Strafrecht AT, S. 673 (Rn. 37/Fn. 80); **Roxin** in LK, § 27 Rn. 29.

kausalität" und "Modifikationskausalität" wird nichts anderes umschrieben als die Realisierung des von dem Gehilfen durch die Einflußnahme auf die Art und Weise der Durchführung der Haupttat mitbewirkten Risikos. Die von **Samson** [702] entwickelten Prinzipien der "Intensivierung" und der "Übernahme" führen im wesentlichen ebenfalls nicht zu abweichenden Ergebnissen [703]. Auf die Argumentation von **Samson** im Zusammenhang mit der nach seiner Auffassung abzulehnenden psychischen Beihilfe durch Stärkung des Tatentschlusses des Haupttäters soll unten [704] näher eingegangen werden.

Die objektive Zurechnung ist von hypothetischen Kausalverläufen unabhängig [705]. Ein Hinzudenken von "Reserveursachen" ist daher für die Frage der Kausalität auch bei der Beihilfe nicht zulässig [706]. Hat der Gehilfe durch seinen Beitrag das Risiko der Verwirklichung der Haupttat begründet oder erhöht und hat sich dieses Risiko realisiert, kommt es für seine Strafbarkeit mithin nicht darauf an, ob der Haupttäter die Tat auch ohne den Beitrag des Gehilfen verwirklicht hätte [707]. Die Strafbarkeit eines Gehilfen wegen Beihilfe zum Gründen einer kriminellen Vereinigung entfällt daher weder deshalb, weil die Vereinigung auch ohne seinen Beitrag gegründet worden wäre, noch deshalb, weil die Gründer sich den Beitrag auch auf andere Weise hätten beschaffen können.

3. Mittel der Beihilfe

Kausal für den Erfolg der Haupttat können sowohl physische als auch psychische Hilfeleistungen sein [708]. Die physische Beihilfe - etwa durch das Bereitstellen von Tatwerkzeugen - bereitet in dieser Hinsicht keine Schwierigkeiten. Dies gilt

---

702 **Samson**, Hypothetische Kausalverläufe, S. 163 ff., 169 ff.; **ders.**, Festschrift für Peters, S. 121 (134 f.).

703 **Roxin** in LK, § 27 Rn. 29.

704 Siehe unten S. 149, 151.

705 **Maurach/Gössel/Zipf**, Strafrecht AT, S. 361 (Rn. 30); **Otto**, JuS 1982, 557 (564, Fall 22).

706 **Jescheck**, Strafrecht AT, S. 628; **Puppe**, ZStW 95 (1983), 287 (292).

707 **Jakobs**, Strafrecht AT, S. 673 f. (Rn. 37); **Maurach/Gössel/Zipf**, Strafrecht AT, S. 361 (Rn. 30); **Roxin** in LK, § 27 Rn. 6.

708 **Maurach/Gössel/Zipf**, Strafrecht AT, S. 355 (Rn. 2).

auch hinsichtlich der psychischen Beihilfe durch Erteilung konkreter Ratschläge [709], der sogenannten technischen Rathilfe [710]. Denn die Hilfeleistung ist kausal für den Erfolg der Haupttat und erlaubt die Zurechnung dieses Erfolgs, wenn der Haupttäter Ratschläge des Gehilfen befolgt, die die Durchführung der Haupttat ermöglichen, erleichtern oder intensivieren [711], wie zum Beispiel die Anleitung zu möglichst zweckmäßiger Durchführung des strafbaren Vorhabens oder der Hinweis auf eine Gelegenheit zur Beschaffung der für die Begehung der Tat erforderlichen Sachmittel. Streitig ist dagegen, ob psychische Hilfeleistung durch das Bestärken des Tatentschlusses des Haupttäters als Beihilfehandlung in Betracht kommt.

a) Darstellung der Kontroverse

aa) Die Position der Rechtsprechung

In der Rechtsprechung ist strafbare Beihilfe durch Stärkung des Tatentschlusses des Haupttäters in sehr weitem Umfang bejaht worden [712]. Bereits mißlungene physische Hilfeleistungen [713], bloße Bekundungen von Zustimmung oder Solidarität [714], sowie teilweise sogar die bloße Anwesenheit am Tatort [715] sind als ausreichend für eine Strafbarkeit wegen Beihilfe angesehen worden. Beihilfe zu einer Tat könne schon dadurch geleistet werden, daß der Gehilfe den Haupttäter in seinem schon gefaßten Tatentschluß bestärke und ihm ein erhöhtes Gefühl der

709 Vgl. **Hruschka**, JR 1983, 177 (178); **Maurach/ Gössel/Zipf**, Strafrecht AT, S. 356 (Rn. 6); **Otto**, JuS 1982, 557 (564); **Roxin** in LK, § 27 Rn. 11; **Rudolphi**, Strafverteidiger 1982, 518 (520); **Samson** in SK, § 27 Rn. 13.

710 **Roxin** in LK, § 27 Rn. 11; **Rudolphi**, Strafverteidiger 1982, 518 (520); **Samson** in SK, § 27 Rn. 13.

711 **Rudolphi**, Strafverteidiger 1982, 518 (520).

712 RGSt 73, 52 (53); BGHSt 8, 390 (391); 31, 136; BGH, wistra 1982, 187; BGHZ 63, 124 (130 f.); OLG Karlsruhe, NStZ 1985, 78.

713 RGSt 6, 169 (170); 58, 113 (115).

714 BGH, VRS 59, 185 (186); BGHZ 63, 124 (130 f.); OLG Stuttgart, NJW 1950, 118.

715 BGH bei Dallinger, MDR 1967, 173; BGH bei Holtz, MDR 1985, 284; BGH, Strafverteidiger 1981, 72 (73); 1982, 517 (518).

Sicherheit vermittele [716]. Der BGH [717] hat die Möglichkeit psychischer Beihilfe durch Stärkung des Tatentschlusses des Täters auch im Zusammenhang mit der - von ihm als zu Täterschaft verselbständigte Beihilfe bezeichneten [718] - Tathandlung des Unterstützens einer kriminellen oder terroristischen Vereinigung bejaht. Ein Beteiligter könne die Tathandlung des Unterstützens auch dadurch verwirklichen, daß sein Beitrag die Mitglieder der Vereinigung in dem Entschluß bestärke, die geplanten Straftaten zu begehen. Dementsprechend hat der BGH [719] die Strafbarkeit von Angeklagten wegen Unterstützung einer kriminellen Vereinigung bejaht, die sich mehrfach in einem besetzten Haus aufgehalten hatten. Die Angeklagten hätten durch ihre Anwesenheit die zur Verteidigung der Hausbesetzung Entschlossenen in ihrem den Angeklagten bekannten Verteidigungswillen mindestens bestärkt [720]. In einer älteren Entscheidung [721] hat der BGH ausgeführt, eine strafbare Unterstützung könne auch in einer für die Ziele einer verbotenen Partei entfalteten Propaganda gesehen werden, wenn der Täter damit die Wirksamkeit der im Untergrund weiter arbeitenden Partei oder einer Ersatzorganisation fördern wolle oder eine solche Förderung zumindest billigend in Kauf nehme. Der BGH hat allerdings in jüngeren Entscheidungen [722] den Bereich strafbarer psychischer Beihilfe durch Stärkung des Tatentschlusses des Haupttäters enger eingegrenzt. Er hat ausdrücklich betont, die bloße Kenntnis von der Begehung der Tat und deren Billigung durch einen Anwesenden ohne einen die Tat objektiv fördernden Beitrag genüge für eine Strafbarkeit wegen Beihilfe nicht. In die gleiche Richtung gehen die Ausführungen des BGH [723], gegen die Annahme eines Gehilfen-

716 BGH, NJW 1951, 451; BGH, Strafverteidiger 1982, 517 (518); BGH, NStZ 1993, 535; 1995, 490 (491).

717 BGHSt 20, 89 (90); 29, 99 (101); 32, 243 (244); 33, 16 (17).

718 BGHSt 20, 89; 29, 99 (101).

719 BGH, NJW 1975, 985 (986).

720 Zu den Auswirkungen der Auffassung des BGH hinsichtlich der psychischen Beihilfe durch Bestärken des Tatentschlusses der Gründer siehe unten S. 157 ff.

721 BGH bei Wagner, GA 1965, 235 f. (Nr. 11), zu § 90 a a. F. StGB.

722 BGH, GA 1985, 233; BGH, NStZ 1993, 233, 385; BGHR StGB, § 27 Abs. 1 Hilfeleisten 1. Vgl. auch OLG Stuttgart, Strafverteidiger 1984, 76 (77), das im Zusammenhang mit dem Aufsprühen von Parolen, die auf die Haftbedingungen von aus der RAF stammenden Gefangenen und ihren Hungerstreik hinwiesen und die Forderung nach Zusammenlegung dieser Gefangenen erhoben, eine Strafbarkeit wegen Unterstützens einer terroristischen Vereinigung mit der Begründung abgelehnt hat, ein wenn auch nicht meßbarer, so doch nachweisbarer Erfolg habe nicht vorgelegen.

723 BGHR StGB, § 27 Abs. 1 Vorsatz 4.

vorsatzes könnten Bedenken bestehen, wenn der Beitrag des "Gehilfen" zum Gelingen der Tat für diesen erkennbar an sich nicht erforderlich und auch für die Art der Tatausführung ohne Bedeutung gewesen sei.

bb) Die herrschende Auffassung im Schrifttum

Die herrschende Auffassung im Schrifttum bejaht ebenfalls die Möglichkeit der Leistung psychischer Beihilfe durch Stärkung des Tatentschlusses des Haupttäters [724]. Beihilfe könne geleistet werden, indem der Gehilfe auf die Tat dadurch Einfluß nehme, daß er Bedenken des Haupttäters zerstreue und noch vorhandene Hemmungen beseitige [725]. In solchen Fällen sei der Beitrag des Gehilfen für den Erfolg der Haupttat kausal, indem er den die Tat bedingenden Entschluß des Haupttäters mitverursache. Liefere der Gehilfe dem Haupttäter ein zusätzliches Motiv für seinen Tatentschluß, das dieser aufgreife und dadurch den Tatentschluß auf eine breitere und festere Grundlage stelle, so sei an der Kausalität der psychischen Beihilfe für die weitere Existenz des konkreten Tatentschlusses des Haupttäters und dessen Realisierung nicht zu zweifeln [726]. Allerdings könne der bereits endgültig zur Tat Entschlossene nicht "entschlossener" gemacht werden [727]. Ebensowenig seien bloße Bekundungen von Zustimmung und Solidarität, die einen bereits gefaßten Tatentschluß auch in seiner Festigkeit und Intensität nicht beeinflußten, sondern den Täter nur in einer für die Verwirklichung der Tat folgenlosen Art erfreuten, nicht ausreichend für die Bejahung einer strafbaren Beihilfe [728].

---

724 **Cramer** in Schönke/Schröder, § 27 Rn. 12; **Jakobs**, Strafrecht AT, S. 673 (Rn. 36); **Jescheck**, Strafrecht AT, S. 626, 629; **Lackner**, § 27 Rn. 4; **Maurach/Gössel/Zipf**, Strafrecht AT, S. 356 f. (Rn. 6 f.); **Meyer-Arndt**, wistra 1985, 281 (285); **Otto**, JuS 1982, 557 (564); **Puppe**, GA 1984, 101 (118); **Roxin** in LK, § 27 Rn. 10; **Rudolphi**, Strafverteidiger 1982, 518 (520); **Tröndle**, § 27 Rn. 7.

725 **Otto**, JuS 1982, 557 (564); **Roxin** in LK, § 27 Rn. 13.

726 **Rudolphi**, Strafverteidiger 1982, 518 (520).

727 **Otto**, JuS 1982, 557 (564).

728 **Jakobs**, Strafrecht AT, S. 673 (Rn. 36); **Roxin** in LK, § 27 Rn. 13. Vgl. auch **Meyer-Arndt**, wistra 1985, 281 (285).

cc) Abweichende Auffassungen im Schrifttum

Teilweise wird im Schrifttum eine psychische Beihilfe durch Stärkung des Tatentschlusses des Haupttäters abgelehnt. **Hruschka** [729] führt aus, die klare Differenzierung zwischen den Begriffen "Anstiftung" und "Beihilfe" werde durcheinandergebracht, wenn der "psychische Gehilfe" ins Spiel komme, der beim Täter einen schon vorhandenen Tatentschluß bestärke. Die Bestärkung des Tatentschlusses sei jedoch im Gegensatz zur Anstiftung als dem Hervorrufen des Tatentschlusses nach geltendem Recht straflos. Es sei nirgends eine Vorschrift zu finden, die das Bestärken des Tatentschlusses als solches unter Strafe stelle. Wer unterhalb der Ebene der Anstiftung lediglich auf den Tatentschluß des Täters einwirke, lasse den Täter die ganze Arbeit allein machen. Dies lasse sich aber mit dem Begriff der " Hilfe " nicht vereinbaren [730]. **Samson** [731] führt aus, die Bejahung der Strafbarkeit psychischer Beihilfe durch Stärkung des Tatentschlusses des Haupttäters führe dazu, unter Umgehung des Grundsatzes "in dubio pro reo" die versuchte als vollendete Beihilfe zu erfassen, da weder für den Erfolg noch auch nur für die Handlung des Haupttäters kausale Solidarisierungshandlungen unter Strafe gestellt würden. Die Schwierigkeiten des Nachweises der Kausalität psychischer Beihilfe durch Stärkung des Tatentschlusses des Haupttäters seien prinzipiell unüberwindlich. Da psychische Beihilfe nur bei einem "omnimodo facturus" in Betracht komme, könne sie nur eingreifen, wenn der Gehilfe den Untergang des Tatentschlusses verhindere. Diese hypothetische - psychische - Entwicklung werde kaum jemals mit hinreichender Sicherheit festzustellen sein.

b) Stellungnahme

Wie oben [732] bereits ausgeführt worden ist, kommt eine Strafbarkeit wegen Beihilfe nur dann in Betracht, wenn der Gehilfe durch seinen Beitrag den konkreten Unrechtserfolg der Haupttat mitverursacht hat und sich in diesem Erfolg eine von dem Gehilfen geschaffene oder erhöhte Gefahr der Verwirklichung der Haupttat realisiert hat. Diese Anforderungen können aber nicht nur die physische Beihilfe

---

729 **Hruschka**, JR 1983, 177 (178).

730 **Hruschka**, JR 1983, 177 (178), führt in diesem Zusammenhang als Beispiel an, unter dieser Voraussetzung "helfe" auch derjenige, der beim Wegräumen des Schnees vor der Haustür nichts weiter tue, als bei der Arbeit zuzusehen, und sich darauf beschränke, seine völlig unnütze "Zustimmung" zu der Arbeit zum Ausdruck zu bringen.

731 **Samson** in SK, § 27 Rn. 15; **ders.**, Hypothetische Kausalverläufe, S. 189 ff.

732 Siehe oben S. 143, 144.

und die psychische Beihilfe in Form der technischen Rathilfe, sondern auch die psychische Beihilfe durch Stärkung des Tatentschlusses des Haupttäters erfüllen. Wenn der Gehilfe dem Haupttäter ein zusätzliches Motiv für die Entscheidung zur Begehung der Tat liefert, das dieser aufgreift und so seinen Tatentschluß auf eine breitere und festere Grundlage stellt, so ist der Beitrag des Gehilfen für den konkreten Tatentschluß des Haupttäters und damit für die Verwirklichung der Haupttat mitursächlich geworden [733]. Denn dann besteht zwischen der psychischen Hilfeleistung, dem Tatentschluß des Haupttäters und der Verwirklichung der Haupttat ein gesetzmäßiger Zusammenhang [734]. Daran vermag auch die Erwägung nichts zu ändern, daß der Haupttäter sich voraussichtlich auch ohne den Beitrag des Gehilfen zur Tat entschlossen hätte. Denn dabei handelt es sich um einen die Kausalität und die objektive Zurechnung nicht beeinflussenden hypothetischen Kausalverlauf [735]. Die Einwirkung auf die Psyche des Haupttäters kann allerdings nur dann mitursächlich für den Tatentschluß sein, wenn der Haupttäter noch nicht endgültig und unumstößlich zur Tat entschlossen ist, sondern durch Setzen zusätzlicher Tatmotive oder Ausräumen möglicher Gegenmotive beeinflußt werden kann [736]. Ferner muß das von dem Gehilfen gebotene Motiv Eingang in den Prozeß der Bildung des Tatentschlusses gefunden haben und von dem Haupttäter tatsächlich als zusätzlicher Beweggrund für die Entscheidung zur Begehung der Tat aufgegriffen worden sein. Das Erfordernis der Beeinflussung des Haupttäters begründet zudem die Notwendigkeit eines psychischen Kontakts zwischen Gehilfen und Haupttäter, damit der Haupttäter überhaupt Kenntnis von der ihm durch den Gehilfen zuteil werdenden Unterstützung erlangen kann [737]. **Rudolphi** [738] hat diese Anforderungen dahingehend zusammengefaßt, daß eine psychische Beihilfe immer dann, aber auch nur dann in Betracht komme, wenn die Äußerungen des Gehilfen Eingang in den den Tatentschluß tragenden Motivationsprozeß des Täters gefunden und durch Setzung zusätzlicher Tatmotive oder durch Beseitigen möglicher Gegenmotive den Tatentschluß des Täters in einer risikosteigernden Form gestärkt und gefestigt hätten. Bei Vorliegen dieser Voraussetzungen führt die Bejahung psychischer Beihilfe

---

733 **Jescheck**, Strafrecht AT, S. 629; **Roxin** in LK, § 27 Rn. 14; **Rudolphi**, Strafverteidiger 1982, 518 (520).

734 **Rudolphi**, Strafverteidiger 1982, 518 (520).

735 Siehe oben S. 145.

736 **Rudolphi**, Strafverteidiger 1982, 518 (520).

737 BGH, VRS 59, 186; OLG Karlsruhe, NStZ 1985, 78; **Maurach/Gössel/Zipf**, Strafrecht AT, S. 357 (Rn. 7); **Rudolphi**, Strafverteidiger 1982, 518 (520).

738 **Rudolphi**, Strafverteidiger 1982, 518 (520).

durch Stärkung des Tatentschlusses des Haupttäters nicht zu einer Bestrafung - nach dem Willen des Gesetzgebers strafloser - versuchter Beihilfe als vollendete Beihilfe. Erfüllt eine psychische Einflußnahme die oben dargelegten unmittelbar aus dem Kausalitätserfordernis folgenden Anforderungen, so ist der Beitrag des Gehilfen nicht ein bloßer Hilfsversuch, sondern eine effektive, den Unrechtserfolg der Haupttat mitverursachende Hilfeleistung.

Der Bejahung psychischer Beihilfe durch Stärkung des Tatentschlusses des Haupttäters stehen auch nicht die von **Hruschka** und **Samson** angeführten Argumente entgegen. Gegen die Auffassung von **Hruschka** spricht zunächst, daß eine psychische Einflußnahme durch Setzen zusätzlicher Tatmotive oder Ausräumen möglicher Gegenmotive - wie oben bereits ausgeführt worden ist - durchaus mitursächlich für den konkreten Unrechtserfolg der Haupttat sein kann. Den Erwägungen von **Hruschka** hält **Roxin** [739] ferner zu Recht entgegen, daß sich eine so strikte Trennung von Einwirkungen auf den Täter und Einwirkungen auf die Tat nicht durchführen lasse, da jede Teilnahme in der Regel über den Täter auf die Tat einwirke. **Samson** ist einzuräumen, daß die psychische Beihilfe in der Praxis nicht selten erhebliche Beweisschwierigkeiten hervorrufen kann. Die Annahme geht jedoch zu weit, daß ein Stärken und Festigen des Tatentschlusses des Haupttäters in einer risikosteigernden Form grundsätzlich nicht feststellbar sein soll [740]. Abgesehen davon vermögen Beweisschwierigkeiten die gänzliche Ablehnung der psychischen Beihilfe durch Stärkung des Tatentschlusses nicht zu begründen. Sofern sich nämlich im Einzelfall der Beweis der Kausalität des Beitrags des Gehilfen für den Tatentschluß des Haupttäters tatsächlich nicht führen läßt, ist der Gehilfe unter Beachtung des Grundsatzes "in dubio pro reo" freizusprechen. Damit wird der Gefahr begegnet, eine bloß versuchte Beihilfe entgegen dem Gesetz gleichwohl zu strafen [741].

4. Zeitraum für die Beihilfe

Die Leistung von Beihilfe ist bereits vor der Durchführung der Haupttat möglich [742]. Die Unterstützung braucht nicht zur Haupttat selbst oder zur Verwirk-

---

739 **Roxin** in LK, § 27 Rn. 14.

740 **Roxin** in LK, § 27 Rn. 14; **Rudolphi**, Strafverteidiger 1982, 518 (520).

741 **Rudolphi**, Strafverteidiger 1982, 518 (520).

742 **Cramer** in Schönke/Schröder, § 27 Rn. 13; **Jescheck**, Strafrecht AT, S. 627; **Maurach/Gössel/Zipf**, Strafrecht AT, S. 357 (Rn. 12); **Otto**, JuS 1982, 557 (565); **Roxin** in LK, § 27 Rn. 31.

lichung eines Tatbestandsmerkmals geleistet werden [743]. Strafbare Beihilfe kann daher auch zu bloßen Vorbereitungshandlungen der später versuchten oder vollendeten Haupttat geleistet werden [744] und sogar noch vor der Entschließung des Haupttäters zur Tat [745]. Dabei ist allerdings erforderlich, daß die Auswirkung des Beitrags des Gehilfen nicht vor dem Eintritt in das Ausführungsstadium erlischt. Dementsprechend kann als Beihilfe zur vollendeten Tat nur ein Beitrag angesehen werden, der bis zur Vollendung chancensteigernd gewirkt und seine Bedeutung nicht schon im Versuchsstadium oder noch früher eingebüßt hat [746].

Die Leistung von Beihilfe ist jedenfalls bis zur Vollendung der Haupttat möglich [747]. Die Frage, ob darüberhinaus Beihilfe noch bis zur Beendigung der Haupttat geleistet werden kann, ist streitig [748]. Auf diesen Meinungsstreit soll vorliegend nicht eingegangen werden, da er für die Beihilfe zum Gründen einer kriminellen Vereinigung - anders als beispielsweise für die Beihilfe zum Diebstahl oder zum Raub - keine praktische Bedeutung hat. Ein Auseinanderfallen von Vollendung und Beendigung kommt bei der Tathandlung des Gründens einer kriminellen Vereinigung nicht in Betracht, da der Tatbestandsvorsatz nicht weiter reichen muß als die zur Vollendung notwendigen objektiven Merkmale. Beihilfe zum Gründen einer kriminellen Vereinigung kann zudem bereits aus begrifflichen und logischen Gründen nicht mehr geleistet werden, wenn die Tat vollendet ist, also die kriminelle Vereinigung besteht [749].

---

743 **Jescheck**, Strafrecht AT, S. 627.

744 BGHSt 2, 344 (346); **Cramer** in Schönke/ Schröder, § 27 Rn. 13; **Jakobs**, Strafrecht AT, S. 675 (Rn. 38); **Maurach/Gössel/Zipf**, Strafrecht AT, S. 357 (Rn. 12); **Otto**, JuS 1982, 557 (565).

745 **Jakobs**, Strafrecht AT, S. 675 (Rn. 38); **Lackner**, § 27 Rn. 3; **Roxin** in LK, § 27 Rn. 7, 31.

746 **Roxin** in LK, § 27 Rn. 7.

747 **Jescheck**, Strafrecht AT, S. 627; **Otto**, JuS 1982, 557 (565); **Roxin** in LK, § 27 Rn. 35 f.

748 Nach herrschender Meinung kann Beihilfe bis zur Beendigung der Haupttat geleistet werden; vgl. BGHSt 6, 248 (251); 19, 323 (325); BGH, NJW 1985, 814; **Cramer** in Schönke/Schröder, § 27 Rn. 17; **Jescheck**, Strafrecht AT, S. 627; **Otto**, JuS 1982, 557 (559, 565); **Tröndle**, § 27 Rn. 3. Anderer Ansicht **Jakobs**, Strafrecht AT, S. 676 (Rn. 40); **Maurach/Gössel/Zipf**, Strafrecht AT, S. 358 (Rn. 13); **Roxin** in LK, § 27 Rn. 35, 37 f.; **Rudolphi** in SK, vor § 22 Rn. 9.

749 Siehe dazu auch unten S. 159 f.

III. Beiträge der Gehilfen im Rahmen des Gründungsvorgangs

Ausgehend von den oben [750] dargestellten allgemeinen Anforderungen an die Beihilfe ist nunmehr zu untersuchen, welche Anforderungen konkret an die Beihilfe zum Gründen einer kriminellen Vereinigung zu stellen sind. Dabei soll zunächst auf die Frage eingegangen werden, welche Anforderungen sich aus dem Erfordernis der Kausalität des Beitrags des Gehilfen für den Erfolg der Haupttat ergeben. Sodann ist zu untersuchen, unter welchen Voraussetzungen eine psychische Beihilfe durch Stärkung des Tatentschlusses der Gründer bejaht werden kann. Ferner ist zu klären, zu welchen Zeitpunkten Beihilfe zum Gründen einer kriminellen Vereinigung geleistet werden kann. Schließlich soll auf der Grundlage der im folgenden erarbeiteten Anforderungen dargelegt werden, durch welche Beiträge Beihilfe zum Gründen einer kriminellen Vereinigung im einzelnen verwirklicht werden kann.

1. Anforderungen an die Beiträge der Gehilfen

In der Rechtsprechung und im Schrifttum besteht überwiegend Einigkeit darüber, daß es sich bei der Tathandlung des Unterstützens einer kriminellen Vereinigung um zu Täterschaft verselbständigte Beihilfe durch ein Nichtmitglied der Vereinigung handele [751], so daß das Merkmal des Unterstützens nach den für die Beihilfe geltenden Rechtsgrundsätzen auszulegen sei [752]. Dagegen sehen **Cobler** [753] und **Lenckner** [754] in dieser Gleichsetzung eine ungerechtfertigte Einebnung des Unterschieds zwischen dem täterschaftlichen Unterstützen und der Beihilfe. **Lenckner** trägt vor, eine Heranziehung der für die Beihilfe geltenden Rechtsgrundsätze führe dazu, daß die Unterstützungshandlung ein für den Bestand oder die Fortführung der Vereinigung oder die Verwirklichung ihrer Ziele kausaler Beitrag gewesen sein müsse, bzw. daß sie die Vereinigung tatsächlich gefördert

---

750 Siehe oben 3. Kapitel, Ziffer II. 1-4 (S. 137 ff.).

751 BGHSt 20, 89 f.; BGH bei Wagner, GA 1965, 235 f. (Nr. 11); **v. Bubnoff** in LK, § 129 Rn. 18; **Dahs**, NJW 1976, 2145 (2148); **Ostendorf** in AK, § 129 Rn. 20; **Rudolphi**, Festschrift für Bruns, S. 315 (327); **ders.** in SK, § 129 Rn. 17; **Tröndle**, § 129 Rn. 4 b; **Wagner**, MDR 1966, 185 (188).

752 BGHSt 20, 89 f.; **v. Bubnoff** in LK, § 129 Rn. 18; **Rudolphi**, Festschrift für Bruns, S. 315 (327); **Wagner**, MDR 1966, 185 (188).

753 **Cobler**, KJ 1984, 407 (414).

754 **Lenckner** in Schönke/Schröder, § 129 Rn. 15.

haben müsse. Beides könne im Hinblick auf die Besonderheiten eines Organisationsdelikts nicht verlangt werden. Die Bestimmung wäre zudem weitgehend gegenstandslos, wenn im Einzelfall auch nur der Nachweis einer tatsächlich eingetretenen Förderung erbracht werden müßte. **Fürst** [755] lehnt eine schematische Übernahme der Interpretation der allgemeinen Beihilfenorm im Rahmen der Auslegung des Merkmals des Unterstützens einer kriminellen Vereinigung mit der Begründung ab, daß beide Bestimmungen im Hinblick auf die Inkriminierung der typischen Beihilfehandlung des Unterstützens als selbständiges täterschaftliches Unrecht durch den Gesetzgeber nur bedingt miteinander vergleichbar seien.

Im folgenden ist daher auch zu überlegen, inwieweit die im Zusammenhang mit der Auslegung des Merkmals des Unterstützens angestellten Erwägungen ebenfalls im Rahmen der Untersuchung der Anforderungen an die Beihilfe zum Gründen einer kriminellen Vereinigung herangezogen werden können.

a) Kausalität der Beiträge der Gehilfen für das Entstehen des Gefährdungspotentials der kriminellen Vereinigung

Der Unrechtserfolg der Tathandlung des Gründens einer kriminellen Vereinigung liegt in der Existenz der Vereinigung als besonderer Gefahrenquelle für die im Besonderen Teil des Strafrechts geschützten Rechtsgüter [756]. Bereits aus dem Erfordernis der Kausalität des Beitrags des Gehilfen für den Erfolg der Haupttat [757] ergibt sich daher die Anforderung, daß der Beitrag für das Entstehen des Gefährdungspotentials der Vereinigung in seiner konkreten Gestalt mitursächlich sein muß [758]. Das Gefährdungspotential der kriminellen Vereinigung wird durch die Anzahl und Qualität der Mitglieder, die für eine organisierte Willensbildung erforderlichen Führungs- und Entscheidungsstrukturen, die kriminelle Zielsetzung und die der Vereinigung zur Verfügung stehenden Sachmittel bestimmt [759]. Der Beitrag des Gehilfen muß daher eines oder mehrere dieser das

755 **Fürst**, Grundlagen und Grenzen, S. 103.

756 Siehe oben S. 28 f.

757 Siehe oben S. 143.

758 Vgl. **Bottke**, JR 1985, 122 (123); **Fürst**, Grundlagen und Grenzen, S. 110; **Ostendorf**, JZ 1979, 252 (253); **ders.**, JA 1980, 499 (502); **Rudolphi**, Festschrift für Bruns, S. 315 (329); **ders.** in SK, § 129 Rn. 17, jeweils für die Tathandlung des Unterstützens einer kriminellen Vereinigung.

759 Siehe oben S. 31 ff., 36 ff.

Gefährdungspotential begründenden Elemente mitverursacht haben. Daraus ergibt sich zum einen, daß der Beitrag des Gehilfen - gleichgültig, ob die Hilfe der Organisation an sich oder konkret einem Beteiligten geleistet wird - wirksam sein und sich vorteilhaft auf das Entstehen der kriminellen Vereinigung auswirken muß [760]. Das ist in Anlehnung an die von **v. Bubnoff** [761] hinsichtlich der Tathandlung des Unterstützens formulierten Anforderungen dann der Fall, wenn der Beitrag des Gehilfen die innere Organisation und den Zusammenhalt der kriminellen Vereinigung unmittelbar fördert, die Realisierung der von der Vereinigung geplanten Straftaten erleichtert oder sich sonst auf Aktionsmöglichkeiten und kriminelle Zwecksetzung der Vereinigung positiv auswirkt und damit zur Schaffung der ihr wesenseigenen Gefährlichkeit beiträgt. Die Mitwirkung an einzelnen Straftaten und die Unterstützung einzelner Beteiligter verwirklicht diese Anforderungen nur dann, wenn die durch den Beitrag geleistete Hilfe sich zugleich als mitursächlich für die Existenz der Vereinigung als kriminelle Gefahrenquelle erweist [762]. Zum anderen ist jedoch - ebenso wie bei der Tathandlung des Gründens [763] - nicht erforderlich, daß die kriminelle Vereinigung ohne den Beitrag des Gehilfen überhaupt nicht entstanden wäre. Ebenso ist nicht erforderlich, daß die Beihilfe für die Verwirklichung der Ziele der kriminellen Vereinigung, insbesondere für die Begehung von Straftaten ursächlich wird [764]. Da sich die Beihilfe auf das kriminelle Potential der Vereinigung beziehen muß, kommen ferner sozialadäquate Verhaltensweisen, wie der Verkauf von Nahrungsmitteln und Kleidung, die Vermietung von Wohnungen und Fahrzeugen sowie die Beschaffung von allgemein zugänglichen Informationen als Beihilfehandlungen nicht in Betracht [765]. Etwas anderes gilt nur dann, wenn durch diese Verhaltensweisen ausnahmsweise ein - über die Daseinsvorsorge hinausgehender - zweckgerichte-

---

760 Vgl. **v. Bubnoff** in LK, § 129 Rn. 18; **Fürst**, Grundlagen und Grenzen, S. 111; **Rudolphi**, Festschrift für Bruns, S. 315 (329).

761 **v. Bubnoff** in LK, § 129 Rn. 18. Vgl. auch **Rudolphi**, Festschrift für Bruns, S. 315 (329); **ders.** in SK, § 129 Rn. 17.

762 Vgl. **Lenckner** in Schönke/Schröder, § 129 Rn. 15 a; **Rudolphi** in SK, § 129 Rn. 17 a; jeweils für die Tathandlung des Unterstützens einer kriminellen Vereinigung.

763 Siehe oben S. 92 f.

764 Vgl. **Fürst**, Grundlagen und Grenzen, S. 111, für die Tathandlung des Unterstützens einer kriminellen Vereinigung.

765 Vgl. **Fürst**, Grundlagen und Grenzen, S. 111; **Lenckner** in Schönke/Schröder, § 129 Rn. 15 a; **Ostendorf** in AK, § 129 Rn. 22; **Rudolphi**, Festschrift für Bruns, S. 315 (332); **ders.** in SK, § 129 Rn. 17 a; jeweils für die Tathandlung des Unterstützens einer kriminellen Vereinigung.

ter Beitrag zu dem spezifischen Gefährdungspotential einer kriminellen Vereinigung geleistet wird. Das ist zum Beispiel der Fall, wenn eine Wohnung gerade als Ausgangsbasis für die von der Vereinigung geplanten kriminellen Aktionen zur Verfügung gestellt wird, oder wenn ein Fahrzeug gerade zur Durchführung der von der Vereinigung geplanten Straftaten überlassen wird [766].

Die hier im Zusammenhang mit der Beihilfe zum Gründen vertretene Auffassung entspricht mithin der maßgeblich von **Rudolphi** [767] geprägten Meinung im Schrifttum zur Auslegung der Tathandlung des Unterstützens einer kriminellen Vereinigung [768]. Die hiervon abweichende Auffassung des BGH [769], es genüge, wenn die Unterstützung an sich wirksam und für die Organisation irgendwie vorteilhaft sei, beruht auf der oben [770] bereits abgelehnten Position, daß der Beitrag des Gehilfen für die Haupttat nicht ursächlich gewesen sein muß. Außerdem führt die Auffassung des BGH in den meisten Fällen nicht zu anderen praktischen Ergebnissen [771]. Denn die Begriffsbestimmung des BGH besagt letztlich ebenfalls, daß der Beitrag des Unterstützers sich in irgendeiner Weise auf die Vereinigung als besondere Gefahrenquelle vorteilhaft ausgewirkt, also ihr kriminelles Potential in seiner konkreten Gestalt mitverursacht haben muß. Dies wird auch unter Berücksichtigung des Umstands deutlich, daß Beiträge wie die Bereitstellung von Waffen, Werkzeugen und Pässen, die Zuwendung finanzieller Mittel, die Verstärkung der Schlagkraft des Zusammenschlusses durch Information und Ratschläge und der zweckgerichtete Ausbau der organisatorischen Infrastruktur so-

---

766 Beispiele nach **v. Bubnoff** in LK, § 129 Rn. 18.

767 **Rudolphi**, Festschrift für Bruns, S. 315 (329); **ders.** in SK, § 129 Rn. 17.

768 **Bottke**, JR 1985, 122 (123); **Forthauser**, Geldwäsche, S. 32; **Fürst**, Grundlagen und Grenzen, S. 111; **Heyer**, Die Entwicklung des politischen Strafrechts, S. 99; **Ostendorf**, JZ 1979, 252 (253); **ders.** in AK, § 129 Rn. 20. Vgl. auch **v. Bubnoff** in LK, § 129 Rn. 18, sowie **Langer-Stein**, Legitimation und Interpretation, S. 226.

769 BGHSt 20, 89 (90); 29, 99 (101); 32, 243 (244); 33, 16 (17); BGHR StGB, § 129 a Abs. 3 Unterstützen 3. Ebenso **Maurach/Schroeder**, Strafrecht BT 2, S. 300; **Rebmann**, NStZ 1989, 97 (100); **Tröndle**, § 129 Rn. 4 b; **Werle**, Die Konkurrenz, S. 166. **Lenckner** in Schönke/Schröder, § 129 Rn. 15, führt aus, es genüge, wenn die Vereinigung in den Genuß des Beitrags gelangt und dieser objektiv geeignet sei, die Bestrebungen der Organisation in irgendeiner Weise zu fördern. Nicht verlangt werden könne, daß die Mitglieder in ihrem Entschluß zur Begehung von Straftaten tatsächlich bestärkt worden seien.

770 Siehe oben S. 143.

771 **Rudolphi**, Festschrift für Bruns, S. 315 (329 f.).

wohl eine kausale Stärkung des Gefährdungspotentials als auch eine irgendwie vorteilhafte Hilfe für die Vereinigung darstellen [772]. Auf die Auswirkungen der Auffassung des BGH hinsichtlich der Strafbarkeit psychischer Beihilfe durch Bestärken des Tatentschlusses der Gründer wird im folgenden [773] im Zusammenhang mit der Untersuchung der daran zu stellenden Anforderungen noch einzugehen sein.

b) Anforderungen an die psychische Beihilfe durch Stärkung des Tatentschlusses der Gründer

Der BGH [774] hat im Zusammenhang mit der Tathandlung des Unterstützens die Möglichkeit psychischer Beihilfe durch Stärkung des Tatentschlusses ausgehend von der Erwägung, es genüge, daß der Beitrag des Beteiligten die Mitglieder der Vereinigung in dem Entschluß bestärke, die geplanten Straftaten zu begehen, in weitem Umfang bejaht. So hat er eine Strafbarkeit wegen Unterstützens schon bei mehrfacher Anwesenheit in einem besetzten Haus [775] und bei einer Propagandatätigkeit für die Ziele einer verbotenen Partei [776] angenommen. Übertragen auf die Beihilfe zum Gründen einer kriminellen Vereinigung durch Stärkung des Tatentschlusses der Gründer ließe diese Erwägung die Bejahung psychischer Beihilfe ebenfalls in weitem Umfang zu. Insbesondere käme eine Strafbarkeit wegen psychischer Beihilfe zum Gründen auch im Bereich der ideellen und ideologischen Unterstützung der Ziele der Gründer - etwa durch bloße Anwesenheit bei einer Zusammenkunft oder durch Bekundung von Solidarität mit bestimmten Zielen - in Betracht. Bedenken gegen eine derart weite Auslegung ergeben sich bereits im Hinblick auf das Grundrecht der Meinungsfreiheit (Art. 5 Abs. 1 GG) und im Hinblick auf das Bestimmtheitsgebot (Art. 103 Abs. 2 GG), da die Grenze zwischen zulässiger Meinungsäußerung und strafbarer Beihilfe zum Gründen ausgehend von der Anforderung einer "irgendwie vorteilhaften Hilfe" [777] nicht hinreichend voraussehbar ist. Das Bundesverfassungsgericht hat im Zusammenhang mit

---

772 **Fürst**, Grundlagen und Grenzen, S. 105.

773 Siehe unten S. 157 ff.

774 BGHSt 20, 89 (90); 29, 99 (101); 32, 243 (244); 33, 16 (17) siehe dazu oben S. 146 ff.

775 BGH, NJW 1975, 985 (986).

776 BGH bei Wagner, GA 1965, 235 f. (Nr. 11), zu § 90 a a. F. StGB.

777 Vgl. BGHSt 20, 89 (90); 29, 99 (101); 32, 243 (244); 33, 16 (17).

§§ 42, 47 BVerfGG [778] und § 90 a a. F. StGB [779] ausgeführt, diese Vorschriften ließen angesichts der Bedeutung des Grundrechts der Meinungsfreiheit nur die Bestrafung solcher Meinungsäußerungen eines Außenstehenden zu, die einen unmittelbaren Bezug auf die verbotene Organisation hätten. Es sei bedenklich, wenn die Strafgerichte bei der Auslegung des Begriffs des Unterstützens davon ausgingen, daß die Förderung der verbotenen Partei auf irgendeine Weise genüge, weil damit auch eine nicht organisationsbezogene Förderung erfaßt werden könnte. Diese Stellungnahme des Bundesverfassungsgerichts läßt sich auch im Rahmen der Auslegung der §§ 129, 129 a StGB heranziehen, zumal diesen Bestimmungen die eindeutige Strafbarkeitshürde der von dem Bundesverfassungsgericht untersuchten Vorschriften - nämlich die Einstufung der Organisation als verfassungswidrig - fehlt [780].

Abgesehen von diesen Bedenken kann der Ansicht des BGH auf der Grundlage der hier vertretenen Auffassung [781] deshalb nicht gefolgt werden, weil sie auf der Position beruht, daß der Beitrag des Gehilfen für den Unrechtserfolg der Haupttat nicht ursächlich gewesen sein muß. Ausgehend von dem Erfordernis der Kausalität kann eine strafbare psychische Beihilfe durch Stärkung des Tatentschlusses des Haupttäters nur dann vorliegen, wenn die Äußerungen des Gehilfen Eingang in den Motivationsprozeß des Haupttäters gefunden und dessen Tatentschluß in einer risikosteigernden Form gestärkt und gefestigt haben [782]. Daraus ergeben sich mehrere Anforderungen für die Bejahung strafbarer Beihilfe zum Gründen einer kriminellen Vereinigung durch psychische Hilfeleistung. Die Gründer dürfen nicht bereits endgültig und unumstößlich zur Tat entschlossen sein, so daß eine Beeinflussung durch Setzen zusätzlicher Tatmotive oder Ausräumen möglicher Gegenmotive noch möglich ist. Das von dem Gehilfen gebotene Motiv muß ferner Eingang in den Prozeß der Bildung des Tatentschlusses gefunden haben und von den Gründern tatsächlich als zusätzlicher Beweggrund für die Entscheidung zur Gründung der kriminellen Vereinigung aufgegriffen worden sein. Außerdem muß ein psychischer Kontakt zwischen dem Gehilfen und mindestens einem der Gründer bestanden haben, damit der Gründer überhaupt Kenntnis von der ihm durch den Gehilfen zuteil werdenden Unterstützung erlangen konnte.

---

778 BVerfG, NJW 1969, 738 (739, 741).

779 BVerfGE 25, 79 (86).

780 **Fürst**, Grundlagen und Grenzen, S. 109 f.

781 Siehe oben S. 143.

782 Siehe oben S. 150 f.

In der Praxis wird die Beihilfe zum Gründen einer kriminellen Vereinigung durch Stärkung des Tatentschlusses der Gründer erhebliche Beweisschwierigkeiten hervorrufen. Bereits der Nachweis, daß die Gründer im Zeitpunkt der Erbringung des Beitrags durch den "Gehilfen" nicht bereits endgültig zur Tat entschlossen waren, dürfte nur schwer zu führen sein [783]. Dies gilt - insbesondere in Anbetracht der Vielzahl der Faktoren, die zur Bildung einer kriminellen Vereinigung führen können - auch hinsichtlich des Nachweises, daß die Gründer gerade das von dem "Gehilfen" gebotene Motiv als zusätzlichen Beweggrund für die Entscheidung zur Gründung der kriminellen Vereinigung aufgegriffen haben. Beweisschwierigkeiten können jedoch nicht zu einer Ablehnung des Erfordernisses der Kausalität und der sich daraus ergebenden Anforderungen an die psychische Beihilfe durch Stärkung des Tatentschlusses der Gründer führen [784].

c) Zeitraum möglicher Beihilfe zum Gründen einer kriminellen Vereinigung

Da die Leistung von Beihilfe schon vor der Durchführung der Haupttat möglich ist [785], kann Beihilfe zum Gründen einer kriminellen Vereinigung bereits vor der Erbringung von Beiträgen durch die Gründer geleistet werden. Ein nicht zum Kreis der Gründer gehörender Beteiligter ist daher wegen Beihilfe zum Gründen einer kriminellen Vereinigung strafbar, wenn er den Gründern schon vor Beginn des Aufbaus der Organisation gezielt Sachmittel - wie beispielsweise Waffen, Fahrzeuge oder auch Geldbeträge - zur Verfügung gestellt hat, die später zur Schaffung des Gefährdungspotentials der Vereinigung beitragen.

Beihilfe zum Gründen einer kriminellen Vereinigung kann nicht mehr geleistet werden, wenn die kriminelle Vereinigung bereits besteht. Die Festigung oder Erhöhung des Gefährdungspotentials einer bereits bestehenden kriminellen Vereinigung durch einen Außenstehenden verwirklicht die - von dem Gesetzgeber als Täterschaft gestaltete - Tathandlung des Unterstützens einer kriminellen Vereinigung [786]. Ein Beteiligter, der Beiträge erbringt, die eine Festigung oder Erhöhung des Gefährdungspotentials einer bereits bestehenden Vereinigung bewirken, ist

---

783 **Ostendorf** in AK, § 129 Rn. 20, weist im Zusammenhang mit der Tathandlung des Unterstützens einer kriminellen Vereinigung darauf hin, daß eine psychische Unterstützung bei einem zum Rechtsbruch entschlossenen Täterkreis in der Praxis kaum geleistet werden kann.

784 Siehe oben S. 143 f., 151.

785 Siehe oben S. 151 f.

786 Siehe oben S. 100.

daher nicht Gehilfe, sondern Täter der Tathandlung des Unterstützens. Abgesehen davon ist eine Teilnahme am Gründen zu diesem Zeitpunkt begrifflich und logisch ausgeschlossen. Für die Abgrenzung zwischen Beihilfe zum Gründen und Unterstützen einer kriminellen Vereinigung kommt es daher maßgeblich darauf an, ob ein Zusammenschluß die oben im 1. Kapitel [787] dargelegten Anforderungen für das Bestehen einer kriminellen Vereinigung erfüllt.

2. In Betracht kommende Beiträge der Gehilfen

Unter Berücksichtigung der oben [788] dargestellten Anforderungen ergibt sich hinsichtlich der in Betracht kommenden Beiträge der Gehilfen [789] im einzelnen folgendes:

a) Mitwirkung bei der Gewinnung von Mitgliedern

Die Mitwirkung bei der Gewinnung von Mitgliedern ist - sofern der Beteiligte dadurch nicht die Tathandlungen des Gründens oder des Werbens verwirklicht [790] - Beihilfe zum Gründen einer kriminellen Vereinigung. Dabei macht es keinen Unterschied, ob der Gehilfe einen Gründer oder einen außenstehenden Werbenden bei der Gewinnung von Mitgliedern unterstützt, da sein Beitrag in beiden Fällen gleichermaßen für das Entstehen des Gefährdungspotentials der kriminellen Vereinigung mitursächlich wird. Die Mitwirkung bei der Gewinnung von Mitgliedern durch Außenstehende - also nicht zum Kreis der Gründer gehörende Personen - ist daher ebenfalls als Beihilfe zum Gründen einer kriminellen Vereinigung strafbar. Einer Strafbarkeit wegen Beihilfe zum Gründen würde gegebenenfalls auch nicht der Umstand entgegenstehen, daß der Gehilfe zu den Gründern keinen Kontakt hat oder die Gründer von der ihnen zuteil gewordenen Hilfeleistung nichts wissen. Denn die Beihilfe setzt - mit Ausnahme der psychischen Beihilfe durch Stärkung des Tatentschlusses des Haupttäters - nicht voraus, daß der Haupttäter Kenntnis von der ihm zuteil gewordenen

---

787 Siehe oben S. 31 ff., 84 ff.

788 Siehe oben S. 153 ff.

789 Die folgenden Ausführungen lehnen sich an die Darstellung der in Betracht kommenden Beiträge der Gründer an; siehe dazu oben S. 93 ff.

790 Siehe dazu oben S. 93 f., 112 f.

Unterstützung hat [791]. Eine Hilfeleistung bei der Gewinnung von Mitgliedern liegt zum Beispiel vor, wenn der Gehilfe die Kontakte zwischen den Gründern oder Werbenden und anderen Personen hergestellt hat, so daß diese als Mitglieder geworben werden konnten. Eine Strafbarkeit wegen Beihilfe zum Gründen kommt beispielsweise auch dann in Betracht, wenn der Gehilfe den Gründer oder Werbenden dadurch unterstützt hat, daß er einem Gespräch mit einem noch unentschlossenen Beteiligten durch seine Anwesenheit - also sozusagen als "Muskelmann im Hintergrund" - gezielt den erforderlichen Nachdruck verliehen hat.

b) Mitwirkung an der Entwicklung der Struktur der Vereinigung

Die Unterstützung der Gründer bei der Entwicklung der Struktur der kriminellen Vereinigung und bei der Beschaffung der für die Verfolgung der kriminellen Zielsetzung erforderlichen Kenntnisse und Fähigkeiten ist ebenfalls Beihilfe zum Gründen einer kriminellen Vereinigung. Den Gründern wird beispielsweise Hilfe geleistet, wenn ihnen durch Hinweise und Ratschläge Kenntnisse verschafft werden, die für den Aufbau der Vereinigung und für die Verfolgung der kriminellen Ziele genutzt werden. Hilfe bei der Entwicklung der Struktur der kriminellen Vereinigung kann zum Beispiel auch in der Weise geleistet werden, daß der Gehilfe als Bindeglied zwischen Beteiligten tätig wird und dadurch bei der Schaffung des auf die Begehung von Straftaten ausgerichteten organisatorischen Zusammenhalts der Mitglieder mitwirkt. Sofern der von einem Beteiligten im Einvernehmen mit den übrigen Beteiligten geleistete Beitrag ein derartiges Gewicht hat, daß er sich prägend auf die Struktur der kriminellen Vereinigung auswirkt, kommt nicht lediglich eine Strafbarkeit wegen Beihilfe zum Gründen, sondern eine Strafbarkeit wegen Verwirklichung der Tathandlung des Gründens einer kriminellen Vereinigung in Betracht [792].

c) Bereitstellen von Sachmitteln

Beihilfe zum Gründen einer kriminellen Vereinigung kann auch durch das Bereitstellen von Sachmitteln geleistet werden. Hierzu gehören beispielsweise die Überlassung von Waffen, Werkzeugen, technischem Gerät, Ausweisen und fi-

---

791 BGH, Strafverteidiger 1981, 72 (73); **Jescheck**, Strafrecht AT, S. 626; **Lackner**, § 27 Rn. 4; **Maurach/Gössel/Zipf**, Strafrecht AT, S. 357 (Rn. 7); **Roxin** in LK, § 129 Rn. 9.

792 Siehe dazu oben S. 92 f.

nanziellen Mitteln sowie die Bereitstellung von Räumen und Fahrzeugen für die kriminellen Zwecke der Vereinigung. Die Leistung derartiger Beiträge ist ursächlich für das Entstehen des Gefährdungspotentials der kriminellen Vereinigung in seiner konkreten Gestalt, insbesondere für die Schaffung der kriminellen Schlagkraft der Vereinigung. In diesem Zusammenhang ist zu beachten, daß bei Überlassung von Sachmitteln an einzelne Beteiligte eine Strafbarkeit wegen Beihilfe zum Gründen einer kriminellen Vereinigung erst dann in Betracht kommt, wenn die durch diesen Beitrag geleistete Hilfe sich zugleich als mitursächlich für das Entstehen der Vereinigung als kriminelle Gefahrenquelle erweist [793]. Ferner kommt - wie oben [794] bereits ausgeführt worden ist - bei sozialüblichen oder ausdrücklich erlaubten Verhaltensweisen, wie beispielsweise dem Verkauf von Nahrungsmitteln und Kleidung und der Vermietung von Wohnungen und Fahrzeugen an Beteiligte, eine Strafbarkeit wegen Beihilfe zum Gründen nicht in Betracht, es sei denn, daß durch diese Handlungen ausnahmsweise zweckgerichtete Beiträge zu dem Entstehen des spezifischen Gefährdungspotentials der kriminellen Vereinigung geleistet werden.

d) Gewinnung von Unterstützern

Hilfe zum Gründen einer kriminellen Vereinigung kann auch durch die Gewinnung oder die Mitwirkung bei der Gewinnung von Personen geleistet werden, die als Außenstehende die Gründung der Vereinigung mit Sachmitteln oder mit besonderen Kenntnissen und Fähigkeiten unterstützen. Aus dem Erfordernis der Kausalität des Beitrags des Gehilfen für den Erfolg der Haupttat ergibt sich jedoch die Anforderung, daß die von dem Gehilfen geworbenen Personen mit ihren Beiträgen für das Entstehen des Gefährdungspotentials der kriminellen Vereinigung mitursächlich geworden sein müssen. Zudem würde anderenfalls die oben [795] bereits bejahte Straflosigkeit des - erfolgreichen oder erfolglosen - Werbens um Unterstützung umgangen werden. Der Beteiligte, der einen Gehilfen geworben hat, kann daher ebenso wie dieser wegen Beihilfe zum Gründen einer kriminellen Vereinigung bestraft werden, wenn er mittels dessen Beitrags für die Schaffung des konkreten Gefährdungspotentials der kriminellen Vereinigung in ihm zurechenbarer Weise mitursächlich geworden ist. Das ist beispielsweise der Fall, wenn ein Beteiligter Personen wirbt, die dem Zusammenschluß auch tatsächlich Geldbeträge oder sonstige Sachmittel zur Verfügung stellen.

---

793 Siehe oben S. 154 ff.

794 Siehe oben S. 155 f.

795 Siehe oben S. 110 ff.

e) "Mitgliedschaft" im Gründungsstadium und Stärkung des Tatentschlusses der Gründer

Die Zusage eines Beteiligten im Gründungsstadium, er werde sich an der kriminellen Vereinigung als Mitglied beteiligen, kann sich nur als psychische Hilfeleistung auswirken. Denn das Verhalten des Beteiligten wirkt in physischer Hinsicht erst dann, wenn es tatsächlich zu der - durch § 129 Abs. 1, 2. Alt. StGB bereits als Täterschaft unter Strafe gestellten - Beteiligung als Mitglied an der kriminellen Vereinigung kommt. Die bloße Zusage, sich an der zu gründenden Vereinigung als Mitglied zu beteiligen, kann eine solche Wirkung jedoch nicht entfalten. Denkbar ist daher insoweit lediglich eine psychische Beihilfe durch Stärkung des Tatentschlusses der Gründer. Abgesehen von dem Fall der Zusage einer Beteiligung als Mitglied ist im Gründungsstadium eine Beihilfe in dieser Form auch durch sonstige Äußerungen denkbar, die durch Setzen zusätzlicher Tatmotive oder durch Ausräumen möglicher Gegenmotive auf den Tatentschluß der Gründer Einfluß nehmen.

Unter Berücksichtigung der bereits dargelegten Anforderungen [796] an eine psychische Beihilfe durch Stärkung des Tatentschlusses der Gründer kommt insoweit eine Strafbarkeit nur in sehr eingeschränktem Umfang in Betracht. Beispielsweise reicht die bloße Zusage, sich an der zu gründenden kriminellen Vereinigung als Mitglied zu beteiligen, für eine Strafbarkeit wegen Beihilfe zum Gründen nicht aus. Ebensowenig genügt die bloße Anwesenheit bei einer Zusammenkunft der Gründer. Für eine Strafbarkeit wegen Beihilfe zum Gründen reicht es ebenfalls nicht aus, wenn eine Person im Gründungsstadium die beabsichtigte Gründung der kriminellen Vereinigung ausdrücklich gutheißt oder sich mit den von der Vereinigung in Zukunft zu verfolgenden Zielen solidarisch erklärt [797]. Denn in diesen Fällen werden die Beiträge regelmäßig keine konkreten Auswirkungen auf die Schaffung des Gefährdungspotentials der kriminellen Vereinigung haben. Dies ist

---

796 Siehe oben S. 157 ff.

797 Vgl. BVerfG, NJW 1969, 738 (740) im Zusammenhang mit §§ 42, 47 BVerfGG. Das Bundesverfassungsgericht hat ausgeführt, für eine Strafbarkeit reiche es nicht aus, wenn der Außenstehende gleiche Ansichten wie die verbotene Partei vertrete. Die Äußerung gleicher Meinungen, wie sie von der verbotenen Partei vertreten worden seien, sei nur dann als objektive Gefahr zu werten, wenn zusätzlich äußere, sich nicht nur aus der Willensrichtung des Äußernden ergebende Umstände hinzutreten würden, die der Äußerung einen unmittelbaren Förderungseffekt verleihen würden. Äußere, den erforderlichen Bezug auf die verbotene Organisation schaffende Umstände könnten etwa gegeben sein, wenn sich der Äußernde in Aufmachung und Stil seiner Ausführungen oder der Art der Agitation der verbotenen Partei anpasse. Gleiches gelte, wenn der Äußernde seine eigene persönliche Verbindung zu der Organisation mit ins Spiel bringe.

nach der hier vertretenen Auffassung [798] vielmehr nur dann der Fall, wenn feststeht, daß die noch nicht endgültig zur Begehung der Tat entschlossenen Gründer den Beitrag des Beteiligten tatsächlich als zusätzlichen Beweggrund für die Gründung der kriminellen Vereinigung aufgegriffen haben. Eine strafbare psychische Beihilfe zum Gründen durch Stärkung des Tatentschlusses der Gründer kommt daher zum Beispiel dann in Betracht, wenn eine herausragende Persönlichkeit den Gründern zusagt, sich an der zu gründenden kriminellen Vereinigung zu beteiligen [799], und damit nachweislich einen zusätzlichen Beweggrund für die Gründung schafft [800]. Als weiteres Beispiel läßt sich anführen, daß eine Person, der die Gründer erkennbar Bedeutung zumessen, dadurch ein zusätzliches Motiv für die Tat schafft, daß sie im Gründungsstadium konkret zusagt, sie werde die kriminelle Vereinigung unterstützen und sich ihrer Ziele annehmen, wenn die Vereinigung erst einmal gebildet sei. Abgesehen von den oben [801] bereits dargestellten Schwierigkeiten, das Vorliegen der objektiven Voraussetzungen für eine psychische Beihilfe durch Stärkung des Tatentschlusses der Gründer nachzuweisen, wird auch in den hier beispielhaft geschilderten Fällen der Nachweis des Vorsatzes der Gehilfen erhebliche Schwierigkeiten bereiten. Denn für die Bejahung des Vorsatzes des Gehilfen ist unter anderem [802] erforderlich, daß er in dem Bewußtsein handelt, gerade durch seine Erklärung einen zusätzlichen Beweggrund für die Gründung der kriminellen Vereinigung zu schaffen. Dem Gehilfen muß also das Gewicht seiner Erklärung und ihre Bedeutung für die Gründer bewußt sein. Das Vorliegen eines solchen Bewußtseins ist um so zweifelhafter, je weniger der Beitrag zum Gelingen des Gründens erforderlich

---

798 Siehe oben S. 157 ff.

799 Vgl. den in BGHSt 29, 114 ff., entschiedenen Fall. **Lenckner** in Schönke/Schröder, § 129 Rn. 13, und **Rudolphi** in SK, § 129 Rn. 16, haben im Rahmen der Kritik an dieser Entscheidung ausgeführt, es komme eine Strafbarkeit des Angeklagten wegen Unterstützens einer kriminellen Vereinigung in Betracht.

800 Beteiligt sich der Gehilfe entsprechend seiner Zusage anschließend als Mitglied an der kriminellen Vereinigung, so bilden die Zusage und die Beteiligung als Mitglied eine deliktische Einheit, so daß sein Verhalten als eine Tat nach § 129 Abs. 1, 2. Alt. StGB anzusehen ist; siehe dazu auch oben S. 99 für das Verhältnis zwischen der Tathandlung des Gründens und der Tathandlung des Beteiligens als Mitglied. Wird die kriminelle Vereinigung nicht gebildet, so kommt eine Strafbarkeit des Gehilfen wegen Beihilfe zum Versuch des Gründens in Betracht.

801 Siehe oben S. 159.

802 Siehe dazu unten S. 165 f.

und für die Schaffung des Gefährdungspotentials der kriminellen Vereinigung von Bedeutung ist [803].

IV. Anforderungen an den Vorsatz des Gehilfen

Für eine Strafbarkeit wegen Beihilfe ist nach § 27 StGB erforderlich, daß der Beteiligte vorsätzlich einem anderen zu dessen vorsätzlich begangener rechtswidriger Tat Hilfe geleistet hat. Der Vorsatz des Gehilfen muß sich daher auf zwei Umstände beziehen, nämlich auf die eigene Hilfeleistung und auf die Ausführung der zukünftigen Haupttat [804]. Der Gehilfe muß also die Vollendung der Haupttat wollen und seinen Beitrag mit dem Willen und in dem Bewußtsein erbringen, die Tat eines anderen zu unterstützen [805]. Dem Gehilfen brauchen die Einzelheiten der Haupttat - also die Ausführung der Tat im einzelnen, Ort, Zeit und Tatopfer - nicht bekannt zu sein [806]. Vielmehr genügt es, wenn der Gehilfe die Haupttat in ihren wesentlichen Merkmalen erfaßt [807]. Das ist dann der Fall, wenn der Gehilfe den zu verwirklichenden Tatbestand und die wesentlichen Dimensionen des Unrechts der Haupttat kennt [808]. Als Vorsatzart genügt für strafbare Beihilfe bedingter Vorsatz des Gehilfen [809]. Nimmt der Gehilfe den als möglich erkannten Erfolg der Haupttat in Kauf, so entfällt daher der Vorsatz nicht, weil er die Haupttat innerlich mißbilligt [810].

---

803 Vgl. BGHR StGB, § 27 Abs. 1 Vorsatz 4.

804 BGH, NStZ 1985, 318; **Jescheck**, Strafrecht AT, S. 629; **Otto**, JuS 1982, 557 (565); **Roxin** in LK, § 27 Rn. 45.

805 BGH, Strafverteidiger 1981, 72 (73); BGH bei Holtz, MDR 1985, 284; **Lackner**, § 27 Rn. 7; **Tröndle**, § 27 Rn. 8.

806 BayObLG, NJW 1991, 2582; **Cramer** in Schönke/Schröder, § 27 Rn. 19; **Otto**, JuS 1982, 557 (565).

807 **Roxin** in LK, § 27 Rn. 47.

808 BGHR StGB, § 27 Abs. 1 Vorsatz 6; § 129 a Abs. 3 Unterstützen 5; **Roxin** in LK, § 27 Rn. 47.

809 **Jescheck**, Strafrecht AT, S. 629; **Lackner**, § 27 Rn. 7; **Roxin** in LK, § 27 Rn. 46. Vgl. ferner BGHSt 29, 99 (101 f.) für die Tathandlung des Unterstützens einer kriminellen oder terroristischen Vereinigung.

810 BGH bei Holtz, MDR 1985, 284; **Roxin** in LK, § 27 Rn. 46; **Tröndle**, § 27 Rn. 8.

Für die Beihilfe zum Gründen einer kriminellen Vereinigung folgt aus dem oben Dargelegten, daß der Gehilfe in dem Bewußtsein handeln muß, durch seinen Beitrag die Gründung einer kriminellen Vereinigung zu unterstützen. Dazu muß der Gehilfe Kenntnis von den Umständen haben, die das künftige Bestehen der kriminellen Vereinigung ausmachen, und zumindest in Kauf nehmen, daß mit Hilfe seines Beitrags die kriminelle Vereinigung gegründet wird. Der Gehilfe muß also die das Gefährdungspotential der kriminellen Vereinigung begründenden Elemente kennen. Ebenso wie beim Gründer muß der Vorsatz des Gehilfen daher auch die Strafbarkeit der von der kriminellen Vereinigung geplanten Taten umfassen. Dagegen braucht der Gehilfe weder die Einzelheiten der von den Gründern geplanten Struktur der Vereinigung, noch die Einzelheiten der geplanten Ausführung der von der Vereinigung bezweckten Straftaten zu kennen [811]. Ferner ist nicht erforderlich, daß der Gehilfe die Bildung der kriminellen Vereinigung oder sogar die von ihr geplanten Straftaten billigt.

C. Ergebnis

Als Ergebnis der Ausführungen in diesem Kapitel ist folgendes festzuhalten:

1. Die Anstiftung zum Gründen einer kriminellen Vereinigung wird bereits - als Täterschaft - von der Tathandlung des Werbens erfaßt. Daher ist eine Strafbarkeit wegen Anstiftung zum Gründen einer kriminellen Vereinigung nicht möglich [812].

2. Eine Strafbarkeit wegen Beihilfe zum Werben für eine kriminelle Vereinigung kommt ebenfalls nicht in Betracht. Die allgemeine Teilnahmeform der Beihilfe findet im Zusammenhang mit der Tathandlung des Werbens für eine kriminelle Vereinigung aus teleologischen Gründen keine Anwendung [813]. Eine Strafbarkeit der Beihilfe zum Werben würde den Schutz vor bloßer Gefährdung so weit vorverlagern, daß der Schutzbereich des § 129 StGB überschritten wäre.

---

811 Vgl. **Forthauser**, Geldwäsche, S. 35, hinsichtlich der Tathandlung des Unterstützens einer kriminellen Vereinigung.

812 Siehe oben S. 126.

813 Siehe oben S. 133 ff.

3. Dagegen ist die Beihilfe zum Gründen einer kriminellen Vereinigung strafbar [814]. Da die Tathandlung des Unterstützens einer kriminellen Vereinigung im Gründungsstadium nicht verwirklicht werden kann, kommt eine Verdrängung der allgemeinen Teilnahmeform der Beihilfe unter Heranziehung systematischer Erwägungen nicht in Betracht. Auch unter Berücksichtigung teleologischer Gesichtspunkte besteht keine Veranlassung, bei Beteiligten, die als Gehilfen bei der Schaffung des Gefährdungspotentials einer kriminellen Vereinigung mitwirken, abweichend von der generellen Geltung des § 27 StGB die allgemeine Teilnahmeform der Beihilfe nicht anzuwenden. Anders als die Tathandlung des Werbens für eine kriminelle Vereinigung bewirkt die Tathandlung des Gründens keine erneute Vorverlagerung des Strafrechtsschutzes im Rahmen des § 129 StGB und entfernt sich daher nicht von dem Unrechtskern der Bestimmung. Die Strafbarkeit der Personen, die durch ihre Beiträge den Gründern bei der Schaffung des Gefährdungspotentials einer kriminellen Vereinigung Hilfe geleistet haben, wegen Beihilfe zum Gründen überschreitet daher ebenfalls nicht den Schutzbereich der Vorschrift.

4. Aus dem Erfordernis der Kausalität des Beitrags des Gehilfen für den Erfolg der Haupttat ergibt sich die Anforderung, daß der Beitrag für das Entstehen des Gefährdungspotentials der kriminellen Vereinigung in seiner konkreten Gestalt mitursächlich sein muß [815]. Der Beitrag des Gehilfen muß daher eines oder mehrere der das Gefährdungspotential begründenden Elemente mitverursacht haben. Das ist dann der Fall, wenn der Beitrag des Gehilfen die innere Organisation und den Zusammenhalt der kriminellen Vereinigung unmittelbar fördert, die Realisierung der von der Vereinigung geplanten Straftaten erleichtert oder sich sonst auf Aktionsmöglichkeiten und kriminelle Zwecksetzung der Vereinigung positiv auswirkt und damit zur Schaffung der ihr wesenseigenen Gefährlichkeit beiträgt.

5. Als Beiträge der Gehilfen kommen zunächst die Mitwirkung bei der Gewinnung von Mitgliedern und die Unterstützung der Gründer bei der Entwicklung der Struktur der kriminellen Vereinigung und bei der Beschaffung der für die Verfolgung der kriminellen Zielsetzung erforderlichen Kenntnisse und Fähigkeiten in Betracht [816]. Beihilfe zum Gründen einer kriminellen Vereinigung kann ferner auch durch das Bereitstellen von Sach-

---

814 Siehe oben S. 135 ff.

815 Siehe oben S. 154 ff.

816 Siehe oben S. 160 f.

mitteln geleistet werden [817]. Hierzu gehören beispielsweise die Überlassung von Waffen, Werkzeugen, technischem Gerät, Ausweisen und finanziellen Mitteln sowie die Bereitstellung von Räumen und Fahrzeugen für die kriminellen Zwecke der Vereinigung. Außerdem kann Hilfe zum Gründen einer kriminellen Vereinigung auch durch die Gewinnung oder die Mitwirkung bei der Gewinnung von Personen geleistet werden, die als Außenstehende die Gründung der Vereinigung mit Sachmitteln oder mit besonderen Kenntnissen und Fähigkeiten unterstützen [818].

6. Eine Strafbarkeit wegen psychischer Beihilfe zum Gründen einer kriminellen Vereinigung durch Stärkung des Tatentschlusses der Gründer kommt nur unter besonderen Voraussetzungen in Betracht [819]. Die Gründer dürfen nicht bereits endgültig und unumstößlich zur Tat entschlossen sein, so daß eine Beeinflussung durch Setzen zusätzlicher Tatmotive oder Ausräumen möglicher Gegenmotive noch möglich ist. Ferner muß das von dem Gehilfen gebotene Motiv Eingang in den Prozeß der Bildung des Tatentschlusses gefunden haben und von den Gründern tatsächlich als zusätzlicher Beweggrund für die Entscheidung zur Gründung der kriminellen Vereinigung aufgegriffen worden sein. Außerdem muß ein psychischer Kontakt zwischen dem Gehilfen und mindestens einem der Gründer bestanden haben, damit der Gründer überhaupt Kenntnis von der ihm durch den Gehilfen zuteil werdenden Unterstützung erlangen konnte.

7. Beihilfe zum Gründen einer kriminellen Vereinigung kann bereits vor der Erbringung von Beiträgen durch die Gründer geleistet werden [820]. Besteht die kriminelle Vereinigung zum Zeitpunkt der Hilfeleistung bereits, kommt eine Strafbarkeit wegen Beihilfe zum Gründen schon aus begrifflichen und logischen Gründen nicht mehr in Betracht. Für die Beurteilung der Frage, ob eine Strafbarkeit wegen Beihilfe zum Gründen oder wegen Unterstützung einer kriminellen Vereinigung in Betracht kommt, ist daher maßgeblich, ob ein Zusammenschluß zum Zeitpunkt der Hilfeleistung die Anforderungen für das Bestehen einer kriminellen Vereinigung erfüllt.

---

817 Siehe oben S. 161 f.

818 Siehe oben S. 162.

819 Siehe oben S. 157 ff., 163 ff.

820 Siehe oben S. 159.

8. In subjektiver Hinsicht muß der Gehilfe Kenntnis von den Umständen haben, die das künftige Bestehen der kriminellen Vereinigung ausmachen, und zumindest in Kauf nehmen, daß mit Hilfe seines Beitrags die kriminelle Vereinigung gegründet wird [821]. Der Gehilfe muß also die das Gefährdungspotential der kriminellen Vereinigung begründenden Elemente kennen. Ebenso wie beim Gründer muß der Vorsatz des Gehilfen daher auch die Strafbarkeit der von der kriminellen Vereinigung geplanten Taten umfassen.

821 Siehe oben S. 165 f.

4. Kapitel

- der Versuch des Gründens einer kriminellen Vereinigung -

Nach § 129 Abs. 3 StGB ist der Versuch, eine kriminelle Vereinigung zu gründen, strafbar [822]. Die Grenze zwischen strafloser Vorbereitung und versuchtem Gründen einer kriminellen Vereinigung ist daher entscheidend für den Umfang des - durch § 129 StGB ohnehin vorverlagerten - Strafrechtsschutzes. Im folgenden soll untersucht werden, unter welchen Voraussetzungen ein strafbarer Versuch, eine kriminelle Vereinigung zu gründen, vorliegen kann. Dazu sind zunächst die allgemein an den Versuch zu stellenden Anforderungen zu klären. In diesem Rahmen ist zuerst auf den Strafgrund des Versuchs einzugehen. Sodann ist darzulegen, welche Anforderungen an den Tatentschluß des Täters zu stellen sind. Ferner ist die für die Abgrenzung von Vorbereitung und Versuch entscheidende Frage zu prüfen, wann ein unmittelbares Ansetzen des Täters zur Verwirklichung des Tatbestandes bejaht werden kann. Ausgehend von den allgemeinen Anforderungen an den Versuch soll sodann untersucht werden, welche Anforderungen konkret an den Versuch des Gründens einer kriminellen Vereinigung zu stellen sind. Im Rahmen dieser Untersuchung soll anhand eines Beispiels gezeigt werden, wann von einem unmittelbaren Ansetzen zum Gründen einer kriminellen Vereinigung auszugehen ist.

A. Allgemeine Anforderungen an den Versuch

I. Der Strafgrund des Versuchs

Die Abgrenzung des Versuchs von der Vorbereitung hängt entscheidend von der Bestimmung des Strafgrunds des Versuchs ab [823]. Sieht man beispielsweise die rechtsfeindliche Gesinnung des Täters als den Strafgrund des Versuchs an, ergibt sich ein sehr weiter Bereich des strafbaren Versuchs. Betrachtet man dagegen die Gefährdung des tatbestandlich geschützten Guts oder Handlungsobjekts als den Strafgrund des Versuchs, ergibt sich ein erheblich engerer Versuchsbereich [824]. Diese beiden extremen Positionen scheiden im Hinblick auf die in § 22 StGB ge-

---

822 Das Gründen einer terroristischen Vereinigung (§ 129 a Abs. 1, 1. Alt. StGB) ist ein Verbrechen, so daß der Versuch nach § 23 Abs. 1 StGB strafbar ist.

823 **Jakobs**, Strafrecht AT, S. 709 (Rn. 13); **Kühl**, JuS 1980, 506.

824 **Kühl**, JuS 1980, 506; **Roxin**, JuS 1979, 1.

troffene Regelung für das geltende Recht aus. Nach dieser Bestimmung versucht eine Straftat, wer nach seiner Vorstellung von der Tat zur Verwirklichung des Tatbestands unmittelbar ansetzt. Die gesetzliche Regelung enthält keine Definition des Begriffs des Versuchs, sondern lediglich eine Formel für die Abgrenzung von Vorbereitung und Versuch [825]. Die subjektive, auf die rechtsfeindliche Gesinnung abstellende Begründung läßt sich nicht mit dem in dieser Formel enthaltenen objektiven Faktor des unmittelbaren Ansetzens zur Verwirklichung des Tatbestands vereinbaren [826]. Die objektive, auf die Gefährlichkeit der Tat abstellende Begründung läßt sich nicht damit vereinbaren, daß § 22 StGB die Berücksichtigung der Vorstellungen des Täters von der Tat verlangt [827]. Der gesetzlichen Regelung können mithin nur Begründungen entsprechen, die erklären, daß und warum objektive und subjektive Komponenten den Strafgrund des Versuchs ausmachen [828]. Wie **Jakobs** [829] hervorhebt, muß jede taugliche Theorie zum Versuch die positivrechtliche Differenzierung zwischen Vorbereitung und Versuch erklären können. Im folgenden soll daher nur auf solche Theorien eingegangen werden, die auf der Grundlage des geltenden Rechts eine Begründung der Bestrafung des Versuchs erlauben [830] und die für die nach Maßgabe des § 22 StGB vorzunehmende Abgrenzung von Vorbereitung und Versuch von Bedeutung sind. Die ausgehend von diesen Theorien zum Strafgrund des Versuchs - und zum Teil auch unabhängig davon [831] - entwickelten Kriterien für die Abgrenzung von Vorbereitung und Versuch sollen unten im Rahmen der Prüfung, wann ein unmittelbares Ansetzen zur Verwirklichung des Tatbestands bejaht werden kann, dargestellt werden [832]. Anhand dieser Kriterien ist anschließend die Abgrenzung

---

825 **Kühl**, JuS 1980, 120 (121); **D. Meyer**, JuS 1977, 19 (20).

826 **Jakobs**, Strafrecht AT, S. 711 (Rn. 17), 727 (Rn. 59); **Kratzsch**, Verhaltenssteuerung und Organisation, S. 68; **Kühl**, JuS 1980, 506.

827 **Jakobs**, Strafrecht AT, S. 727 (Rn. 57, 59); **Jescheck**, Strafrecht AT, S. 462; **Kühl**, JuS 1980, 506; **Lackner**, § 22 Rn. 11.

828 **Kühl**, JuS 1980, 506.

829 **Jakobs**, Strafrecht AT, S. 710 (Rn. 15).

830 Zu den älteren Lehren zum Strafgrund des Versuchs vgl. die Darstellungen bei **Jakobs**, Strafrecht AT, S. 709 ff.; **Papageorgiou-Gonatas**, Grenze zwischen Vorbereitungshandlungen und Versuch, S. 40 ff.; **Zaczyk**, Unrecht, S. 41 ff.

831 **Kratzsch**, Verhaltenssteuerung und Organisation, S. 69.

832 Siehe unten S. 178 ff.

zwischen Vorbereitung und Versuch des Gründens einer kriminellen Vereinigung vorzunehmen [833].

1. Die subjektive Versuchstheorie

Nach der subjektiven Versuchstheorie soll der Strafgrund des Versuchs der betätigte rechtsfeindliche Wille sein [834]. Grund der Strafbarkeit ist danach der durch Handlungen, die in der Außenwelt in Erscheinung treten, manifest gewordene Verbrechensvorsatz [835]. Strafwürdig sind mithin taugliche wie untaugliche und gefährliche wie ungefährliche Versuche. Maßgebend ist nach dieser Theorie allein, daß der Täter durch die Betätigung des rechtsfeindlichen Willens den allgemeinen Rechtsfrieden gestört hat.

2. Die Tätertheorie

Die sogenannte Tätertheorie [836] begründet die Strafbarkeit des Versuchs damit, daß bei ihm im Gegensatz zur Vorbereitung die Entscheidung über das Ob der Tat gefallen sei. Die Bestrafung des Versuchs erfolgt also wegen des erprobten Vorsatzes des Täters. Diese Theorie stützt die Strafwürdigkeit des Versuchs mithin auf die Gefährlichkeit des Täters, in dessen Tatwillen die Gefährdung des geschützten Handlungsobjekts liege.

3. Die Eindruckstheorie

Nach der im Schrifttum überwiegend vertretenen sogenannten Eindruckstheorie [837] soll der Versuch deshalb strafbar sein, weil der betätigte rechtsfeindliche

---

833 Siehe unten S. 191 ff.

834 RGSt 1, 441; 8, 198 (202 f.); 34, 21; BGHSt 11, 324 (327); 30, 363 (366); OLG Karlsruhe, NJW 1968, 560; **Lackner**, § 22 Rn. 11; **Tröndle**, § 22 Rn. 24 (für den untauglichen Versuch).

835 **Lackner**, § 22 Rn. 11.

836 **Bockelmann**, JZ 1954, 468 (473); **ders.**, JZ 1955, 193 (193 f.).

837 **Eser** in Schönke/Schröder, vor § 22 Rn. 22; **Jescheck**, Strafrecht AT, S. 462 f.; **Maurach/Gössel/Zipf**, Strafrecht AT, S. 22 f; **Papageorgiou-Gonatas**, Grenze zwischen Vorbereitungshandlungen und Versuch, S. 200 ff.; **Roxin**, JuS 1979, 1; **Rudolphi**

Wille geeignet sei, das Vertrauen der Allgemeinheit in die Geltung der Rechtsordnung zu erschüttern und das Gefühl der Rechtssicherheit und damit den Rechtsfrieden zu beeinträchtigen. Diese Theorie geht mithin von der subjektiven Versuchstheorie aus, stellt für die Strafwürdigkeit des Versuchs jedoch ergänzend auf die sozialpsychologische Wirkung [838], den rechtserschütternden Eindruck der Tat auf die Allgemeinheit ab. Zum Teil wird der rechtserschütternde Eindruck auch nicht als ein sozialpsychologisches Faktum, sondern als "Expressiv-Werden eines Normbruchs" betrachtet [839]. Maßgebend sei, daß das Täterverhalten nur als (Beginn eines) Normbruch(s) gedeutet werden könne [840]. Die Strafbarkeit des Versuchs wird von den Vertretern der Eindruckstheorie also mit der Notwendigkeit der Bewährung der Rechtsordnung begründet [841]. Aus der Eindruckstheorie werden allerdings zum Teil durchaus unterschiedliche Kriterien für die Abgrenzung von Vorbereitung und Versuch abgeleitet [842]. Auf diese Kriterien wird unten [843] im Rahmen der Untersuchung der Frage, wann ein unmittelbares Ansetzen zur Verwirklichung des Tatbestands zu bejahen ist, noch im einzelnen einzugehen sein.

4. Die Theorie von Jakobs

Jakobs [844] sieht als Strafgrund des Versuchs das Expressiv-Werden eines Normbruchs an, und zwar beim Versuch im materiellen Sinn in einem externen

---

in SK, vor § 22 Rn. 13 f.; **Schünemann**, GA 1986, 293 (311); **Vogler** in LK, vor § 22 Rn. 37, 52 ff.; **Wessels**, Strafrecht AT, S. 167 (Rn. 594).

838 **Eser** in Schönke/Schröder, vor § 22 Rn. 22.

839 **Rudolphi** in SK, vor § 22 Rn. 14 a, führt aus, Strafgrund des Versuchs sei der Umstand, daß der Täter durch sein Handeln ganz oder teilweise den Handlungsunwert verwirkliche und damit für einen objektiven Betrachter einen ernstzunehmenden Angriff auf das geschützte Rechtsgut unternehme.

840 **Rudolphi** in SK, vor § 22 Rn. 14 a.

841 Vgl. **Jescheck**, Strafrecht AT, S. 462 f. **Eser** in Schönke/Schröder, vor § 22 Rn. 22, führt in diesem Zusammenhang aus, es gehe bei der Strafbarkeit des Versuchs nicht um Sanktionierung individualethischer Verwerflichkeit, sondern um Abwehr sozialschädlicher Angriffe.

842 Vgl. die Aufstellung bei **Kühl**, JuS 1980, 506 (507).

843 Siehe unten S. 178 ff.

844 **Jakobs**, Strafrecht AT, S. 712 f. (Rn. 21). Vgl. auch **Vehling**, Abgrenzung von Vorbereitung und Versuch, S. 58 f.

Verhalten, beim Versuch im nur-formellen Sinn in einem positivrechtlich für extern erklärten Verhalten. Da Versuch und Vollendung Angriffe auf die Normgeltung seien, müsse der Täter eines Versuchs wie derjenige einer Vollendung durch sein Verhalten expressiv machen, daß er sich nicht an die Norm halte. Jede Person habe dafür zu sorgen, daß aus dem von ihr beherrschten Organisationskreis keine schädigenden Verläufe austreten würden. Die Preisgabe der Herrschaft zum potentiellen Nachteil eines anderen sei ein Versuch im materiellen Sinn - der Täter setze zu einem extern störenden Verhalten an. In § 22 StGB werde jedoch nicht auf einen potentiellen Nachteil abgestellt, sondern auf die potentielle Tatbestandsverwirklichung, die nicht selten einer Gutsverletzung vorgelagert sei. Die Preisgabe der Herrschaft mit der Folge einer potentiellen Tatbestandsverwirklichung sei ein Versuch im formellen Sinn. **Jakobs** begründet mithin die Strafbarkeit des Versuchs mit der Verdeutlichung des Normbruchs in einem tatbestandsnahen Verhalten [845].

5. Die dualistische Theorie

Nach der sogenannten dualistischen Theorie [846] soll Strafgrund des Versuchs bei intentionalen (absichtlichen) Versuchen die Gefahr für die Normgeltung durch den Vorsatz des Täters sein, bei gefährlichen Versuchen die Gefahr, daß der tatbestandsmäßige Unwertsachverhalt zustande kommt. Diese unterschiedlichen Begründungen des Unwerts des Versuchs werden auf die Erwägung gestützt, daß der Akzent der Unwertbegründung sowohl im Wollen als auch im Tun liegen könne. Der Unwert könne sowohl im Ziel, auf das hin gehandelt werde, begründet sein, wie auch in den Umständen, unter denen man handele, um ein beliebiges Ziel zu erreichen [847]. Nach der dualistischen Theorie ist ein Versuch mithin dann strafwürdig, wenn er entweder einen Gefährdungsunwert verwirklicht hat oder das Verhalten des Täters von der Absicht getragen war, den tatbestandsmäßigen Unrechtssachverhalt herbeizuführen.

---

845 **Eser** in Schönke/Schröder, vor § 22 Rn. 22, sieht daher die Auffassung von **Jakobs** als eine - wenngleich stärker formalisierte - Spielart der Eindruckstheorie an. Vgl. auch **Rudolphi** in SK, vor § 22 Rn. 14 a, der ausführt, es sei durchaus möglich, die Eindruckstheorie mit der Auffassung von **Jakobs** zur Deckung zu bringen, indem man den "rechtserschütternden Eindruck" als "Expressiv-Werden eines Normbruchs" betrachte.

846 **Alwart**, Strafwürdiges Versuchen, S. 163 ff., 172 ff., 182, 185 ff.; **ders.**, JuS 1979, 351 (353 f.); **Schmidhäuser**, Studienbuch, S. 344, 348 ff., 351 ff. (Kap. 11, Rn. 16, 27 ff., 34 ff.); **ders.**, Einführung in das Strafrecht, S. 245; **ders.**, Festschrift für Gallas, S. 81 (95 f.).

847 **Schmidhäuser**, Festschrift für Gallas, S. 81 (95 f.).

6. Die Theorie von Kratzsch

Nach Auffassung von **Kratzsch** [848] weist der Versuch die Struktur eines abstrakten Gefährdungsdelikts auf. Die spezielle Schutzfunktion des § 22 StGB bestehe nicht darin, unmittelbar einer dem individuellen Rechtsgutsobjekt drohenden Gefahr entgegenzuwirken. Vielmehr sei sie diesem Endziel des strafrechtlichen Rechtsgüterschutzes als eine Art Zwischenziel vorgelagert. § 22 StGB solle der Handlung entgegenwirken, die die (mögliche) Wurzel allen Übels sei, und zwar dem zielgesteuerten Willensakt des Täters, der auf die Verwirklichung des betreffenden Straftatbestandes gerichtet sei. Dem Strafrecht gehe es insoweit um die Bekämpfung von zwei Gefahren, nämlich unmittelbar um die Abwehr einer Gefahr der Tatbestandsverwirklichung und erst mittelbar um die Verhinderung der dadurch bedingten Gefahr der Rechtsgutsverletzung [849]. Als Strafgrund des Versuchs genüge nicht jede einfache Gefahr oder Wahrscheinlichkeit der Erfolgsrealisierung. Vielmehr sei dem Merkmal des unmittelbaren Ansetzens in § 22 StGB das Erfordernis eines erhöhten Wahrscheinlichkeitsgrads zu entnehmen [850].

Einer Entscheidung, welcher der oben dargestellten Theorien zum Strafgrund des Versuchs zu folgen ist, bedarf es nur dann, wenn diese hinsichtlich der hier zu klärenden Fragen zu unterschiedlichen Ergebnissen führen. Im folgenden soll daher untersucht werden, wann ein unmittelbares Ansetzen des Täters zur Verwirklichung des Tatbestandes bejaht werden kann [851]. Sodann soll auf die Abgrenzung zwischen Vorbereitung und Versuch des Gründens einer kriminellen Vereinigung eingegangen werden [852].

II. Der Tatentschluß

Für den Versuch ist stets ein unbedingter auf die Verwirklichung des Tatbestands gerichteter Wille des Täters - der Tatentschluß - erforderlich [853]. Dabei besteht

---

848 **Kratzsch**, JA 1983, 420 (422), 578 (580 ff.); **ders.**, Verhaltenssteuerung und Organisation, S. 281, 291, 436 ff.

849 **Kratzsch**, JA 1983, 578 (580).

850 **Kratzsch**, JA 1983, 578 (581).

851 Siehe unten S. 178 ff.

852 Siehe unten S. 191 ff.

853 **Otto**, JA 1980, 641 (642); **Roxin**, JuS 1979, 1 (1 ff.); **Rudolphi** in SK, § 22 Rn. 3 ff.

das wesentliche Problem darin, die Entschlossenheit des Täters zur Ausführung der Tat von der straflosen Unentschlossenheit abzugrenzen [854]. In diesem Zusammenhang lassen sich mit **W. Schmid** [855] drei Fallgruppen unterscheiden, nämlich die bloße Tatgeneigtheit, der Tatentschluß auf bewußt unsicherer Tatsachengrundlage und der Tatentschluß mit Rücktrittsvorbehalt. Eine bloße Tatgeneigtheit liegt vor, wenn der Täter die Verwirklichung des Tatbestands zwar als Möglichkeit ins Auge gefaßt hat, jedoch noch keine endgültige Entscheidung darüber getroffen hat, ob er die Tat begehen will oder nicht. Eine solche Unentschlossenheit genügt für einen strafbaren Versuch nicht [856]. Ein Tatentschluß auf bewußt unsicherer Tatsachengrundlage ist gegeben, wenn der Täter seinen Entschluß endgültig gefaßt hat, die Verwirklichung des Vorhabens jedoch noch von dem Eintritt einer äußeren Bedingung abhängig ist. Eine solche Bedingung steht einem strafbaren Versuch nicht entgegen [857]. Denn alle Entschlüsse werden auf Grund einer mehr oder weniger hypothetischen Grundlage gefaßt und sind damit in ihrer Ausführung von gewissen äußeren Gegebenheiten abhängig [858]. Das gleiche gilt aber auch dann, wenn der Täter sich vorbehalten hat, nach freiem Belieben oder bei Eintritt bestimmter Umstände von der Ausführung seines Entschlusses zurückzutreten [859]. Dies folgt zudem bereits aus der Existenz der in § 24 StGB vorgesehenen Regelungen für den Rücktritt vom Versuch.

Zur Abgrenzung zwischen - strafloser - Tatgeneigtheit und Tatentschluß soll im folgenden mit der herrschenden Meinung [860] auf die endgültige Tatentschlossen-

---

854 **Roxin**, JuS 1979, 1 (2).

855 **W. Schmid**, ZStW 74 (1962), 48 (54 ff.).

856 **Küper**, JZ 1992, 338 (339); **Rudolphi** in SK, § 22 Rn. 4.

857 **Otto**, JA 1980, 641 (642); **Rudolphi** in SK, § 22 Rn. 5.

858 OLG Saarbrücken, NStE Nr. 3 zu § 22 StGB; **Rudolphi** in SK, § 22 Rn. 5.

859 **Eser** in Schönke/Schröder, § 22 Rn. 20; **Puppe**, GA 1984, 101 (117); **Roxin**, JuS 1979, 1 (2); **Rudolphi** in SK, § 22 Rn. 5.

860 **Eser** in Schönke/Schröder, § 22 Rn. 18; **Rudolphi** in SK, § 22 Rn. 5; **Sonnen/Hansen-Siedler**, JA 1988, 17 (20); **Wessels**, Strafrecht AT, S. 168 (Rn. 596). Dagegen ist **Arzt**, JZ 1969, 54 (56 f., 60), der Auffassung, trotz des Vorbehalts endgültiger Entscheidung sei ein (vorläufiger) Tatentschluß schon dann anzunehmen, wenn der Täter auf den Erfolg hinarbeite. Der Vorbehalt späterer Entschlußfassung ändere nichts daran, daß der Täter die Möglichkeit in Kauf nehme, daß sein Verhalten vor diesem Zeitpunkt den Erfolg herbeiführe. Gegen diese Auffassung wird jedoch zu Recht eingewandt, daß sie den Anforderungen des § 22 StGB nicht genüge; vgl. **Rudolphi** in SK, § 22 Rn. 6; **Vogler** in LK, § 22 Rn. 12. Ein solcher vorläufiger Entschluß wäre bereits bei jeder noch

heit des Täters abgestellt werden. Für die endgültige Tatentschlossenheit kommt es darauf an, ob der Täter den zur Tat drängenden Motiven ein entscheidendes Übergewicht über die der Tat entgegenstehenden Motive eingeräumt hat [861], sei es auch unter dem Vorbehalt, daß äußere Bedingungen eintreten oder daß unter bestimmten Umständen die weitere Ausführung aufgegeben werden soll. Denn damit hat der Täter den zur Tat hindrängenden Motiven die sein Verhalten bestimmende Macht eingeräumt und mithin die Entscheidung für die Verwirklichung des Tatbestands getroffen. Für den Tatentschluß ist mithin eine unwiderrufliche Entschlossenheit des Täters, eine Entschlossenheit frei von jeglichen Zweifeln oder eine Entschlossenheit um jeden Preis nicht erforderlich.

III. Das unmittelbare Ansetzen zur Verwirklichung des Tatbestands

1. Kriterien für die Abgrenzung von Vorbereitung und Versuch

Nach der in § 22 StGB enthaltenen Formel zur Abgrenzung von Vorbereitung und Versuch kommt es darauf an, ob der Täter nach seiner Vorstellung von der Tat zur Verwirklichung des Tatbestands unmittelbar ansetzt. Es ist mithin auf die individuellen Vorstellungen des Täters abzustellen und auf dieser Grundlage die Abgrenzung nach objektiven Gesichtspunkten vorzunehmen [862]. Ausgangspunkt für die Abgrenzung zwischen Vorbereitung und Versuch ist die tatbestandsmäßige Handlung des jeweiligen Straftatbestands des Besonderen Teils des Strafrechts [863]. Dabei besteht das wesentliche Problem darin, wann ein unmittelbares

---

so geringen Vorbereitung der endgültigen Entschlußfassung zu bejahen. **Rudolphi** führt in diesem Zusammenhang aus, da in all diesen Fällen die Tatbestandsverwirklichung noch von einem zusätzlichen Verhalten des Täters selbst abhänge und der Täter sich gerade bis zu diesem Zeitpunkt seine endgültige Entschlußfassung noch vorbehalte, sei sein davor liegender Wille, möge er ihn auch betätigt haben, noch nicht auf die Verwirklichung des gesetzlichen Tatbestandes gerichtet.

861 **Eser** in Schönke/Schröder, § 22 Rn. 18; **Günther**, JZ 1987, 16 (22); **Kühl**, JuS 1980, 273 (275 f.); **Roxin**, JuS 1979, 1 (3); **Rudolphi** in SK, § 22 Rn. 5. Vgl. auch **Puppe**, GA 1984, 101 (117), die ausführt, der Täter möge sich seiner Entschlossenheit nicht sicher sein und sich den Rücktritt vorbehalten, so habe er doch den strafrechtlich relevanten Tatentschluß gehabt. Denn für den sei allein entscheidend, daß er sich in der kritischen Situation des Ansetzens zur Tat als tatmächtig erweise.

862 **Berz**, Jura 1984, 511 f.; **Jakobs**, Strafrecht AT, S. 728 (Rn. 61); **Roxin**, JuS 1979, 1 (3).

863 **Berz**, Jura 1984, 511 (514); **Eser** in Schönke/ Schröder, § 22 Rn. 35; **Kühl**, JuS 1980, 120 (125); **D. Meyer**, JuS 1977, 19 (22); **Rudolphi**, JuS 1973, 20 (22); **ders.** in SK, § 22 Rn. 9.

Ansetzen zur Verwirklichung des Tatbestands zu bejahen ist. Die Frage, nach welchen Kriterien der Zeitpunkt zu bestimmen ist, in dem der Täter zur Verwirklichung des Tatbestands unmittelbar ansetzt, ist umstritten. Die in diesem Zusammenhang herangezogenen Gesichtspunkte lassen sich mit **Kratzsch** [864] in formale, objektive und subjektive Kriterien unterteilen. Diese Kriterien schließen sich nicht gegenseitig aus; sie werden zum Teil nebeneinander und mit unterschiedlicher Gewichtung verwendet.

a) Formale Kriterien

Die sogenannte Zwischenakttheorie [865] stellt zur Bestimmung des Zeitpunkts, in dem der Täter zur Verwirklichung des Tatbestands unmittelbar ansetzt, darauf ab, ob der letzte Teilakt vor der Tatbestandshandlung vollzogen wird. Ein strafbarer Versuch ist danach dann gegeben, wenn der Täter die der Tatbestandshandlung unmittelbar vorausgehende Handlung verwirklicht. Dagegen soll ein strafbarer Versuch so lange nicht vorliegen, als zwischen der Handlung des Täters und der Tatbestandshandlung noch wenigstens ein weiterer Zwischenakt liegt [866]. Für die Beantwortung der entscheidenden Frage, nach welchem Wertungsmaßstab zu beurteilen ist, ob solche Zwischenakte vorliegen, soll nach Ansicht von **Gössel** [867] auf eine "natürliche Auffassung" abgestellt werden, mit deren Hilfe die Einzelakte in ihrem sozialen Sinnzusammenhang aus der Sicht des Täters bewertet werden müßten. **Rudolphi** [868] stellt eine allgemeine Abgrenzungsformel auf, nach der einen Versuch begehe, wer eine Handlung verwirkliche, die - weil nach dem individuellen Täterplan zwischen ihr und der eigentlichen Tatbestandshandlung keine weiteren wesentlichen Teilakte lägen - für eine natürliche Auffassung als deren Bestandteil erscheine. In die gleiche Richtung geht auch die Formulierung, das

---

864 **Kratzsch**, Verhaltenssteuerung und Organisation, S. 69.

865 **Berz**, Jura 1984, 511 (514 f., 517); **Gössel**, GA 1971, 225 (226); **Jescheck**, Strafrecht AT, S. 465, 468; **Kühl**, JuS 1980, 650 (651); **Lackner**, § 22 Rn. 4; **D. Meyer**, JuS 1977, 19; **Rudolphi** in SK, § 22 Rn. 13; **ders.**, JuS 1973, 20 (23); **Tröndle**, § 22 Rn. 11; **Wessels**, Strafrecht AT, S. 169 (Rn. 598); vgl. auch BGHSt 26, 201 (204); 28, 162 (163); BGH, NJW 1980, 1759.

866 Vgl. **Kühl**, JuS 1980, 650 (651 f.); **Lackner**, § 22 Rn. 4; **Tröndle**, § 22 Rn. 11.

867 **Gössel**, JR 1976, 249; **Maurach/Gössel/Zipf**, Strafrecht AT, S. 24 (Rn. 50). Vgl. auch BGH, NJW 1980, 1759 (1760).

868 **Rudolphi** in SK, § 22 Rn. 13.

Stadium des Versuchs werde mit einer Handlung erreicht, die "ohne wesentliche Zwischenschritte" in die Tatbestandshandlung übergehen solle [869].

b) Objektive Kriterien

aa) Zeitliche und räumliche Nähe

Als Kriterien für die Annahme eines strafbaren Versuchs werden teilweise auch die zeitliche [870] und räumliche [871] Nähe des Verhaltens des Täters zu der Erfüllung des Tatbestands herangezogen. Ein zeitliches Moment beinhaltet auch der Lösungsansatz von **Roxin** [872]. Danach soll ein Versuch von dem Augenblick an zu bejahen sein, in dem der Täter eine Beziehung zur Sphäre des Opfers herstelle und ab dem zwischen der Tathandlung und dem angestrebten Erfolgseintritt ein enger zeitlicher Zusammenhang bestehe.

bb) Vollendungsnähe

Schmidhäuser [873] will Vorbereitung und Versuch mit Hilfe des Kriteriums der Vollendungsnähe voneinander abgrenzen. Die zur Verletzung des Rechtsguts führende Verwirklichung des Tatentschlusses soll damit als Gesamtprozeß erfaßt werden. Anhaltspunkte für die Bestimmung der für den Versuchsbeginn maßgebenden Vollendungsnähe einer Handlung sollen durch das Entwickeln anschau-

---

869 **Jescheck**, Strafrecht AT, S. 468; **Kühl**, JuS 1980, 650 (651 f.); **Wessels**, Strafrecht AT, S. 169 (Rn. 598).

870 **Borchert**, JA 1980, 255; **Jakobs**, Strafrecht AT, S. 730 (Rn. 66); **Kühl**, JuS 1980, 650 (651); **Lackner**, § 22 Rn. 4; **D. Meyer**, JuS 1977, 19 (21 f.); **J. Meyer**, ZStW 87 (1975), 598 (605); **Otto**, NJW 1976, 578 (579); **Tröndle**, § 22 Rn. 11; vgl. auch BGHSt 28, 162 (163); 31, 10 (12); BGH, NJW 1980, 1759; BGH, NStZ 1983, 224; OLG Karlsruhe, NJW 1982, 59.

871 **Borchert**, JA 1980, 255; **Tröndle**, § 22 Rn. 11; vgl. auch BGHSt 28, 162 (163); 31, 10 (12); BGH, NJW 1980, 1759 f.; BGH, NStZ 1983, 224; OLG Karlsruhe, NJW 1982, 59.

872 **Roxin**, JuS 1979, 1 (5 ff.); vgl. auch **Jakobs**, Strafrecht AT, S. 731 f. (Rn. 68), der ausführt, für einen Versuchsbeginn spreche ein (vermeintlicher) Einbruch des Täters in die Schutzsphäre des Angegriffenen.

873 **Schmidhäuser**, Studienbuch, S. 347, 349 f. (Kap. 11, Rn. 24, 28, 30).

licher Fallgruppen für jede einzelne Straftat oder für eine Gruppe gleichgelagerter Straftaten gewonnen werden [874].

cc) Gefährdung des geschützten Rechtsguts

Zur Abgrenzung von Vorbereitung und Versuch wird zum Teil auch darauf abgestellt, ob das von dem Tatbestand geschützte Rechtsgut durch das Verhalten des Täters bereits konkret in Gefahr gebracht worden ist [875]. Entscheidend für den Beginn des Versuchs ist danach der Eintritt einer bedrohlichen Situation für das geschützte Rechtsgutsobjekt. Noch weitergehend stellt **Kratzsch** [876] auf eine typisch-abstrakte Gefährdung des geschützten Rechtsguts ab. Ein Versuch liegt nach seiner Auffassung vor, wenn der Täter mit seinem Teilakt eine funktionierende Gesamthandlung in Vollzug setzt, die aufgrund ihres fortgeschrittenen Handlungsaufbaus typischerweise Unrechtsmerkmale erfüllt. **J. Meyer** [877] will in den Fällen, in denen das Kriterium der Gefährdung des geschützten Rechtsguts mangels zeitlicher Nähe des Verhaltens des Täters zur Tatbestandshandlung versage, darauf abstellen, ob der Täter eine zwangsläufige Kausalkette in Gang gesetzt habe, die gewissermaßen mit "tödlicher Sicherheit" zum deliktischen Erfolg führen müsse.

dd) Überlegene Stellung des Täters

Nach Auffassung von **Zaczyk** [878] setzt der Täter dann zur Verwirklichung des Tatbestands unmittelbar an, wenn er entweder mit der Vornahme der tatbestandsmäßigen Handlung beginnt oder mit seiner Handlung das angegriffene Rechtsgut so "in den Griff" bekommt, daß er bereits in eine überlegene und das angegriffene "Daseinselement von Freiheit" ihm gegenüber in eine unterlegene Stellung gerät. Wann ein Täter im Einzelfall diese Überlegenheit über die Situa-

---

874 **Schmidhäuser**, Studienbuch, S. 357 (Kap. 11, Rn. 50).

875 **Eser** in Schönke/Schröder, § 22 Rn. 42; **Küper**, JZ 1992, 338 (340, 347); **Otto**, NJW 1976, 578 (579), der auf den unmittelbaren zeitlichen Zusammenhang abstellt, der das Urteil der unmittelbaren Gefährdung rechtfertige; **ders.**, JA 1980, 641 (646).

876 **Kratzsch**, Verhaltenssteuerung und Organisation, S. 436 ff., 448; **ders.**, JA 1983, 578 (581 f., 584).

877 **J. Meyer**, ZStW 87 (1975), 598 (607 ff.).

878 **Zaczyk**, Unrecht, S. 302 ff, 310 f.

tion gewinne, sei von vielerlei Umständen abhängig, die letztlich nur am Einzelfall gewichtet werden könnten [879].

ee) Rolleninadäquates Verhalten und rechtlich mißbilligtes Risiko

Vehling [880] ist der Auffassung, das Versuchsunrecht beginne mit dem Zeitpunkt, in dem die normativ begründete Erwartung, die Tatbestandsverwirklichung bleibe aus, nicht mehr durch die soziale Position und die damit verbundene Rolle, die den zu erwartenden Umgang mit den Risiken des sozialen Kontakts beschreibe, begründet werden könne. Das sei immer dann der Fall, wenn bei unterstellter kommunikativer Relevanz des Verhaltens der Täter durch sein rolleninadäquates Verhalten ein rechtlich mißbilligtes Risiko gesetzt habe und das vom Täter inadäquat gesetzte Risiko die intendierte Tatbestandsverwirklichung indiziere.

c) Subjektive Kriterien

Neben dem objektiven Bezug der Handlung des Täters zur Verwirklichung des Tatbestands wird teilweise auch auf subjektive Merkmale zur Abgrenzung von Vorbereitung und Vollendung abgestellt. **Bockelmann** [881] hat als maßgeblichen Zeitpunkt für den Beginn des Versuchs den Augenblick benannt, in dem die letzte Entscheidung über die Tat falle, der Tatentschluß des Täters also die "Feuerprobe der kritischen Situation" bestehe. In die gleiche Richtung geht auch das von **J. Meyer** [882] ergänzend herangezogene Kriterium, daß sich der verbrecherische Wille des Handelnden in seinem äußeren Verhalten unzweideutig dokumentiert habe. Subjektive Kriterien werden zum Teil auch im Zusammenhang mit dem Abgrenzungsmerkmal der Gefährdung des geschützten Rechtsguts herangezogen. So wird teilweise darauf abgestellt, ob nach dem Täterplan bereits eine Situation eingetreten ist, in der aus Sicht des Täters das betroffene Rechtsgut unmittelbar gefährdet erscheint [883].

---

879 **Zaczyk**, Unrecht, S. 311.

880 **Vehling**, Abgrenzung von Vorbereitung und Versuch, S. 124 ff., 141.

881 **Bockelmann**, JZ 1954, 468 (473); **ders.**, JZ 1955, 193 (194).

882 **J. Meyer**, ZStW 87 (1975), 598 (611 f.).

883 Vgl. **Eser** in Schönke/Schröder, § 22 Rn. 41 f.; **Wessels**, Strafrecht AT, S. 169 (Rn. 598). Vgl. auch **Otto**, NJW 1976, 578 (579), der ausführt, die letzte, maßgebliche Entscheidung über das Ob der Tat falle, wenn der Täter im Bewußtsein der

d) Die Position der Rechtsprechung

Der BGH stellt für die Abgrenzung von Vorbereitung und Versuch auf mehrere der oben dargestellten Kriterien ab, ohne sich auf eine bestimmte Abgrenzungsformel festzulegen. In frühen Entscheidungen zur Abgrenzung von Vorbereitung und Versuch nach § 22 StGB hat der BGH [884] ausgeführt, ein strafbarer Versuch liege vor, wenn der Täter Handlungen vornehme, die nach seinem Tatplan der Erfüllung eines Tatbestandsmerkmals vorgelagert seien und in die Tatbestandshandlung unmittelbar einmünden würden. Das Versuchsstadium erstrecke sich dementsprechend auf Handlungen, die im ungestörten Fortgang unmittelbar zur Tatbestandserfüllung führen sollten oder die im unmittelbaren räumlichen und zeitlichen Zusammenhang mit ihr stehen würden [885]. Dies sei dann der Fall, wenn der Täter subjektiv die Schwelle zum "jetzt geht es los" überschreite und objektiv zur tatbestandsmäßigen Angriffshandlung ansetze, so daß sein Tun ohne Zwischenakte in die Tatbestandshandlung übergehe. In einer späteren Entscheidung hat der BGH [886] den Begriff des Zwischenakts (negativ) einzugrenzen versucht und ausgeführt, dazu gehörten jedenfalls nicht solche Handlungen, die wegen ihrer notwendigen Zusammengehörigkeit mit der Tathandlung nach dem Plan des Täters als deren Bestandteil erschienen, weil sie an diese zeitlich und räumlich angrenzten und mit ihr im Falle der Ausführung eine natürliche Einheit bildeten. Der BGH hat allerdings nicht erläutert, was mit dem vieldeutigen [887] Begriff "natürliche Einheit" gemeint sein soll. Ferner hat der BGH [888] in einigen Entscheidungen auch das Kriterium der Gefährdung des von dem Tatbestand geschützten Rechtsguts herangezogen. So hat er unter anderem darauf abgestellt, ob der Täter Handlungen vornehme, die das geschützte Rechtsgut - nach der Vorstellung des Täters - in eine konkrete Gefahr brächten [889].

---

unmittelbaren konkreten Gefahr für das Rechtsgut seine Entscheidung treffe. Erst dann setze er unmittelbar zur Tatbestandsverwirklichung an.

884 BGHSt 26, 201 (203 f.); 28, 162 (163); BGH, GA 1980, 24 (25). Vgl. auch BGHSt 35, 6 (8 f.); BGH, NJW 1991, 1963; BGH, NStZ 1993, 133.

885 Vgl. auch OLG Karlsruhe, NJW 1982, 59; OLG Hamm, NStE Nr. 6 zu § 22 StGB; BayObLG, NStE Nr. 7 zu § 22 StGB.

886 BGH, NJW 1980, 1759 (1760).

887 Vgl. dazu die Kritik von **Kratzsch**, JA 1983, 420 (423).

888 BGHSt 30, 363 (364); BGH, NStZ 1987, 20.

889 BGHSt 30, 363 (364); BGH, NStZ 1987, 20.; BGH, Strafverteidiger 1984, 420; 1989, 526. Vgl. auch OLG Saarbrücken, NStE Nr. 3 zu § 22 StGB; BayObLG, NStE Nr. 7 zu § 22 StGB.

2. Stellungnahme

Es ist nicht das Ziel der vorliegenden Arbeit, zu untersuchen, welche der oben dargestellten Kriterien für die Abgrenzung von Vorbereitung und Versuch letztlich maßgeblich sind, oder sogar zu versuchen, diesen Kriterien weitere Gesichtspunkte hinzuzufügen [890]. Vielmehr sollen im folgenden solche Kriterien außer Betracht bleiben, die im Hinblick auf den Charakter des § 129 StGB und die Besonderheiten der Tathandlung des Gründens einer kriminellen Vereinigung für die Abgrenzung von Vorbereitung und Versuch in diesem Bereich nicht geeignet sind. Hinsichtlich der übrigen Kriterien hat die Untersuchung, wann der Täter zum Gründen einer kriminellen Vereinigung unmittelbar ansetzt [891], zu ergeben, ob in diesem Bereich überhaupt Differenzen bestehen können.

a) Zeitliche und räumliche Nähe

Die zeitliche und räumliche Nähe des Verhaltens des Täters zu der Erfüllung des Tatbestands ist als Kriterium für die Abgrenzung von Vorbereitung und Versuch des Gründens einer kriminellen Vereinigung nicht geeignet. Der zur Gründung einer kriminellen Vereinigung führende Geschehensablauf wird sich nicht selten über einen längeren Zeitraum erstrecken. Zwischen den einzelnen Beiträgen der Gründer und dem Zustandekommen der kriminellen Vereinigung können daher erhebliche Differenzen in zeitlicher und räumlicher Hinsicht bestehen, so daß von einer zeitlichen und räumlichen Nähe nicht mehr ausgegangen werden kann. Das Argument der zeitlichen Nähe ist jedoch nicht umkehrbar [892]. Eine große Zeitdifferenz spricht daher nicht gegen das Vorliegen eines strafbaren Versuchs, wenn der Täter eine Tat der geplanten Art technisch nicht schneller vollziehen kann.

---

890 Eine allgemeingültige Abgrenzungsformel dürfte zudem kaum aufzustellen sein. **Roxin**, JuS 1979, 1 (4) weist in diesem Zusammenhang zutreffend darauf hin, daß die Realität zu vielgestaltig ist, als daß man die Trennlinie an einem von vornherein festliegenden, überall gleichen Punkt einzeichnen könnte. Vgl. auch **Becher**, Abgrenzung, S. 154, 156; **Burkhardt**, JuS 1983, 426 (430); **Jakobs**, Strafrecht AT, S. 729 (Rn. 63); **Kratzsch**, JA 1983, 578 (587); **Seier**, ZStW 102 (1990), 563 (588); **Sonnen/Hansen-Siedler**, JA 1988, 17 (19 f.).

891 Siehe unten S. 191 ff., 196.

892 **Jakobs**, Strafrecht AT, S. 730 (Rn. 67); vgl. auch **Berz**, Jura 1984, 511 (516, 518); **Kratzsch**, JA 1983, 578 (586).

Das Herstellen einer Beziehung zur Sphäre des Opfers ist ebenfalls kein geeignetes Kriterium für die Abgrenzung von Vorbereitung und Versuch des Gründens einer kriminellen Vereinigung. § 129 Abs. 1 StGB begründet eine Strafbarkeit bereits im Vorfeld der Vorbereitung von Straftaten. Die Bestimmung erfordert daher auch für die Vollendung keine Beziehung des Täters zur Sphäre möglicher Opfer. Wenn dieses Kriterium aber selbst für die Vollendung des Delikts nicht von Bedeutung ist, so ist es auch für die Abgrenzung von Vorbereitung und Versuch nicht tauglich [893].

b) Gefährdung des geschützten Rechtsguts

§ 129 Abs. 1 StGB ist - wie oben bereits dargelegt wurde [894] - ein abstraktes Gefährdungsdelikt. Das Kriterium der Gefährdung des geschützten Rechtsguts ist zur Abgrenzung von Vorbereitung und Versuch bei einem abstrakten Gefährdungsdelikt jedoch nicht geeignet [895]. Das abstrakte Gefährdungsdelikt ist bereits mit der bloßen Ausführung der inkriminierten Handlung erfüllt, ohne daß es des Eintretens einer Verletzung oder konkreten Gefährdung des Rechtsguts bedarf. Da eine konkrete Gefährdung des Rechtsguts aber selbst für die Vollendung des abstrakten Gefährdungsdelikts nicht erforderlich ist, kann sie in diesem Bereich auch kein tauglicher Gesichtspunkt für die Abgrenzung von Vorbereitung und Versuch sein. Abgesehen davon ergeben sich Bedenken gegen das Kriterium der Gefährdung des geschützten Rechtsguts auch deshalb, weil die Gefahr stufenlos quantifizierbar ist und mit der Gefahr der Fassung des Tatentschlusses beginnt [896], so daß dieses Kriterium zu unbestimmt ist und zu einer nicht mehr gerechtfertigten Vorverlagerung des Versuchs führen kann.

---

893 Vgl. **Berz**, Jura 1984, 511 (516 f.); **Jakobs**, Strafrecht AT, S. 732 (Rn. 68 f.); **Lackner**, § 22 Rn. 4.

894 Siehe oben S. 17.

895 **Berz**, Jura 1984, 511 (513).

896 **Jakobs**, Strafrecht AT, S. 727 (Rn. 57).

B. Anforderungen an den Versuch des Gründens einer kriminellen Vereinigung

Im folgenden soll anhand der oben dargestellten allgemeinen Anforderungen untersucht werden, wann ein Versuch vorliegt, eine kriminelle Vereinigung zu gründen. Die Rechtsprechung hat sich - soweit ersichtlich - mit den Anforderungen an den Versuch des Gründens einer kriminellen Vereinigung bislang nicht befassen müssen [897]. Mangels einschlägiger Sachverhalte soll daher zunächst ein Beispielsfall gebildet werden, mit dessen Hilfe sodann veranschaulicht werden soll, wann ein Täter zum Gründen einer kriminellen Vereinigung unmittelbar ansetzt.

I. Beispielsfall

A handelt seit einiger Zeit mit Rauschgift, das er durch Kuriere aus dem Ausland einführen läßt. Er erhält Zugang zu einer Quelle, die ihm die Einfuhr von Rauschgift in großen Mengen ermöglicht. Um das Rauschgift in diesen Mengen gewinnbringend absetzen zu können, will A eine Organisation ins Leben rufen, die in mehreren Großstädten in großem Umfang Rauschgift verkaufen und - falls erforderlich mit Gewalt - um Marktanteile kämpfen soll. Für die Mitwirkung in der Organisation sollen B, C, D, E und F gewonnen werden, die bereits in verschiedenen Städten mit Rauschgift handeln. Die Organisation soll straff geführt werden; für die Mitglieder sollen die Entscheidungen von A und B, der über große Erfahrungen im Handel mit Rauschgift verfügt, maßgeblich sein.

1. *A gelingt es, B für die Mitwirkung bei dem Aufbau der Organisation zu gewinnen. B entwickelt einen Plan, der die Führung der Organisation, die den einzelnen Mitgliedern zuzuweisenden Aufgaben und das Vorgehen hinsichtlich des Vertriebs des Rauschgifts festlegt. Dieser Plan soll als Grundlage für die Verhandlungen mit C, D, E und F dienen.*

2. *A legt ein Lager von Waffen an, mit denen die Mitglieder der Organisation ausgerüstet werden sollen.*

3. *B weist A darauf hin, daß die Organisation in der ersten Zeit beträchtlicher finanzieller Mittel bedürfen wird. A wendet sich an G, der zusagt, die Organisation mit einem umfangreichen finanziellen Zuschuß zu unterstützen.*

---

897 Zu der Entscheidung BGHSt 27, 325 ff., siehe unten S. 189 f.

4. *Sodann findet ein Treffen von A mit C, D, E und F statt. Dabei legt A das Vorhaben dar und schildert die bisher getroffenen Maßnahmen. C, D, E und F finden das Unternehmen zwar verlockend. Sie halten A jedoch für einen Amateur und fürchten das damit verbundene Sicherheitsrisiko. Daher lehnen sie trotz des Hinweises von A auf die Beteiligung des B eine Mitwirkung in der Organisation ab. Die Organisation wird nicht gebildet.*

II. Der Tatentschluß

Der Versuch erfordert die Vorsatzform, die auch das vollendete Delikt voraussetzt [898]. Für den Versuch des Gründens einer kriminellen Vereinigung ist daher zu verlangen, daß der Täter mit direktem Vorsatz im Hinblick auf das Zustandekommen der Vereinigung handelt, wobei hinsichtlich der Umstände, die das künftige Bestehen einer kriminellen Vereinigung ausmachen, bedingter Vorsatz genügt. Der Täter muß also mit dem Ziel tätig werden, das Zustandekommen der Vereinigung zu bewirken, wobei er zumindest in Kauf nehmen muß, daß es sich bei dem zu gründenden Zusammenschluß um eine kriminelle Vereinigung handelt [899].

Für den Versuch ist - wie oben [900] bereits dargelegt wurde - ein unbedingter auf die Verwirklichung des Tatbestands gerichteter Wille des Täters - der Tatentschluß - erforderlich. Der für den Versuch des Gründens einer kriminellen Vereinigung erforderliche Tatentschluß ist gefaßt, wenn der Täter den zur Gründung der kriminellen Vereinigung drängenden Motiven ein entscheidendes Übergewicht über die der Tat entgegenstehenden Motive eingeräumt hat, sei es auch unter dem Vorbehalt, daß äußere Bedingungen eintreten oder daß unter bestimmten Umständen die weitere Ausführung aufgegeben werden soll [901]. Ein auf das Gründen einer kriminellen Vereinigung gerichteter Tatentschluß ist mithin zu bejahen, wenn der zur Gründung entschlossene Täter von der weiteren Ausfüh-

---

898 BGH, NStZ 1985, 501; **Eser** in Schönke/Schröder, § 22 Rn. 17; **Lackner**, § 22 Rn. 2; **Rudolphi** in SK, § 22 Rn. 2; **Tröndle**, § 22 Rn. 2; **Wessels**, Strafrecht AT, S. 168 (Rn. 596). Dagegen ist **Bauer**, wistra 1991, 168 (170) der Auffassung, der dolus eventualis stelle noch keinen hinreichenden Tatentschluß dar; vgl. auch **Puppe**, NStZ 1984, 488 (491). **Streng**, JZ 1990, 212 (219), schlägt ein Eingreifen des Gesetzgebers vor, um die Versuchsstrafbarkeit bei dolus eventualis auszuschließen.

899 Siehe oben S. 116 f.

900 Siehe oben S. 176 ff.

901 Siehe oben S. 178.

rung seines Vorhabens deshalb Abstand nimmt, weil von ihm angesprochene Personen erklären, sich nicht als Mitglied an der Vereinigung beteiligen zu wollen. Dagegen kommt eine Strafbarkeit wegen Versuchs des Gründens einer kriminellen Vereinigung nicht in Betracht, wenn der Täter zwar die Gegebenheiten - etwa die Bereitschaft der in Erwägung gezogenen Mitglieder, sich an der Vereinigung zu beteiligen - auskundschaftet, sich jedoch die Entscheidung über die Ausführung der Tat noch vorbehält. Denn in diesem Fall liegt eine bloße Tatgeneigtheit vor, da der Täter die Verwirklichung des Tatbestands zwar als Möglichkeit ins Auge gefaßt hat, jedoch noch keine Entscheidung darüber getroffen hat, ob er die Tat begehen will oder nicht.

Für den Beispielsfall ergibt sich auf dieser Grundlage folgendes:

A und B haben aufgrund eines auf mittäterschaftliche Begehung der Tat gerichteten Tatentschlusses gehandelt. Sie haben den Vorsatz gehabt, auf der Grundlage eines gemeinsamen Tatplans und nach den Prinzipien des arbeitsteiligen Handelns und der funktionellen Rollenverteilung vorgehend das Zustandekommen der kriminellen Vereinigung zu bewirken. Der Umstand, daß die Verwirklichung ihres Vorhabens von der Beteiligung von C, D, E und F als Mitglied an der kriminellen Vereinigung abhing, stellt lediglich eine äußere Bedingung dar, die das Vorliegen des Tatentschlusses nicht hindert.

C, D, E und F haben keinen auf das Gründen der kriminellen Vereinigung gerichteten Tatentschluß gehabt. Sie haben bei dem Treffen mit A eine Mitwirkung in der geplanten kriminellen Vereinigung abgelehnt. C, D, E und F haben sich mithin durch die Teilnahme an dem Gespräch mit A nicht strafbar gemacht.

G hat ebenfalls keinen auf das Gründen der kriminellen Vereinigung gerichteten Tatentschluß gehabt. Er wollte mit der (bloßen) Zusage, die Organisation mit einem umfangreichen finanziellen Zuschuß zu unterstützen, nicht in mittäterschaftlichem Zusammenwirken mit A und B das Zustandekommen der Vereinigung bewirken, sondern lediglich zusichern, der kriminellen Vereinigung - nach ihrem Entstehen - finanzielle Mittel zur Verfügung zu stellen. G hat auch nicht den Vorsatz gehabt, Beihilfe zum Gründen der kriminellen Vereinigung durch A und B zu leisten. Denn es ist nicht ersichtlich, daß er in dem Bewußtsein gehandelt hat, gerade durch seine Zusage einen zusätzlichen Beweggrund für die Gründung der kriminellen Vereinigung zu schaffen [902]*. G hat sich mithin durch die Zusage, die Organisation finanziell zu unterstützen, nicht strafbar gemacht.*

---

902 Zu den Anforderungen an die psychische Beihilfe siehe oben S. 163-165.

III. Das unmittelbare Ansetzen zum Gründen einer kriminellen Vereinigung

Die Verwirklichung der Tathandlung des Gründens einer kriminellen Vereinigung setzt voraus, daß der Täter durch führendes und richtungsweisendes Mitwirken beim ursprünglichen Gründungsakt die Bildung einer kriminellen Vereinigung in ihrer konkreten Gestalt (mit-)verursacht [903]. Im Rahmen der oben durchgeführten Untersuchung sind vier Bereiche herausgearbeitet worden, in denen Beiträge von Beteiligten diesen Anforderungen genügen können [904]. Dabei handelt es sich um

- die Auswahl und die Gewinnung von Mitgliedern,
- die aktive Mitwirkung an der Entwicklung der Struktur der kriminellen Vereinigung, insbesondere an der Bildung der für die organisierte Willensbildung maßgeblichen Führungs- und Entscheidungsstrukturen,
- das Bereitstellen von Sachmitteln und
- die Auswahl und die Gewinnung von Unterstützern.

Hinsichtlich dieser Bereiche ist im folgenden zu untersuchen, ob und gegebenenfalls wann ein Beteiligter durch Leistung eines Beitrags unmittelbar zum Gründen einer kriminellen Vereinigung ansetzt. Die Untersuchung soll zum einen anhand der allgemeinen Kriterien für die Abgrenzung von Vorbereitung und Versuch und zum anderen auf der Grundlage der hier vertretenen Auffassung zum Rechtsgut des § 129 StGB erfolgen.

1. Behandlung des Versuchs des Gründens einer kriminellen Vereinigung in Rechtsprechung und Schrifttum

Der BGH hat sich mit der Abgrenzung von Vorbereitung und Versuch im Zusammenhang mit der Tathandlung des Gründens einer kriminellen Vereinigung bislang nicht auseinandergesetzt. Mit dem Versuch des Gründens einer kriminellen Vereinigung hat sich der BGH [905] lediglich in der Entscheidung zu der Frage befaßt, ob die Umwandlung eines legalen Zwecken dienenden Zusammenschlusses in eine kriminelle Vereinigung die Tathandlung des Gründens verwirk-

---

903 Siehe oben S. 92.

904 Siehe oben S. 93 ff.

905 BGHSt 27, 325 (326 f.).

lichen kann. In diesem Zusammenhang hat der BGH ausgeführt, ein strafbarer Versuch, eine kriminelle Vereinigung zu gründen, liege vor, wenn der Angeklagte als der "führende Kopf" einer bereits bestehenden Vereinigung dazu angesetzt habe, diese in eine kriminelle umzugestalten. Den Feststellungen des Landgerichts sei zu entnehmen, daß der Angeklagte versucht habe, einen Kassiber, der Hinweise für von ihm geplante gewalttätige Demonstrationen enthalten habe, einem Mitgefangenen zuzuspielen. Dann aber habe sich dem Landgericht die Frage aufdrängen müssen, ob der Angeklagte versucht habe, eine kriminelle Vereinigung dadurch zu gründen, daß die bestehende Organisation ihre Zwecke auf die Begehung der von ihm geplanten Straftaten richtete [906]. Der BGH stellt in dieser Entscheidung mithin maßgeblich auf den Umstand ab, daß der Angeklagte versucht hat, Kontakt zu einer anderen Person aufzunehmen, um eine Änderung der Zweckrichtung der bestehenden Organisation zu bewirken. Die Ausführungen des BGH beziehen sich also auf ein Verhalten des Angeklagten, das die Auswahl und Gewinnung eines Mitglieds für die zu gründende kriminelle Vereinigung zum Gegenstand hatte [907].

Auch das Schrifttum hat sich mit der Abgrenzung von Vorbereitung und Versuch des Gründens einer kriminellen Vereinigung bisher kaum befaßt. Die Kommentierungen zu § 129 StGB beschränken sich überwiegend auf den Hinweis auf die Strafbarkeit des Versuchs des Gründens einer kriminellen Vereinigung [908]. Sie entsprechen damit der geringen praktischen Bedeutung, die der Versuch des Gründens einer kriminellen Vereinigung bislang in der Rechtsprechung gehabt hat. **Lenckner** [909] führt im Zusammenhang mit der Behandlung des Rücktritts aus, der Gründungsversuch bestehe im Werben von Mitgliedern. Als Beispiel für einen beendeten Versuch, eine kriminelle Vereinigung zu gründen, nennt **Lenckner** [910] das Absenden entsprechender Briefe durch den Täter an andere Personen. Er stellt mithin - ebenso wie der BGH - auf einen Beitrag des Täters ab, der die Auswahl und Gewinnung von Mitgliedern für die zu gründende Verei-

---

906 BGHSt 27, 325 (327). Das Landgericht hatte von einer Verurteilung des Angeklagten nach § 129 StGB abgesehen, da nicht habe ausgeschlossen werden können, daß allein der Angeklagte die Begehung strafbarer Handlungen ins Auge gefaßt habe.

907 Siehe dazu oben S. 93 f.

908 Vgl. **v. Bubnoff** in LK, § 129 Rn. 20; **Lackner**, § 129 Rn. 4; **Ostendorf** in AK, § 129 Rn. 29; **Rudolphi** in SK, § 129 Rn. 20; **Tröndle**, § 129 Rn. 4 c.

909 **Lenckner** in Schönke/Schröder, § 129 Rn. 18.

910 **Lenckner**, Festschrift für Gallas, S. 281 (293).

nigung betrifft. Dies gilt auch für den Hinweis von **Arzt** [911], strafbar sei bereits der Versuch eines Einzelgängers, Gefolgsleute zu rekrutieren.

2. Abgrenzung von Vorbereitung und Versuch des Gründens einer kriminellen Vereinigung anhand der allgemeinen Kriterien

a) Formale Kriterien

Stellt man zur Bestimmung des Zeitpunkts, in dem der Täter zur Verwirklichung des Tatbestands unmittelbar ansetzt, darauf ab, ob der letzte Teilakt vor der Tatbestandshandlung vollzogen wird, so liegt ein strafbarer Versuch, eine kriminelle Vereinigung zu gründen, dann vor, wenn zwischen der Handlung des Täters und der Tathandlung des Gründens keine weiteren Teilakte liegen. Die Tathandlung des Gründens einer kriminellen Vereinigung ist verwirklicht, wenn der Täter durch führendes und richtungsweisendes Mitwirken beim ursprünglichen Gründungsakt die Bildung einer kriminellen Vereinigung in ihrer konkreten Gestalt (mit-)verursacht hat [912]. Auf der Grundlage der Zwischenakttheorie kann ein Versuch des Gründens einer kriminellen Vereinigung frühestens dann gegeben sein, wenn der Täter die dieser Tathandlung unmittelbar vorausgehende Handlung verwirklicht. Das ist nicht bereits dann der Fall, wenn der Täter die Strukturen der Organisation plant, Sachmittel bereitstellt und Unterstützer gewinnt. Für ein unmittelbares Ansetzen zum Gründen einer kriminellen Vereinigung genügt es auch nicht, wenn der Täter im Rahmen der Planung der Organisation die in Betracht kommenden Mitglieder auswählt. Denn diese Handlungen gehen nicht ohne Zwischenakte in die Tathandlung des Gründens einer kriminellen Vereinigung über. Vielmehr bedarf es in diesen Fällen stets noch eines weiteren Zwischenakts, nämlich des Herantretens an die in Betracht kommenden Personen, um sie als Mitglieder zu gewinnen. Dabei macht es keinen Unterschied, ob man als Maßstab für das Vorliegen eines Zwischenakts auf eine "natürliche Auffassung" oder darauf abstellt, ob es sich um einen "wesentlichen" oder "praktisch ins Gewicht fallenden" Zwischenschritt handelt. Das Planen der Organisation, das Bereitstellen von Sachmitteln und das Gewinnen von Unterstützern münden ausgehend von jedem dieser Kriterien nicht unmittelbar in die Tathandlung des Gründens einer kriminellen Vereinigung ein und führten im ungestörten Fortgang auch nicht unmittelbar zur Tatbestandserfüllung. Bis zur Verwirklichung der Tathandlung des Gründens einer kriminellen Vereinigung ist über diese Beiträge hinaus immer

911 **Arzt/Weber**, LH 5 Rn. 50.

912 Siehe oben S. 92.

als weiterer - und zwar entscheidender - Tätigkeitsakt das Werben von Mitgliedern erforderlich. Das Gründen einer kriminellen Vereinigung ist ohne das Werben von Mitgliedern nicht denkbar [913]. Dieser Beitrag ist entscheidend, weil durch das Gewinnen von Mitgliedern - also das erfolgreiche Werben - eine auf die Begehung von Straftaten hindrängende Eigendynamik und damit das besondere Gefährdungspotential einer kriminellen Vereinigung überhaupt erst entstehen kann. Der Täter setzt daher frühestens dann unmittelbar zum Gründen einer kriminellen Vereinigung an, wenn er an Personen herantritt, um sie als Mitglieder zu gewinnen. Ausgehend von den auf der Grundlage der Zwischenakttheorie entwickelten Kriterien für die Abgrenzung von Vorbereitung und Versuch kommt mithin ein Versuch des Gründens einer kriminellen Vereinigung erst ab dem Zeitpunkt in Betracht, in dem Mitglieder für die zu gründende Vereinigung geworben werden.

Danach ergibt sich für den Beispielsfall, daß A erst durch das Führen des Gesprächs mit C, D, E und F (Ziffer 4) unmittelbar zum Gründen einer kriminellen Vereinigung angesetzt hat. Ab diesem Zeitpunkt liegt mithin ein Versuch vor, eine kriminelle Vereinigung zu gründen. Dagegen handelt es sich bei dem Planen der Strukturen der kriminellen Vereinigung (Ziffer 1), dem Bereitstellen von Sachmitteln durch Anlegen eines Waffenlagers (Ziffer 2) und dem Gewinnen von G als Unterstützer (Ziffer 3) lediglich um Vorbereitungshandlungen.

b) Objektive Kriterien

Das Planen der Ausführung, das Beschaffen der Tatmittel und das Auskundschaften von Gelegenheiten sind typische Vorbereitungshandlungen [914]. Das Planen der Organisation, das Bereitstellen von Sachmitteln und das Gewinnen von Unterstützern für eine zu gründende kriminelle Vereinigung stellen mithin schon nach ihrem äußeren Erscheinungsbild lediglich Vorbereitungshandlungen dar. Dies gilt auch für das Auskundschaften der Verhältnisse und die Auswahl der in Betracht kommenden Mitglieder, da es sich dabei lediglich um das Schaffen der Gelegenheit zur Tat handelt. Diese vorbereitenden Beiträge können für das Entstehen des Gefährdungspotentials einer kriminellen Vereinigung sämtlich erst dann Wirkung entfalten, wenn die entscheidende Handlung des Werbens von Mitgliedern ausgeführt wird.

913 Siehe oben S. 93 f.

914 **Kühl**, JuS 1979, 874; **Rudolphi** in SK, vor § 22 Rn. 2, § 22 Rn. 14-16.

Stellt man zur Abgrenzung von Vorbereitung und Versuch auf das Kriterium der Vollendungsnähe ab, so kommt ein Versuch des Gründens einer kriminellen Vereinigung ebenfalls erst dann in Betracht, wenn Mitglieder geworben werden. Denn erst mit dieser Handlung liegt die Vollendung der Tat - also der Zusammenschluß der geworbenen Personen zu einer kriminellen Vereinigung - nahe.

Mit dem Planen der Organisation und mit dem Treffen vorbereitender Maßnahmen für die Ausstattung der Vereinigung mit Sachmitteln hat der Täter zudem das Geschehen noch nicht aus seiner Obhut entlassen. Das Vorhaben der Gründung einer kriminellen Vereinigung wird in konkreter Form erst mit dem Werben von Mitgliedern nach außen getragen. Selbst wenn man mit **Kratzsch** [915] für den Versuch genügen läßt, daß der Täter mit seinem Verhalten eine funktionierende Gesamthandlung in Vollzug setzt, die aufgrund ihres fortgeschrittenen Handlungsaufbaus typischerweise die Unrechtsmerkmale erfüllt, kommt ein Versuch des Gründens einer kriminellen Vereinigung daher erst mit dem Werben von Mitgliedern in Betracht. Dies gilt erst recht, wenn man mit **J. Meyer** [916] darauf abstellt, ob der Täter eine zum deliktischen Erfolg führende zwangsläufige Kausalkette in Gang gesetzt hat. Es kann auch nicht davon ausgegangen werden, daß der Täter schon mit dem Planen der Organisation, dem Bereitstellen von Sachmitteln und dem Gewinnen von Unterstützern das Schutzgut von § 129 StGB - also die im Besonderen Teil des Strafrechts geschützten Rechtsgüter - so "in den Griff" bekommen hat, daß er - wie **Zaczyk** [917] für das Vorliegen eines Versuchs verlangt - diesem gegenüber eine überlegene Stellung einnimmt. Diese Beiträge stellen auch auf der Grundlage der Auffassung von **Vehling** [918] noch keinen Versuch des Gründens einer kriminellen Vereinigung dar. Denn durch das Planen der Organisation und das Treffen vorbereitender Maßnahmen für die Ausstattung der Vereinigung mit Sachmitteln wird nicht schon ein Risiko gesetzt, das die Verwirklichung des Tatbestands des Gründens einer kriminellen Vereinigung indiziert. Für das Bewirken eines solchen Risikos bedarf es vielmehr stets noch des Werbens von Mitgliedern, ohne die das Entstehen eines Zusammenschlusses von Personen nicht in Betracht kommt.

---

915 **Kratzsch**, Verhaltenssteuerung und Organisation, S. 436 ff., 448; **ders.**, JA 1983, 578 (581 f., 584).

916 **J. Meyer**, ZStW 87 (1975), 598 (607 ff.).

917 **Zaczyk**, Unrecht, S. 302 ff, 310 f.

918 **Vehling**, Abgrenzung von Vorbereitung und Versuch, S. 124 ff., 141.

Ausgehend von objektiven Kriterien liegt mithin im Beispielsfall ein Versuch des Gründens einer kriminellen Vereinigung ebenfalls erst mit dem Führen des Gesprächs mit C, D, E und F (Ziffer 4) vor, während das Planen der Strukturen der Vereinigung (Ziffer 1), das Bereitstellen von Sachmitteln durch Anlegen des Waffenlagers (Ziffer 2) und das Gewinnen von G als Unterstützer (Ziffer 3) lediglich Vorbereitungshandlungen darstellen.

c) Subjektive Kriterien

Mit dem Planen der Organisation, dem Bereitstellen von Sachmitteln und dem Gewinnen von Unterstützern hat der Täter das Geschehen noch im vollen Umfang in der Hand. Der Tatentschluß des Gründers besteht erst zu dem Zeitpunkt die "Feuerprobe der kritischen Situation", in dem sein Vorhaben der Gründung einer kriminellen Vereinigung mit dem Werben von Mitgliedern nach außen getragen wird. Erst dann kann aufgrund des in dem äußeren Verhalten des Täters dokumentierten verbrecherischen Willens davon ausgegangen werden, daß die letzte Entscheidung über die Tat gefallen ist. Auch bei Heranziehung subjektiver Kriterien kommt mithin ein Versuch des Gründens einer kriminellen Vereinigung erst dann in Betracht, wenn Mitglieder für die zu gründende Vereinigung geworben werden.

Im Beispielsfall liegt mithin auch ausgehend von subjektiven Kriterien ein Versuch des Gründens einer kriminellen Vereinigung erst mit dem Führen des Gesprächs mit C, D, E und F (Ziffer 4) vor. Die unter Ziffern 1, 2 und 3 des Beispielsfalls beschriebenen Beiträge von A und B bereiten dagegen das Treffen von A mit C, D, E und F und die beabsichtigte Gründung der kriminellen Vereinigung lediglich vor, ohne daß das Vorhaben von A und B schon nach außen getragen wird.

3. Verhältnis der Beiträge der Gründer zum Schutzgut des § 129 StGB

Nach der hier vertretenen Auffassung sind Schutzgut des § 129 StGB die im Besonderen Teil des Strafrechts geschützten Rechtsgüter [919]. Durch diese Bestimmung findet mithin eine Vorverlagerung des Strafschutzes der im Besonderen Teil des Strafrechts unmittelbar geschützten Rechtsgüter in das Vorbereitungsstadium hinein statt. Die Pönalisierung von Handlungen im Vorbereitungsstadium

919 Siehe oben S. 28 f.

begegnet wegen der großen Distanz zur Beeinträchtigung des Rechtsguts Bedenken [920]. Es müssen daher Gründe bestehen, die deutlich machen, daß diese Handlungen bereits Unrecht darstellen können. Solche Gründe können sich nur aus dem Verhältnis zwischen der zu untersuchenden Handlung und dem Rechtsgut ergeben [921]. Ferner darf es über die Regeln des Versuchs nicht zu einer unscharfen Bestimmung der ohnedies schon in das Vorbereitungsstadium vorverlagerten Strafbarkeit kommen.

Unter Berücksichtigung dieser Erwägungen ist ein Anknüpfen des nach dem Willen des Gesetzgebers strafbaren Versuchs des Gründens einer kriminellen Vereinigung nur an das Werben von Mitgliedern, nicht jedoch an das Planen der Strukturen der Organisation, das Bereitstellen von Sachmitteln und das Gewinnen von Unterstützern gerechtfertigt. Strafgrund des § 129 StGB ist nach der hier vertretenen Auffassung die besondere Gefährlichkeit krimineller Vereinigungen für die im Besonderen Teil des Strafrechts geschützten Rechtsgüter, die nicht nur auf der gemeinschaftlichen Begehungsweise, sondern vor allem darauf beruht, daß die Vereinigungen regelmäßig eine auf die Begehung der beabsichtigten Taten hindrängende Eigendynamik entfalten [922]. Dieses besondere Gefährdungspotential einer kriminellen Vereinigung kann nur dann entstehen, wenn mit Erfolg Mitglieder für die Vereinigung geworben werden. Das Planen der Organisation, das Bereitstellen von Sachmitteln und das Gewinnen von Unterstützern können sich daher erst dann auf das Gefährdungspotential auswirken, wenn Mitglieder gewonnen worden sind. So kann im Beispielsfall das Bereitstellen von Waffen durch A sich erst dann erhöhend auf das Gefährdungspotential der kriminellen Vereinigung auswirken, wenn dieses Potential durch das erfolgreiche Werben von Mitgliedern entstanden ist, die mit den Waffen ausgestattet werden können. Mithin entsteht erst mit dem Werben von Mitgliedern für die zu gründende Vereinigung eine Beziehung der Handlung des Täters zu dem Schutzgut des § 129 StGB, die eine Strafbarkeit wegen Versuchs des Gründens einer kriminellen Vereinigung zu rechtfertigen vermag.

Nur durch das Anknüpfen an das Werben von Mitgliedern läßt sich ferner die hinreichende Bestimmtheit des strafbaren Versuchs des Gründens einer kriminellen Vereinigung erreichen. Denn das Werben von Mitgliedern durch den Gründer ist - bereits nach dem äußeren Erscheinungsbild der Handlung - unmißverständlich darauf gerichtet, die kriminelle Vereinigung ins Leben zu rufen und damit das

---

920 Vgl. **Zaczyk**, Unrecht, S. 324.

921 **Zaczyk**, Unrecht, S. 324.

922 Siehe oben S. 28 f.

mit ihr verbundene spezifische Gefährdungspotential zu schaffen. Dagegen ist der Bezug zum Schutzgut des § 129 StGB bei Vorbereitungshandlungen wie dem Planen der Strukturen der Organisation, dem Bereitstellen von Sachmitteln und dem Gewinnen von Unterstützern noch nicht in gleichem Maße erkennbar. Hinsichtlich dieser Handlungen wird der Zusammenhang mit der Vereinigung als Organisation [923] und damit der Bezug zum Schutzgut der Bestimmung erst dann deutlich, wenn der Gründer Mitglieder für die kriminelle Vereinigung wirbt. Ein Anknüpfen des Versuchs bereits an diese Handlungen würde daher zu einer unscharfen Bestimmung des strafbaren Unrechts führen. Abgesehen davon dürften sich bei einem nur bis zu diesem Stadium gelangten Geschehensablauf erhebliche Beweisschwierigkeiten hinsichtlich der Frage ergeben, ob diese Handlungen tatsächlich Beiträge für das Zustandekommen einer kriminellen Vereinigung sein sollten.

4. Zusammenfassung und Würdigung

Nach allen im Rahmen dieser Untersuchung herangezogenen Kriterien für die Abgrenzung von Vorbereitung und Versuch kommt ein Versuch des Gründens einer kriminellen Vereinigung erst ab dem Zeitpunkt in Betracht, in dem Mitglieder für die zu gründende Vereinigung geworben werden [924]. Eine weitere Auseinandersetzung mit den Theorien zum Strafgrund des Versuchs und diesen Kriterien kann daher unterbleiben [925].

Auch unter Berücksichtigung des Schutzzwecks des § 129 StGB ist ein Anknüpfen des Versuchs des Gründens einer kriminellen Vereinigung bereits an das Planen der Strukturen der Organisation, das Bereitstellen von Sachmitteln und das Gewinnen von Unterstützern nicht geboten. Vielmehr rechtfertigt der Schutzzweck der Bestimmung nur das Anknüpfen des Versuchs an das Werben von Mitgliedern durch die Gründer.

---

923 Vgl. BGHSt 33, 16 (17); **Bruns**, NStZ 1985, 22 (23). Der BGH führt im Zusammenhang mit der Frage, ob im Verbreiten von Texten ein Unterstützen oder Werben im Sinne des § 129 a StGB gesehen werden kann, aus, die Bestimmung erfasse organisationsbezogene Betätigungen, also nur solches Tun, das in einem Zusammenhang mit der Vereinigung als Organisation stehe.

924 Zur Abgrenzung zwischen der Tathandlung des Gründens und der Tathandlung des Werbens siehe oben S. 112 f.

925 Siehe oben S. 176, 184.

Für den Beispielsfall ergibt sich auf der Grundlage der hier vertretenen Auffassung folgendes:

Wenn es zur Bildung der Organisation gekommen wäre, so hätten A und B als Mittäter die Tathandlung des Gründens einer kriminellen Vereinigung verwirklicht (§§ 129 Abs. 1, 1. Alt, 25 Abs. 2 StGB). Als Beiträge der Gründer wären das Bereitstellen von Waffen, das Gewinnen der Unterstützung des G und das Werben der Mitglieder C, D, E und F durch A sowie die Planung der Strukturen der Vereinigung durch B zu berücksichtigen gewesen.

Dagegen liegt ein Versuch, eine kriminelle Vereinigung zu gründen (§§ 129 Abs. 1, 1. Alt., 22, 25 Abs. 2 StGB) erst mit dem - erfolglosen - Werben von C, D, E und F durch A vor. Geht man mit der Rechtsprechung [926] und der herrschenden Auffassung im Schrifttum [927] davon aus, daß bei der Mittäterschaft ein strafbarer Versuch für jeden der Beteiligten vorliegt, wenn einer der Mittäter im Rahmen des gemeinsamen Tatentschlusses zur Verwirklichung des Tatbestandes unmittelbar ansetzt, so haben sich zu diesem Zeitpunkt nicht nur A sondern auch B wegen Versuchs des Gründens einer kriminellen Vereinigung strafbar gemacht.

---

926 BGHSt 11, 268 (271 f.); 36, 249; BGH, NStZ 1981, 99.

927 Sogenannte "Gesamtlösung": **Jakobs**, Strafrecht AT, S. 629 (Rn. 61); **Küper**, JZ 1979, 775 (785 ff.); **Lackner**, § 22 Rn. 9; **Otto**, JA 1980, 641 (646); **Stoffers**, MDR 1989, 208 (211 ff.); **Tröndle**, § 22 Rn. 18; **Vogler** in LK, § 22 Rn. 88 ff.; **Wessels**, Strafrecht AT, S. 173 (Rn. 611). Dagegen soll nach der in verschiedenen Modifikationen vertretenen sogenannten "Einzellösung" das Versuchsstadium von jedem einzelnen Mittäter erst dann erreicht werden, wenn er selbst eine Versuchshandlung vornimmt. **Schilling**, Verbrechensversuch, S. 104 ff., 112 ff., will für den Beginn des Versuchs bei der Mittäterschaft für jeden einzelnen Beteiligten darauf abstellen, ob dieser zu dem seine Tatherrschaft und damit seine Täterschaft begründenden Tatbeitrag unmittelbar angesetzt hat. **Rudolphi**, Festschrift für Bockelmann, S. 369 (383 ff.); **ders.** in SK, § 22 Rn. 19 a, verlangt, daß der Mittäter seinen auf die täterschaftliche Begehung der Tat gerichteten Tatentschluß durch Handlungen betätigt hat, die sich gerade für ihn als ein unmittelbares Ansetzen zur (mit-)täterschaftlichen Tatbestandsverwirklichung darstellen; vgl. auch **Bloy**, Die Beteiligungsform, S. 265 ff.; **Valdágua**, ZStW 98 (1986), 839 (854 ff., 869 ff.). Geht man von der Auffassung von **Schilling** aus, so hätte sich B wegen Versuchs des Gründens einer kriminellen Vereinigung strafbar gemacht, da er seinen die Tatherrschaft begründenden Tatbeitrag - nämlich das Planen der Strukturen der Vereinigung - bereits vollständig erbracht hat. Dagegen würde die Auffassung von **Rudolphi** zur Ablehnung einer Strafbarkeit des B wegen mittäterschaftlichen Versuchs des Gründens einer kriminellen Vereinigung führen, da B lediglich im Vorbereitungsstadium gehandelt hat. Eine eingehendere Auseinandersetzung mit diesem Meinungsstreit soll im Hinblick auf den der vorliegenden Arbeit gesetzten Rahmen unterbleiben.

C. Ergebnis

Als Ergebnis der Ausführungen in diesem Kapitel ist folgendes festzuhalten:

1. Für den Versuch des Gründens einer kriminellen Vereinigung ist ebenso wie für das vollendete Delikt zu verlangen, daß der Täter mit dem Ziel tätig wird, das Zustandekommen der Vereinigung zu bewirken, wobei er zumindest in Kauf nehmen muß, daß es sich bei dem zu gründenden Zusammenschluß um eine kriminelle Vereinigung handelt [928]. Der Tatentschluß ist gefaßt, wenn der Täter den zur Gründung der kriminellen Vereinigung drängenden Motiven ein entscheidendes Übergewicht über die der Tat entgegenstehenden Motive eingeräumt hat, sei es auch unter dem Vorbehalt, daß äußere Bedingungen eintreten oder daß unter bestimmten Umständen die weitere Ausführung aufgegeben werden soll.

2. Ein unmittelbares Ansetzen zum Gründen einer kriminellen Vereinigung liegt nicht bereits dann vor, wenn der Täter die Strukturen der Organisation plant, Sachmittel bereitstellt und Unterstützer gewinnt. Ferner genügt es auch nicht, daß der Täter im Rahmen der Planung der Organisation die in Betracht kommenden Mitglieder auswählt. Der Täter setzt vielmehr frühestens dann unmittelbar zum Gründen einer kriminellen Vereinigung an, wenn er an ausgewählte Personen herantritt, um sie als Mitglieder zu gewinnen [929]. Dies gilt sowohl unter Heranziehung der allgemeinen Kriterien für die Abgrenzung von Vorbereitung und Versuch, als auch unter Berücksichtigung des Schutzzwecks des § 129 Abs. 1 StGB.

---

928 Siehe oben S. 187 f.

929 Siehe oben S. 191 ff., 196.

4. Teil

Schluß

Die Ergebnisse dieser Arbeit sind wie folgt zusammenzufassen:

1. Das Tatbestandsmerkmal "Vereinigung, deren Zwecke oder deren Tätigkeit darauf gerichtet sind, Straftaten zu begehen" in § 129 Abs. 1 StGB kann im wesentlichen als geklärt und gefestigt angesehen werden. Die mit den dargelegten Anforderungen an eine kriminelle Vereinigung verbundenen Beweisschwierigkeiten sind hinzunehmen, um dem Grundsatz der Bestimmtheit (Art. 103 Abs. 2 GG) Rechnung zu tragen und der Gefahr einer uferlosen Ausdehnung der Strafbarkeit in das Vorbereitungsstadium vorzubeugen. Eine Klarstellung durch den Gesetzgeber ist in zweierlei Hinsicht wünschenswert:

    a) Nach der hier vertretenen Auffassung werden kriminelle Vereinigungen mit Sitz im Ausland von § 129 StGB erfaßt, wenn sie auch im Ausland von deutschem Strafrecht geschützte Rechtsgüter anzugreifen planen oder Vorbereitungen für Straftaten im Inland treffen. Der Gesetzgeber sollte insoweit - nicht zuletzt auch im Hinblick auf die zunehmende Internationalisierung der organisierten Kriminalität - für eine Klarstellung Sorge tragen, wie er es bereits für den Bereich der Betäubungsmittelkriminalität durch § 30 b BtMG getan hat.

    b) Für die Beurteilung der Frage der untergeordneten Bedeutung von Straftaten im Rahmen von § 129 Abs. 2 Nr. 2 StGB ist nach der hier vertretenen Auffassung der von der Vereinigung verfolgte Gesamtzweck maßgeblich. Der Gesetzgeber sollte jedoch präziser festlegen, wann Straftaten von untergeordneter Bedeutung im Sinne dieser Bestimmung vorliegen. Ferner sollte der Gesetzgeber klarstellen, daß Zusammenschlüsse zum Zweck der Begehung von Taten mit Bagatellcharakter von § 129 Abs. 1 StGB nicht erfaßt werden. Insbesondere wäre eine genauere Umschreibung des Charakters und des primären Tätigkeitsfelds krimineller Vereinigungen wünschenswert.

2. Die Verwirklichung der Tathandlung des Gründens einer kriminellen Vereinigung setzt voraus, daß der Täter durch führendes und richtungsweisendes Mitwirken beim ursprünglichen Gründungsakt die Bildung der Vereini-

gung in ihrer konkreten Gestalt (mit-)verursacht. Unter Berücksichtigung der im Rahmen dieser Arbeit dargelegten Anforderungen sind vier Bereiche zu nennen, in denen die Tathandlung des Gründens einer kriminellen Vereinigung verwirklicht werden kann. Dabei handelt es sich um

a) die Auswahl und die Gewinnung von Mitgliedern,

b) die aktive Mitwirkung an der Entwicklung der Struktur der kriminellen Vereinigung, insbesondere an der Bildung der für die organisierte Willensbildung maßgeblichen Führungs- und Entscheidungsstrukturen,

c) das Bereitstellen von Sachmitteln und

d) die Auswahl und die Gewinnung von Unterstützern.

Abgesehen von der Tathandlung des Gründens kann im Gründungsstadium lediglich noch die Tathandlung des Werbens für eine kriminelle Vereinigung verwirklicht werden. In diesem Stadium kann sich ein Beteiligter wegen Werbens für eine kriminelle Vereinigung strafbar machen, wenn er als Außenstehender - das heißt nicht dem Kreis der Gründer Angehörender - Personen dazu bestimmt oder zu bestimmen versucht, die kriminelle Vereinigung zu gründen oder sich an der zu gründenden Vereinigung als Mitglied zu beteiligen.

3. Eine Teilnahme ist im Gründungsstadium nur in Form der Beihilfe zum Gründen einer kriminellen Vereinigung möglich. Korrespondierend zu den oben in Zusammenhang mit der Tathandlung des Gründens genannten Bereichen kommen als Beiträge der Gehilfen in Betracht

a) die Mitwirkung bei der Gewinnung von Mitgliedern,

b) die Unterstützung der Gründer bei der Entwicklung der Struktur der kriminellen Vereinigung und bei der Beschaffung der für die Verfolgung der kriminellen Zielsetzung erforderlichen Kenntnisse und Fähigkeiten,

c) die Unterstützung der Gründer durch das Bereitstellen von Sachmitteln und

d) die Gewinnung oder die Mitwirkung bei der Gewinnung von Personen, die als Außenstehende die Gründung der Vereinigung mit Sachmitteln oder mit besonderen Kenntnissen und Fähigkeiten unterstützen.

Ferner ist unter sehr engen Voraussetzungen eine Strafbarkeit wegen psychischer Beihilfe zum Gründen einer kriminellen Vereinigung durch Stärkung des Tatentschlusses der Gründer möglich.

4. Ein Versuch, eine kriminelle Vereinigung zu gründen, liegt erst dann vor, wenn ein Täter sich an ausgewählte Personen wendet, um sie als Mitglieder zu gewinnen. Eine Erstreckung des Versuchs bereits auf die Planung der Organisation, das Bereitstellen von Sachmitteln und die Gewinnung von Unterstützern ist unter Berücksichtigung des Schutzzwecks des § 129 StGB nicht geboten und würde zu einer nicht gerechtfertigten Ausdehnung der Strafbarkeit in das Vorbereitungsstadium führen.

SCHRIFTEN ZUM STRAFRECHT UND STRAFPROZESSRECHT

Herausgegeben von Manfred Maiwald

Band 1 Christian-Peter Frees: Die steuerrechtliche Selbstanzeige. Zur kriminalpolitischen Zweckmäßigkeit des § 371 AO. 1991.

Band 2 Norbert Joachim: Der Hörensagenbeweis im Strafverfahren. 1991.

Band 3 Alfred A. Göbel: Die Einwilligung im Strafrecht als Ausprägung des Selbstbestimmungsrechts. 1991.

Band 4 Karl-Heinz Vehling: Die Abgrenzung von Vorbereitung und Versuch. 1991.

Band 5 Heiko Hartmut Lesch: Das Problem der sukzessiven Beihilfe. 1992.

Band 6 Dirk Schwerdtfeger: Besondere persönliche Unrechtsmerkmale. 1992.

Band 7 Stefan Göhring: Polizeiliche Kontrollstellen und Datenverarbeitung. § 163 d StPO und novellierte Polizeigesetze der Länder zwischen Strafverfolgung, Gefahrenabwehr und vorbeugender Straftatenbekämpfung. 1992.

Band 8 Werner Kemper: Horizontale Teilrechtskraft des Schuldspruchs und Bindungswirkung im tatrichterlichen Verfahren nach der Zurückverweisung. §§ 353, 354 Abs. 2 StPO. 1993.

Band 9 Ovvadias Namias: Die Zurechnung von Folgeschäden im Strafrecht. 1993.

Band 10 Jan Zopfs: Unfallflucht bei eindeutiger Haftungslage? Unverzüglichkeitsgebot und Wahlmöglichkeit in § 142 Abs. 2 und 3 StGB. 1993.

Band 11 Stefan Hiebl: Ausgewählte Probleme des Akteneinsichtsrechts nach § 147 StPO. 1994.

Band 12 Ralf Krack: List als Straftatbestandsmerkmal. Zugleich ein Beitrag zu Täuschung und Irrtum beim Betrug. 1994.

Band 13 Henning Radtke: Zur Systematik des Strafklageverbrauchs verfahrenserledigender Entscheidungen im Strafprozeß. 1994.

Band 14 Bernd J. A. Müssig: Schutz abstrakter Rechtsgüter und abstrakter Rechtsgüterschutz. Zu den materiellen Konstitutionskriterien sog. Universalrechtsgüter und deren normentheoretischem Fundament – am Beispiel der Rechtsgutsbestimmung für die §§ 129, 129a und 324 StGB. 1994.

Band 15 Heinz Koriath: Über Beweisverbote im Strafprozeß. 1994.

Band 16 Burkhard Niepoth: Der untaugliche Versuch beim unechten Unterlassungsdelikt. 1994.

Band 17 Karsten Altenhain: Die Strafbarkeit des Teilnehmers beim Exzeß. 1994.

Band 18 Ina Walbaum: Schuldspruch in der Revisionsinstanz nach freisprechendem Urteil des Tatgerichts. 1996.

Band 19 Birgit Dalbkermeyer: Der Schutz des Beschuldigten vor identifizierenden und tendenziösen Pressemitteilungen der Ermittlungsbehörden. 1994.

Band 20 Thomas Hackner: Der befangene Staatsanwalt im deutschen Strafverfahrensrecht. 1995.

Band 21 Hartmut Loritz: Kritische Betrachtungen zum Wert des strafprozessualen Zwischenverfahrens. 1996.

Band 22 Heinz-Hermann Berghof: Therapie und Strafe im Betäubungsmittelrecht. Recht und Wirklichkeit der Behandlung Drogenabhängiger unter besonderer Berücksichtigung der §§ 35 ff BtMG. 1995.

Band 23 Oliver Mertens: Strafprozessuale Grundrechtseingriffe und Bindung an den Wortsinn der ermächtigenden Norm. 1996.

Band 24 Sönke Bahnsen: Das Akteneinsichtsrecht der Verteidigung im Strafverfahren. Dogmatische Grundlagen und Einzelprobleme im Lichte einer rechtsstaatlichen Verfahrensgestaltung. 1996.

Band 25 Dirk Schwieger: Der Vorteilsbegriff in den Bestechungsdelikten des StGB. 1996.

Band 26 Stephanie Meinecke: Die Auswirkungen von Verfahrensfehlern auf die Strafbarkeit nach den Aussagedelikten. 1996.

Band 27 Ute Lambrecht: Strafrecht und Disziplinarrecht. Abhängigkeiten und Überschneidungen. 1997.

Band 28 Carsten Momsen: Verfahrensfehler und Rügeberechtigung im Strafprozeß. Die Strukturen der Revisionsberechtigung unter besonderer Berücksichtigung des Begriffs "Rechtsnormen, die lediglich zugunsten des Angeklagten gegeben sind" in § 339 StPO. 1997.

Band 29 Ursula Epp: Die Abgeordnetenbestechung – § 108 e StGB. 1997.

Band 30 Bernd Scheiff: Wann beginnt der Strafrechtsschutz gegen kriminelle Vereinigungen (§ 129 StGB)? 1997.

Printed by
CPI books GmbH, Leck

Kolibri 360 GmbH
Ferdinand-Jühlke-Straße 7
99095 Erfurt, Deutschland
produktsicherheit@kolibri360.de